Anne Weiss

Mein Leben in drei Kisten

*Wie ich den Krempel rauswarf
und das Glück reinließ*

Besuchen Sie uns im Internet:
www.knaur.de

Dieses Buch ist klimaneutral produziert.

Originalausgabe Dezember 2019
© 2019 Knaur Verlag
Ein Imprint der Verlagsgruppe
Droemer Knaur GmbH & Co. KG, München
Alle Rechte vorbehalten. Das Werk darf – auch teilweise – nur mit
Genehmigung des Verlags wiedergegeben werden.
Lektorat: Jan Strümpel
Covergestaltung und Illustration: © www.lilliflux.de / M. Memminger
Illustration nach einem Foto von Laura Droße
Satz: Adobe InDesign im Verlag
Druck und Bindung: CPI books GmbH, Leck
ISBN 978-3-426-79060-1

2   4   5   3

Ändere dein Leben heute.
Verlasse dich nicht auf die Zukunft.
Handle jetzt, ohne zu zögern.

Simone de Beauvoir

Inhalt

Prolog

Das Wichtigste ist, dein Leben zu genießen –
das ist alles, was zählt.

Audrey Hepburn

Mit dem Handrücken wische ich mir über die Stirn. Große Lust, hier draußen in der staubigen, klebrigen Hitze zu stehen und in der langen Schlange auf Einlass zu warten, habe ich nicht, auch wenn ich mir den Sri-Meenakshi-Tempel gerne von innen ansehen möchte. Von außen sieht es aus, als hätte ein Riese in ein Kästchen voller Modeschmuck gegriffen und die gewaltigen Tortürme damit geschmückt.

»Da vorn wohnt ein guter Freund von mir.« Christopher zeigt auf ein schlichtes Steinhaus mit mehreren Etagen. »Wie wäre es mit einem Tee zur Erfrischung? Er freut sich immer über Besuch.«

Nach der stundenlangen Tour, die er mit meiner Freundin Petra und mir durch die südindische Stadt Madurai unternommen hat, ist meine Zunge so ausgedörrt wie eine der Datteln, die Händler am Straßenrand feilbieten, und ich sehne mich nach etwas Abkühlung. Petra und ich sehen uns an. In Deutschland wäre es unvorstellbar, einfach so bei jemandem einzufallen. Langsam jedoch gewöhnen wir uns an den Rhythmus dieses Landes, in dem offenbar andere Regeln gelten als bei uns.

Christopher ist uns gleich aufgefallen, als wir an diesem Morgen in Madurai aus einem der bunten Überlandbusse stiegen. So ein großer, breitschultriger Mann mit hellen Haaren und blauen Augen ist auch kaum zu übersehen. Schon gar nicht in Indien. Er half uns, eine Bleibe zu finden, später bot er an, uns die Stadt zu zeigen. Hier kenne er sich aus wie in seiner Westentasche – außerdem habe er ohnehin nichts anderes vor und rede gern mit Menschen aus anderen Ländern. Auf unserem Stadtspaziergang erfuhren wir, dass Christopher Kanadier ist, seine Mutter aber mit ihm im Ashram gelebt hat, als er noch ein Kind war. Indien ist seine zweite Heimat, er überwintert hier jedes Jahr.

Wir gehen hinüber zu dem Steinhaus. Der Mann, der uns öffnet, wirkt drahtig, er hat schwarze Haare und wache Augen, und er trägt einen Dhoti, eins dieser Lendentücher, die wir auf unserer Reise schon oft gesehen haben. Christopher stellt uns Ravi vor, und nachdem die beiden eine Weile Neuigkeiten ausgetauscht haben, bittet Ravi uns mit dem typisch indischen Nicken, also einem Wackeln des Kopfes, die Treppe hoch auf seine Dachterrasse.

Drei Wochen sind Petra und ich nun schon unterwegs von Chennai an der Ostküste nach Mumbai. So viel Neues prasselt jeden Tag auf mich ein, dass ich bisher kaum daran gedacht habe, was mein Leben kurz vor der Reise regelrecht auf links gekrempelt hat: Ich habe meinen Job verloren, der mein Leben bis dato völlig durchgetaktet hatte. Jetzt ist alles offen, genau wie auf unserer Reise. Außer der groben Richtung haben wir keinen Plan, nur der Rückflug steht fest, ansonsten lassen wir uns vom Zufall treiben. Es reicht, wenn wir uns ein, zwei Tage vorher um die nächste Unterkunft kümmern, was wir brauchen, tragen wir in unseren Rucksäcken bei uns, alles andere ergibt sich. Wir besuchen Orte, die sich spontan anbieten, und folgen am liebsten den Tipps der Einheimischen, sofern wir deren kurioses Englisch verstehen oder ihre Gestik und Mimik zu deuten wissen.

Und so erlagen wir in Puducherry dem kolonialen Charme der Altstadt und den Plaudereien unseres Wirtes. Ließen uns in Chidambaram von der Schönheit des Tempels blenden, vom Lärm in der Stadt betäuben – und waren schockiert zu sehen, wie die Kühe am Straßenrand im Plastikmüll nach kärglicher Nahrung suchten. In Trichy probierten wir zum ersten Mal Puri, dieses aufgeblähte frittierte Fladenbrot, das aus nichts als Mehl,

Salz und Wasser gemacht wird und mit ein wenig Curry eine Geschmacksexplosion auslöst.

Um keinen dieser Momente und keine der vielen ungewöhnlichen Begegnungen mit Mensch und Tier zu vergessen, schreibe ich sie in mein Tagebuch. Etwas anderes ist für mich gar nicht vorstellbar, denn schreiben gehört zu meinem Leben wie essen und atmen. Lange habe ich im Verlag gearbeitet, als Lektorin Bücher betreut und zuletzt auch eine Schreibschule geleitet. Und nebenher schreibe ich mit meinem Kollegen Stefan selbst Bücher.

Ich notiere die Erlebnisse nicht nur für mich selbst, einige Texte stelle ich für Freunde und Familie in unseren Reiseblog. Petra, die Schauspielerin und Comedienne ist, steuert dazu Videos bei. Sie verkörpert drei erfundene Figuren auf Reisen: die etwas naive Sybille Herkenrath, die reiche und geizige Frau Radetzky und die patente Metzgereifachverkäuferin Hannelore Schmitz. Die drei Frauen, die an der Volkshochschule in Köln einen Kundalini-Yoga-Kurs belegen, haben sich auf Anraten ihres Gurus Rainer den nächsten Flieger nach Indien geschnappt und berichten nun in kurzen Videoclips von ihren Erlebnissen. Beim Filmen fällt mir manchmal vor Lachen fast das Tablet aus der Hand.

Das Blogschreiben fühlt sich herrlich an. Bislang hatte ich zum Schreiben immer nur am Wochenende und abends Zeit, nach der Arbeit im Verlag. Hier in Indien kann ich es tun, wann und wo immer ich will. Dazu muss ich nur mein Tablet mit Tastatur aufklappen, dann kann ich loslegen – gleich, ob in einem Gästezimmer im Kolonialstil, wenn der Ventilator aus dunklem Holz über mir flappend eine leichte Brise erzeugt, in einem mit exotischen Pflanzen begrünten Innenhof oder in einem Coffeeshop, wo mir das dunkle Gebräu zuvor ein paarmal von einem Blechschälchen ins andere gegossen wird, um sein Aroma zu entfalten. Es duftet unvergleichlich, schmeckt anders als all der Kaffee, den ich zuvor getrunken habe, und hält wach, als würde mich jemand permanent in den Arm kneifen.

Vielleicht schmeckt der Kaffee hier wirklich viel besser, vielleicht aber auch nur, weil ich ihn trinke, während ich tue, was ich am liebsten mache. Jedenfalls ist er Welten entfernt von der Standardmischung im Büro, die nur über die nächste Konferenz hinwegretten soll, sodass diese beiden Getränke eigentlich verschiedene Namen tragen müssten. Wie schön wäre es, immer auf Reisen sein zu können. Oder auch immer nur schreiben zu können. Aber dann wäre ich wohl rasch pleite.

»Woran denkst du?« Christopher sitzt inzwischen neben mir auf einem Plastikstuhl, der sich unter seinem massigen Körper deutlich biegt. Er ist nicht dick, aber kräftig – in der Saison arbeitet er als Holzfäller in den Wäldern Kanadas. Indien ist sein Traum, und er bezahlt ihn mit Phasen körperlich harter Arbeit, leistet sich ansonsten kaum etwas. Würde er sein Geld hier verdienen, könnte er sich gar nicht leisten, für längere Zeit das zu tun, was er liebt: in den Tag hineinleben, sich Gedanken machen, viel lesen und Freunde treffen.

Oben auf dem Dach steht außer den paar schäbigen Plastikstühlen und einem kniehohen Tisch, der mit bunten Steinchen und Spiegelscherben verziert ist, nicht viel herum. Über den Stühlen hat Ravi zwischen Pfosten Tücher gespannt, die das Sonnenlicht abschirmen und unter denen ein kühles Lüftchen weht. Petra und er unterhalten sich etwas abseits von uns angeregt mit Händen und Füßen. Von unten dringen gedämpft die Geräusche des Tempels zu uns herauf, und ein Blick über die Balustrade zeigt, dass noch immer eine lange Schlange auf Einlass wartet. In der Mittagshitze, aus der ab und an würzige Essensdüfte zu uns hochziehen, fächeln sich die Menschen Luft zu, manche setzen sich auf den Boden oder stellen sich etwas näher an der Tempelwand in den Schatten. Dicht an dicht gedrängt, ganz anders als auf Ravis Dach, das mir so viel Raum für meine Gedanken lässt.

»Ich habe daran gedacht, wie gerne ich hier schreibe«, sage ich.

»Machst du das auch beruflich?«

»Eigentlich arbeite ich im Verlag.« Ich erkläre, dass ich zwar einige Bücher geschrieben habe, aber dass das nicht mein eigentlicher Job ist, sondern nur etwas, das ich gern tue. Und weil ich Vertrauen zu ihm gefasst habe, erzähle ich ihm auch, was vor unserer Reise passiert ist. Dass ich gefeuert worden bin.

Der Schock sitzt noch immer tief, das spüre ich deutlich: Nach über zehn Jahren Verlagsangehörigkeit, zahllosen unbezahlten Überstunden und einem halben Burn-out verkündete mein Chef, dass meine Abteilung geschlossen werde und das Haus keine weitere Verwendung für mich habe. Dass mir so etwas einmal passieren könnte, damit hätte ich niemals gerechnet. Es war eine Katastrophe für mich, denn ich war, das musste ich mir eingestehen, ein echter Workaholic. Büchermachen war mein Leben – und ich hatte mich ganz über meine Arbeit definiert.

Mein Kopf sagte mir immer wieder: Es ist nur eine Kündigung, kein Todesfall. Mein Bauch sah das ganz anders.

Ich ertrug die mitleidigen Blicke meiner Freunde und Bekannten nicht und fühlte mich regelrecht krank, verkroch mich zu Hause und schlürfte Gemüsebrühe. Die beschwichtigenden Worte, dass es ja nicht an meiner Leistung liege, sondern an der Umstellung in der Firma, waren nur ein schwacher Trost. Autorinnen und Autoren entdecken, Bücherthemen entwickeln, auf Messen über den neuesten Bestseller diskutieren – ohne die Buchbranche konnte ich mir mein Leben nicht vorstellen.

Ein paar Tage später hatte Petra mit einem Brokkoli-Auflauf vor der Tür gestanden. Sie fand, ich müsste mal wieder etwas feste Nahrung zu mir nehmen und andere Menschen sehen. Und nach dem Essen und einigen Gläsern Rotwein hatten wir Reisepläne geschmiedet. Sie hatte in den kommenden Wochen kein festes Engagement und genau wie ich den Wunsch, dem deutschen Winter zu entfliehen, mal was anderes zu entdecken, ein Abenteuer zu erleben.

Als wir uns am nächsten Tag bekräftigten, dass wir die gemeinsame Reise wirklich wagen wollten, legte ich alle anderen

Überlegungen erst einmal auf Eis – das fiel mir nicht schwer, denn bis Ende Januar lag die Buchbranche ohnehin im Winterschlaf. Wir begannen mit der Planung, und sobald wir die Visa und die Tickets in der Tasche hatten, stiegen Petra und ich ins Flugzeug, das uns via Dubai nach Chennai katapultierte.

Unser Indien-Trip ist also auch eine Flucht aus der Sinnkrise. Ich musste weg, einen neuen Weg finden, vielleicht sogar dahinterkommen, wo mein Platz im Leben ist – im Land, das die Erleuchtung quasi erfunden hat. Bis zu diesem Tag ist die Reise zwar viel zu aufreibend verlaufen, als dass ich Gedanken an die Zukunft hätte verschwenden können. Jetzt, hier neben Christopher, beginnt die Maschine im Kopf aber wieder mächtig zu rattern. Sobald ich zurück in Deutschland bin, ist ein Bewerbungsmarathon angesagt, ich muss unbedingt schnell wieder zurück aufs Pferd.

»Verlagsarbeit ist mein Leben.« Ich zucke mit den Schultern. »Ich weiß gar nicht, was ich sonst machen soll, und es ist das, was ich am besten kann. Was, wenn ich keinen Job mehr in der Branche finde?«

»Warum schreibst du dann nicht nur noch?«, fragt er. »Du machst das doch gerne und hast schon was veröffentlicht.«

»Mit Bücherschreiben allein können sich nur die wenigsten über Wasser halten.« Ich weiß nicht, wie oft ich diesen Satz schon so oder so ähnlich ausgesprochen habe, wenn mich jemand fragt, ob man vom Schreiben leben kann. Er fühlt sich ausgeleiert an. »Ohne den Verlagsjob kann ich mir meine Wohnung, das Auto, Kleidung, Essen und den nächsten Urlaub gar nicht leisten.«

»Wenn du ohne all das unglücklich bist, lohnt es sich, Lebenszeit dagegen einzutauschen.« Christopher nippt an seinem Tee, den Ravi in kleinen Bechern auf den niedrigen Tisch in unserer Nähe gestellt hat.

Stimmt das denn, wäre ich ohne all das unglücklich? Das würde ja im Umkehrschluss bedeuten, dass mein Auto, meine Wohnung, die finanzielle Sicherheit und alles, was ich mir kaufe, mich glücklich machen. Bin ich ein glücklicher Mensch? Ich bin eher ein gestresster Mensch, denn es gelingt mir nie, alle Erfordernisse und Wünsche unter einen Hut zu bringen. Die Arbeit, die sich auch auf die Abende und Wochenenden erstreckt. Das nächste Buch. Beziehung, Freundschaften und Familie. Freizeit. Letztlich hatte ich bisher immer das Gefühl, nichts von alledem wirklich gerecht geworden zu sein. Und es die ganze Zeit über dennoch zu versuchen war eine echte Kraftanstrengung.

»Für einen gewissen Lebensstandard gehört das in Deutschland alles dazu«, sage ich nach einer Weile, und während ich die Worte ausspreche, merke ich, dass sie irgendwie hohl klingen. »Ich weiß nicht, ob ich auf so viel verzichten könnte wie du.«

»Ich genieße jede Minute hier, deswegen kommt es mir nicht so vor, als würde ich auf etwas verzichten.« Christopher lächelt, ein Luftzug zerzaust sein Haar. »Das Leben ist kurz, du solltest tun, was du wirklich willst. Und je weniger du brauchst, umso freier bist du.«

Wer aufräumt,
hat mehr Platz im Leben

Imagine no possessions.

John Lennon

Die Holztreppe knarzt, mein Rucksack spielt toter Mann auf meinem Rücken, mit jedem Schritt zieht er mehr an meinen Schultern. Die letzten Meter dieser Reise sind die schwersten, denn ab sofort muss ich meinen Alltag wieder in Angriff nehmen.

Ich krame in den Tiefen meiner Hosentasche und stecke kurz darauf den Schlüssel ins Schloss.

Für den Blog machten Petra und ich noch ein Abschlussfoto vor dem Kölner Dom, bevor wir in unser Viertel zu dem Haus fuhren, in dem wir beide in getrennten Wohnungen leben. Als Petras Freund, der uns vom Bahnhof abgeholt hat, auf den Auslöser drückte und um uns herum die Schneeflocken rieselten, kam ich mir vor wie auf einem fremden Stern. Noch bin ich erfüllt von den Eindrücken der Reise, die mir viel realer erscheinen als der graue deutsche Winter direkt vor meinen Augen, der sich alle Mühe gibt, mir die Laune zu verderben.

Unser Weg mochte sich leicht angefühlt haben, aber das Leben der Menschen dort ist es nicht, die letzte Station Mumbai hatte mir das noch mal besonders unter die Nase gerieben. Es war, als hätte jemand die gesamte Reise zu einem Extrakt zusammengedampft. Uns präsentierte sich eine Welt der Widersprüche, es ging quirlig schön zu und laut, dreist und bescheiden, sandgrau und kreischend bunt. Spiegelverglaste Hochhäuser, prachtvolle alte Tempel und die Slums, alles nebeneinander.

Und dann besuchten wir Dhobi Ghat, das Waschviertel. Tausende Männer stehen dort in der Hitze an Hunderten mit Chemiebrühe gefüllten Betonbecken, in denen sie Hemden, Hosen, Handtücher, Bettwäsche für Hotels, Krankenhäuser, Restaurants und Privathaushalte reinigen, indem sie den Stoff einseifen und im Schweiße ihres Angesichts auf einen flachen Stein schlagen. Die Wäscher gehören im Kastenwesen den Dalits an, den »Unberührbaren«. Sie mieten die Becken; wie viel sie verdienen, hängt davon ab, was sie schaffen. Für das bisschen Geld, das sie für die Reinigung eines Bettlakens oder Handtuchs erhalten, verätzen sie sich Hände und Füße, ruinieren sie sich ihre Gesundheit.

Am Abend legte ich mich zwischen ebenjene sauberen Laken. Peinlich war es mir auf einmal, als Touristin die sich abschuftenden Menschen in dieser riesigen Open-Air-Reinigung begafft zu haben. Wie absurd, dass wir noch einige Tage zuvor bei der Meditation im Ashram das Mantra *Lokah Samastah Sukhino Bhavantu* gesungen hatten, das frei übersetzt bedeutet: Alle Lebewesen überall auf der Welt mögen glücklich sein und Frieden finden. Wohlfühl-Folklore für Touristen aus westlichen Industrieländern wie mich – ein hanebüchener Schwachsinn angesichts von Dhobi Ghat. Ich habe keine Ahnung, was ich gegen diese krasse Ungerechtigkeit in der Welt tun kann. Zurück bleibt das nagende Gefühl, *über* zu sein: übersättigt, überprivilegiert – und überfordert.

Die Tür meiner Wohnung kommt mir unwirklich vor, so perfekt und so schön gestrichen. Die Luft im Flur ist seltsam soft. Selbst der Knauf, den ich Hunderte Male zuvor berührt habe, fühlt sich fremd an. Hat sich Indien in die Risse gesetzt, die mein Leben vor der Abreise bekommen hat?

Noch immer habe ich die Rufe der Wäscher im Ohr, die zwischen den Betonwänden die Laken schlagen, im Hintergrund der brodelnde Moloch Mumbai mit seinem Hupen, Motorenknattern und Geschrei. Köln, die Karnevalshochburg am Rhein, deren Einwohnerzahl an der Millionengrenze kratzt, wirkt dagegen so still und manierlich, dass ich mich frage, ob jemand den Ton leiser gedreht hat. Nur die Tür quietscht beim Öffnen ein wenig.

Als ich im Flur den Rucksack von den Schultern streife und auf den Boden plumpsen lasse, fällt mir wieder ein, worauf ich mich seit Wochen freue: mein Badezimmer. Wie eine Fata Morgana war es manchmal während der Reise vor meinem inneren Auge erschienen – ein Tagtraum aus duftenden Badezusätzen, einem funktionierenden Duschkopf und kakerlakenfreien Fußböden.

Ich hänge die Jacke an den Haken, dann ziehe ich fröstelnd die Schultern hoch. Es ist empfindlich kalt in meiner Bude. Nichts hat sich verändert. Wenn überhaupt, liegt mehr Staub.

Und es ist still. So still wie im Museum.

Ich hebe einen Schuh auf, der von dem übervollen Schuhregal gefallen ist, und stopfe ihn neben seinen Gefährten. *Sieh endlich ein, dass du kein Tausendfüßler bist,* hat mein Ex-Freund einmal gesagt, weil ihn mein Schuhtick so aufregte.

Auf der kleinen Schrankinsel im Flur hat sich einiges an Strandgut angesammelt: Briefe und Postkarten, Muscheln von der letzten Tauchfahrt, Reiseführer, Rezensionsexemplare, Werbeflyer, das Programm der Philharmonie und eine Fahrplanauskunft der KVB teilen sich den Raum mit dem Telefon, dem Router und dem Anrufbeantworter, der zierlichen Vase mit dem vertrockneten Blumensträußchen und einem Porzellanvogel, den mir eine Freundin aus dem Nachlass ihrer Großeltern geschenkt hat, weil ich alte und schöne Dinge sammele.

Schnell laufe ich durch alle Räume und drehe die Heizung auf volle Pulle. Außer kalt und still ist es auch ziemlich voll. Überall liegt etwas rum, und die Regale und Schränke scheinen geradezu einen Schritt auf mich zuzutreten. Meine schöne Altbauwohnung kommt mir mit einem Mal vor wie eine luxuriös eingerichtete Rumpelkammer.

Natürlich herrscht auch im Schlafzimmer Chaos. So ist das

immer, wenn ich meinen Koffer in letzter Minute packe. Also jedes Mal. Das Bett ist unter der vielen Kleidung, die ich dann doch nicht mitgenommen habe, kaum mehr zu sehen. Der Klamottenhaufen zeugt von dem Versuch, in den sechs Wochen unserer Reise für jede erdenkliche Wetterlage und jeden Anlass gewappnet zu sein. Jetzt weiß ich: Ich habe mir viel zu viele Gedanken gemacht. Mir hat nichts gefehlt, und ich habe zwischendurch sogar Kleidung verschenkt, die ich nicht brauchte und nicht mehr weiter mitschleppen wollte.

Auch im Wohnzimmer herrscht Chaos rund um den Esstisch. Er war ein Gelegenheitskauf in einem exklusiven Möbelgeschäft in Bergisch Gladbach. Vor einigen Jahren kam ich am Schaufenster vorbei und verliebte mich sofort in den wuchtigen Tisch aus geöltem Eichenholz, dessen Platte Einschlüsse aus Astlöchern hat. Er war heruntergesetzt, kostete aber immer noch mehr als einen Tausender. Vor meinem inneren Auge sah ich meinen Liebsten, mich und unsere drei zukünftigen Kinder um diesen Tisch sitzen, dann eine vertraute Runde von Freunden, die mit ihren Weingläsern auf meine Kochkünste anstoßen. Ich musste den Tisch einfach haben, denn er versprach mir eine gloriose Zukunft – wenngleich meine Beziehung gerade kippelte und ich vor lauter Arbeit gar nicht für Freunde hätte kochen können. Aber das würde sicher bald alles anders werden, und dann hätte ich ein solches Prachtstück zu Hause!

Als mein Freund und ich uns dann trennten, prägte die Arbeit meine Woche noch stärker. Ich stürzte mich in Manuskripte und Konferenzen, und damit war der Traum von der geselligen Funktion meines Tisches erst einmal ausgeträumt. Gegessen wird an einem kleinen Bistrotisch in der Küche, der eigentliche Esstisch dient als Arbeitsplatz, und wo mein Rechner Platz dafür lässt, quillt er über vor Papieren. Ich betrachte ihn, als wäre es gar nicht meiner, und entdecke um den PC herum eine Menge Krimskrams, zwei volle Stiftebecher, eine Ablage mit drei Fächern, die ich nie leere, und eine Armada von Briefbeschwerern.

Haben sich die Dinge in meiner Wohnung in meiner Abwesenheit auf seltsame Weise vermehrt? Sind Außerirdische vorbeigekommen und haben ihren Gelben Sack hier ausgeleert?

Während die Heizung gluckert, gehe ich in die Küche, um mir einen Tee zu machen. Als ich einen Oberschrank öffne, fallen mir zwei Packungen entgegen. Eine enthält Tee, die andere ... ich lese das Etikett: Agar-Agar?! Was macht man damit noch? Wahrscheinlich habe ich es für irgendein Rezept gekauft, das ich mal ausprobieren wollte, richtig, dieses japanische Kokosgelee für eine Silvesterparty ... Ich drehe die Packung um – schon seit zwei Jahren abgelaufen. Das Gelee habe ich dann gar nicht gemacht, besorgte lieber kurz im Supermarkt ein fertiges Sorbet als Nachtisch. Ich schmeiße das Agar-Agar-Päckchen in den Mülleimer, nehme einen Teebeutel aus der anderen Schachtel und stelle sie zurück in den Schrank. Um Platz zu schaffen, muss ich zwei Geräte nach hinten schieben, deren Funktion mir nur vage geläufig ist, weil ich sie in den letzten fünf Jahren nicht ein einziges Mal benutzt habe.

Mein Magen knurrt fast lauter, als der Wasserkocher brodelt. Wie herrlich wäre jetzt ein Thali. Sosehr mich Indien manchmal am Zustand der Welt zweifeln ließ – zu den Dingen, die das für den Moment wieder geraderückten, gehörte definitiv das Essen dort. Das Wasser läuft mir im Mund zusammen, als ich daran denke, wie die Kellner im Restaurant zwischen den Tischen entlangeilen, über dem Arm die Henkel einfacher Blechpötte, aus denen sie mit großen Kellen raffiniert gewürztes Gemüse, Pickles, Relish und Chutney auf die Bananenblätter klatschen, die als Teller dienen.

Ich werfe einen Blick in meinen Kühlschrank: Ein paar Plastikpackungen mit besonders lange haltbaren Fertiggerichten lagern darin. Schnell knalle ich die Tür wieder zu, sodass einige der Ziermagnete an ihr herunterfallen und mit ihnen die Zettel und Postkarten, die darunter klemmten. Ich fluche leise, aber unflätig, gehe mit meiner Tasse dampfendem Tee zurück ins

Wohnzimmer und kuschele mich grimmig mit einer Wolldecke aufs Sofa. Was ist nur los mit mir? Sicher, mir ist kalt, und kein indisches Essen ist in Reichweite. Ich muss mich erst wieder eingewöhnen, nein, völlig umgewöhnen, denn ich kann ja meinen alten Trott nicht wieder aufnehmen, sondern muss mich um eine neue Stelle kümmern.

Nachdem ich meine Familie angerufen und ihnen mitgeteilt habe, dass ich sicher zurück bin, lehne mich auf dem Sofa zurück und greife zur Fernbedienung. Ich schalte den Streamingdienst ein, um mich ein wenig berieseln zu lassen. Es gibt neue Folgen meiner Lieblingsserie *The Walking Dead*. Doch statt wie sonst davon gefesselt zu sein, wie Rick, Daryl und Michonne von Zombies durch die nordamerikanische Postapokalypse gehetzt werden, kommen mir plötzlich seltsame Gedanken. Deren Leben ist irgendwie einfacher als meins. Sie haben keine Schränke voller Zeug, müssen nicht von neun bis sechs im Büro sitzen, sondern sind mit existenziellen Fragen befasst: Wo nehme ich etwas zu essen her, wer ist Freund und wer Feind? Okay, sie müssen sich mit Untoten und fiesen Gangs rumschlagen, also würde ich nicht wirklich mit ihnen tauschen wollen. Aber irgendwas an dem Endzeitszenario zieht mich magisch an.

In meinem Kopf höre ich Christopher in Madurai sagen: *Je weniger du brauchst, umso freier bist du.*

Die Zombiebekämpfer besitzen nur wenige Dinge, vielleicht kommen sie mir deshalb so frei vor. Ich lasse den Blick durch das Zimmer schweifen. Was ich sehe, sind sorgfältig ausgewählte Möbel, teures Unterhaltungsequipment, eine schicke Lifestyleausstattung – und jede Menge dekorativer Kleinkram.

In Indien habe ich nichts davon vermisst. Das Wenige, worauf wir nicht verzichten konnten, steckte in unseren Rucksäcken. Außer ein paar Andenken und einem bunten Hippierock habe ich nichts gekauft, und den Rock auch nur, weil mir einer in der Wäsche kaputtging. Das Wichtigste war – neben Kleidung, Zahnbürste und Pass – unser zeltähnliches Moskitonetz. Laptop und Kamera hatten wir mit, um unseren Blog zu befüllen und Freunde wissen zu lassen, dass wir noch am Leben sind. Vielleicht kommen mir deshalb gerade viele Dinge in meiner Wohnung vor wie entfernte Bekannte, an deren Namen man sich erst verspätet erinnert, wenn sie einem auf der Straße über den Weg laufen. Weil sie in meinem Leben nur eine Nebenrolle spielen.

Aber was ist wesentlich? Während das Gestöhne der Untoten aus dem Fernseher dringt, stehe ich auf und beginne meinen Rucksack auszupacken. Wochenlang habe ich ihn auf dem Rücken getragen wie eine Schnecke ihr Haus. Sand rieselt heraus, als ich die Verschnürungen löse. Zuoberst liegt mein Reisetagebuch. Als ich es jetzt aufschlage, kommen mir Eintrittstickets, Karten und gepresste Blumen entgegen.

Fast habe ich wieder den Geschmack der raffiniert gewürzten Samosas auf der Zunge, die wir für ein paar Rupien an einem Straßenstand kauften. Ich fühle die Präsenz der Fledermäuse, die im Gebirge abends wie ein großer dunkler Strom über unsere Köpfe hinweggezogen waren, höre das Trompeten der wilden Elefanten ganz in der Nähe und die Schreie der Affen in den Bäumen. Denke an das, was uns ein Gastgeber riet: keine Angst zu haben, sondern sich auf jeden Moment einzulassen. Und daran, wie sich die halsbrecherische Busfahrt auf den Serpentinen im Gebirge danach anfühlte – wie ein Drachenritt. Ich denke daran, wie ich ein weinendes Mädchen zum Lachen brachte, indem ich die Clownsnase aufsetzte, die ich aus Jux mitgenommen hatte. In solchen Momenten habe ich mich so lebendig gefühlt wie selten zuvor. Einfach, als wäre ich mehr in der … Gegenwart.

In meinem Alltag geht es sonst ständig um die Zukunft – die nächste Gehaltsstufe, den neuesten Modetrend, die optimale Ergänzung zur Wohnungseinrichtung, das schicke Gadget, das mein Leben sicher optimieren wird, die perfekte Beziehung, die ich dann führe, wenn endlich alles stimmt. Der Moment, an dem endlich alles stimmt, kommt auf diese Weise nie, denn der würde ja im Jetzt stattfinden.

Ich klappe das Buch zu. Das war eine Reise, auf der ich viel erlebt habe, und die ist jetzt vorbei, ich bin zurück in der Realität. Keine Ahnung, ob ich etwas davon in meinen Alltag hinüberretten kann. Wahrscheinlicher ist: Das Tagebuch wandert aufs Regal, Petra und ich schauen uns gemeinsam die Fotos an, nehmen vielleicht an einem Travel Slam teil und erinnern uns an weinseligen Abenden zurück. Das Leben kann ja nicht immer so sein wie auf Reisen.

Ich packe weiter aus und gliedere meine Sachen wieder in den deutschen Alltag ein, so wie mich selbst.

Die zwei Paar Hosen, drei T-Shirts und den Pulli, einen Tuchschal. Nachthemd und Unterwäsche natürlich. Das Moskitonetz und, der Hygiene wegen, einen Hüttenschlafsack. Ein großes und ein kleines Campinghandtuch. Meine Waschsachen, Zahnbürste, Sonnencreme, Mückenspray.

Mehrere Beutel Gewürze, gekauft in der Hafenstadt Kochi.

Die Kuh aus schwarzem Stein, die ich in Mumbai auf dem Bhuleshwar Market mitgenommen hatte, nachdem wir – mal wieder – Kühe gestreichelt hatten.

Der Rucksack ist fast leer, ganz unten liegen noch ein Paar Sandalen, mein Badeanzug, mein Tauchbrevier, die Clownsnase.

Ich sehe auf den Grund der nun schlaffen Stoffhülle. Dann auf den Stapel mit den wenigen Dingen, die für sechs Wochen gereicht haben, und auf mein Tagebuch. Das war alles, was ich brauchte.

Was während der Reise verwaist in den Regalen und Schränken stand, kommt mir nun überflüssig vor. Wahrscheinlich könnte ich mit geschlossenen Augen nur einen Bruchteil meines Besitzes aus dem Gedächtnis aufzählen. Irgendwann habe ich die Dinge in mein Leben geholt, habe Geld dafür ausgegeben, nur damit sie jetzt bei mir verstauben.

Wenn du ohne all das unglücklich bist, lohnt es sich, deine Lebenszeit dagegen einzutauschen, hat Christopher gesagt.

Ist das so?

Die Küchengeräte, von denen ich nicht mal weiß, was man damit macht, der Tand in meinen Regalen, die vielen Klamotten auf meinem Bett – ist all das den Stress und die Hektik im Job wert gewesen, mit denen ich indirekt dafür bezahlt habe? Wo in all dem Krempel bin eigentlich ich selbst?

Je weniger du brauchst, umso freier bist du.

Was ich besitze, belastet mich nur, als hätte ich im Fluss des Lebens einen langen Mantel an, der mich nass und schwer nach unten zieht. Wenn ich weniger besäße, bräuchte ich auch nicht mehr so eine teure Wohnung. Im Grunde ist sie eher ein innerstädtischer Stellplatz als ein Lebensmittelpunkt: Die Dinge, die ich nicht einmal verwende, nehmen eine Menge Platz ein, den ich eigentlich gar nicht nutze. Ich finanziere meinen Sachen eine schicke Wohnung in zentraler Lage. Und je mehr Dinge sich ansammeln, desto mehr Wohnfläche muss ich für sie mieten.

Brauche ich all das denn wirklich, um glücklich zu sein? Abgesehen davon, dass ich nicht so viel verdienen müsste, wenn ich keine so große Wohnung hätte: Mit dem Besitz ist jede Menge Sorge darum verbunden. Bei jedem Urlaub stehe ich nach der Abreise vor der Frage, ob ich wirklich alles abgeschlossen habe, ob der Herd aus ist und die Zeitschaltlampe an. Und oft hat mich mein Besitz von etwas abgehalten, etwa davon, einfach eine lange Weltreise zu machen – wo hätte ich denn den ganzen Krempel in der Zwischenzeit lassen sollen? Und jede neue Sache zieht weiteren Konsum nach sich: Da ich ein Auto habe, brauche ich Benzin und gebe regelmäßig Geld für die Wartung aus. Nachdem ich ein Mobiltelefon mit einem angebissenen Apfel darauf erworben hatte, wollte ich auch ein dazu passendes Tablet und natürlich Apps und Musik aus dem Applestore, schließlich ein Reisenotebook vom selben Hersteller, damit alles aufeinander abgestimmt ist. Und für meine teure Digitalkamera kaufe ich immer wieder neue Speicherkarten und anderes Zubehör.

Ich will aber gar nicht so von meinen Sachen abhängig sein, will viel lieber im Moment leben. Dazu muss der unnötige Ballast raus, Leben muss rein. Das ist es nämlich, was mir fehlt. Dazu brauche ich gar keine zombieverseuchte Postapokalypse. Ich kann mir den Mantel allein ausziehen, loswerden, was mich beschwert. Ich will mich leicht fühlen, keine Angst mehr vor dem Verlust meiner Sachen haben, nicht mehr an weiteren Konsum gebunden sein, mehr Platz für Erlebnisse schaffen.

Mit einem Mal habe ich das Gefühl, gar nicht mehr richtig atmen zu können, solange ich all den Ballast nicht abgeworfen und Platz geschaffen habe. Das Schöne am Reisen sind doch die Erlebnisse und Begegnungen – die rasante Fahrt im Bus, der Strom der Fledermäuse über unseren Köpfen, die Menschen auf den Straßen, die Gespräche mit Christopher. Davon will ich mehr.

Mehr Menschen statt Dinge.

Mehr Freiheit statt Fleißbienentum.

Und ich will endlich wissen, was mich wirklich glücklich macht. Denn um ehrlich zu sein, habe ich davon nur eine vage Vorstellung.

Mein Herz klopft wie damals vor der Abschlussprüfung, denn irgendetwas in mir weiß, dass ich gerade dabei bin, einen mächtigen Hebel umzulegen, der die Weichen für mein künftiges Dasein stellt.

Ich blicke den großen Esstisch an, auf dem sich meine Arbeitssachen stapeln. Da sollten Freunde dran sitzen, mit denen ich schöne Abende verbringe.

Ich denke an meinen Nachttisch, auf dem drei Wecker stehen, damit ich auch ja nicht verpenne, weil ich wegen der vielen Arbeit stets übermüdet war. Die müssen weg, zumindest zwei davon. Wenn ich mir mehr Schlaf gönne, brauche ich morgens auch nicht mehr so was wie den Stromstoß von Frankensteins Monster, um in die Gänge zu kommen.

Ich sehe zu meinem Regal hinüber, in dem viele ungelesene Bücher stehen. Ich liebe Bücher, gute Filme, Musik – dennoch habe ich immer zu wenig Zeit, mir anzusehen, zu lesen oder zu hören, was ich möchte. Ich liebe die Ozeane und alles, was darin schwimmt – trotzdem bin ich viel zu selten am Meer. Ich liebe meine Familie und habe tolle Freunde – und sage nach einem stressigen Tag allzu oft Verabredungen mit ihnen ab. Es gibt so vieles, was ich erleben möchte, und das meiste kostet nicht mal Geld. Dennoch habe ich bisher viel zu viel Zeit damit verschwendet, mein Konto aufzupolstern und Sachen anzuhäufen.

Wenn mir das keine Zufriedenheit gebracht hat – vielleicht gelingt es mir, indem ich das genaue Gegenteil tue? Mich von allem Unnützen befreie, um herauszufinden, was mich wirklich glücklich macht?

Weniger ist mehr, heißt es ja.

Und: Lass los, dann hast du beide Hände frei.

Bei dem Gedanken verspüre ich schlagartig Freude, aber er macht mir auch Angst. Was, wenn ich loslasse und die Kontrolle verliere? Ich habe eine ähnliche Angst schon gespürt, als ich beim Tauchen den Grund nicht mehr sah und mein Tiefenmesser plötzlich anzeigte, dass ich mich auf vierzig Meter befand. Hätte ich in diesem Moment aufgehört zu strampeln, wäre ich immer tiefer gesunken, hätte vielleicht einen Tiefenrausch bekommen – der tödlich enden kann.

Ist es also gut oder letztlich eine Schnapsidee, seinen Besitzstand radikal zu verkleinern? Wie frei wird es mich wirklich machen, wenn ich den Krempel loswerde?

Vor Jahren habe ich mal ein Buch gelesen, in dem Sterbende davon erzählen, was sie am meisten bereuen. Vor allem bedauerten sie, nicht mehr Zeit für ihre Liebsten oder ihre wahren Interessen gehabt zu haben. Dass sie sich selbst und anderen nicht mit mehr Achtung, Freundlichkeit und Liebe begegnet waren. Niemandem hatte es leidgetan, sich einen bestimmten Gegenstand nicht geleistet zu haben.

Ich muss ja nicht gleich alles loslassen. Nur so viel, wie sich gut anfühlt. Kann des Öfteren einen Blick auf meinen Tiefenmesser werfen, ob ich noch alles im Griff habe. Und dann sehe ich weiter.

Ich spüre, wie es in meinen Zehen und Fingerspitzen anfängt zu kribbeln, denn ich ahne: Dies ist der Beginn eines Experiments, das die Kraft hat, mein Leben zu verändern.

Vielleicht bereue ich es und vermisse meine vielen schönen Dinge, wenn ich sie weggebe.

Oder es macht mich glücklicher als je zuvor.

Warum ich nicht mehr mit Professor Unrat zusammenlebe – vom Möbelzusammenzählen und Einrichtungenvergleichen

Zwischen den Kapiteln habe ich etwas Stauraum gelassen für Tipps und Anregungen. Sie sollen Lust machen, einen eigenen Weg zu finden. Natürlich sind das eher Appetithäppchen als All-You-Can-Eat-Angebote: Fast jedes Thema – von Altkleiderausmisten bis Zero Waste – ist komplex. Und ich entdecke immer wieder neue Wege, wie ich Sachen zweckentfremde und weiterverwende, verkaufe, verschenke und spende oder nachhaltig entsorge.

Vor dem Start bietet sich eine Inventur an, sie erleichtert das Schlussstrichziehen und den Start in etwas Neues. Ich liebe solche Bestandsaufnahmen und lege immer wieder welche ein. Sogar am Ende des Jahres, um zu überlegen, was gut gelaufen ist und was ich alles erlebt habe, damit ich das neue Jahr auf ein neues Blatt schreiben kann – mit den Erfahrungen des vergangenen Jahres im Rücken.

Eine Inventur hat klassischerweise etwas mit Zählen, Messen und Wiegen zu tun. Bevor ich mit dem Räumen anfing, war mir gar nicht klar, wie viel Zeug in meiner Wohnung eigentlich rumsteht. Im Laufe der Zeit hatte sich so einiges zusammengeläppert. In meiner Butze – zwei Zimmer, Keller, Küche, Bad, Balkon, insgesamt 65 Quadratmeter – befanden sich:

1 Bücherregal, zweireihig bestückt
1 Billyregal
1 großer Kleiderschrank, Fassungsvermögen 3 Kubikmeter, voll
1 Bauernschrank, Fassungsvermögen 2 Kubikmeter, voll
1 Bett mit Nachttisch
4 große Staukartons auf den Schränken
1 großer Tisch, ein Esstisch
4 Stühle, 2 Klappstühle
1 Vitrine
1 kleines Regal mit Stereoanlage
1 Rollschränkchen für den großen Tisch, den ich als Schreibtisch nutzte
1 Schreibtischsessel
1 Couchtisch
1 Couch, 1 Sessel, 1 Schlafsessel
1 Blumenhocker in Form eines Nierentischchens
1 Kommode
1 großer Spiegel, mehrere Lampen
1 Hocker
1 Balkontisch, 2 Balkonstühle, Pflanzmöbel mit Pflanzen
2 Fahrräder
Staubsauger
1 Einbauküche mit Oberschränken, 2,5 Kubikmeter
1 Riesenkühlschrank mit Gefrierteil
2 deckenhohe Holzregale in der Küche
1 Flurschrank, der 1 Kubikmeter fasst
1 Garderobe, 1 Flurspiegel

Das Zeugs, das auf, in und zwischen diesen Möbeln verteilt war, hätte rund 60 unterschiedlich große Umzugskartons gefüllt, im Keller befand sich außerdem eine Reihe Kisten mit Krempel, den ich nie ausgepackt habe.

Meine Habseligkeiten waren wie ein lazy Mitbewohner, den ich nie loswurde, weil er mir von einer Wohnung in die nächste folgt: grob gerechnet etwa 35 Kubikmeter, das ergab jedenfalls die Kalkulation beim letzten Umzug. Meine Möbel und Sachen bewohnten also zusammengepfercht allein ein rund 14 Quadratmeter großes Zimmer mit einer Deckenhöhe von 2,5 Meter.

13 Umzüge und vier Städte zuvor war meine Situation noch Welten davon entfernt. Meine erste eigene Wohnung war ein 11,6 Quadratmeter großes Zimmer im Studentenwohnheim, das mich mit seiner platzsparend im Flur verbauten Kochnische und dem Winzbad an eine Klosterzelle oder eine menschengroße Bienenwabe erinnerte. Es stand schon ein Regal darin, Übernachtungsbesuch musste auf dem Boden zwischen dem schmalen Schreibtisch und dem Bett schlafen, auf dem Miniflur gab es einen eintürigen Schrank und genau zwei Haken für Jacken. Die Küche verfügte über Unterschrank und Oberschrank, zwei Kochplatten und eine Spüle, in der ein Goldfisch Platzangst bekommen hätte. Viele Sachen hatte ich nicht, und viel passte ja auch nicht rein. Dennoch reichte es, weil mein Leben größtenteils außerhalb dieser vier kurzen Wände stattfand.

Wenn ich daran denke, wie viel Zeug sich im Laufe der Jahre angesammelt hat, wird mir schwindlig. Vor allem, weil ich weiß, dass es mich keinesfalls glücklicher gemacht hat.

Nie aufhören anzufangen, nie anfangen aufzuhören

Für das Können gibt es nur einen Beweis: das Tun.

Marie von Ebner-Eschenbach

Während im Hintergrund das Zombietöten weitergeht, lege ich damit los, meinen Besitz zu verschlanken. Diätpläne soll man sofort umsetzen, das habe ich aus vielen leidvollen Erfahrungen mit Torten und Chipstüten gelernt. Mich motiviert, dass eine Menge Leute vor mir ohne viel Krempel durchs Leben gekommen sind. Wir sind wie eine weltweite, epochenübergreifende Sachendiät-Gruppe.

»Das Geheimnis des Glücks liegt nicht darin, mehr zu erlangen, sondern die Fähigkeit zu entwickeln, sich an weniger Dingen zu erfreuen«, soll Sokrates schon in der Antike befunden haben. Franz von Assisi und Teresa von Ávila, Yogis und Sadhus und Jains, Bettelmönche in Nepal, Sufis und Essener – ein asketisches Leben galt im Laufe der Jahrhunderte und überall auf der Welt religiösen Menschen als Ideal. Auch Schriftsteller und Philosophen wie Ralph Waldo Emerson und Henry David Thoreau dachten im 19. Jahrhundert über das einfache Leben in der Natur nach.

»Ich zog in die Wälder, denn ich wollte bewusst leben und nur den wesentlichen Dingen des Lebens gegenüberstehen«, schrieb Thoreau. »Und sehen, ob ich nicht lernen konnte, was es mich zu lehren hatte, damit ich nicht in der Stunde meines Todes gewahr würde, dass ich gar nicht gelebt hatte.« Sein Buch *Walden*, in dem er von den zwei Jahren, zwei Monaten und zwei Tagen erzählt, die er als Aussteiger in einer selbst gebauten Blockhütte verbrachte, inspirierte später die Umweltbewegung des 20. Jahrhunderts, Ökos und Selbstversorger. Und auch Albert Einstein soll wenig Wert auf materielle Besitztümer gelegt haben – von seinen Habseligkeiten ist außer seinen wissenschaftlichen Arbeiten und einer einfachen Pfeife im Smithsonian's Museum in Washington nicht viel erhalten. Sein Haus in Princeton wird als Wohnhaus genutzt, sein Sommerhaus in Caputh ist auf seinen eigenen Wunsch hin kein Museum, sondern ein Ort, an dem Vorträge gehalten werden.

Mir fällt außerdem das Buch der Lehrerin und Psychotherapeutin Heidemarie Schwermer ein, die ausprobieren wollte, wie es sich ein Jahr lang ohne Geld lebt. In einem Interview hat sie gesagt, dass sie sich durch das Experiment derart unabhängig fühlte und so viel an Lebensqualität gewann, dass sie dabei blieb – sie lebte schließlich sechzehn Jahre lang ohne Geld und mit wenig persönlichem Besitz.

Ich wandere durch meine Wohnung und greife nach den erstbesten Sachen, die mich stören. So verschwinden zwei der drei Wecker vom Nachttisch in einer Plastiktüte, in der ich erst mal sammeln will, was mir sofort entbehrlich erscheint. Ich stelle den verbleibenden Wecker auf neun und nehme mir vor, spätestens um Mitternacht ins Bett zu gehen. Müde bin ich jedenfalls noch nicht, vielleicht liegt's am Jetlag, auch wenn ich ohnehin eher eine Nachteule bin.

Voller Elan sehe ich mich mit der Sammeltüte in der Hand um – und entdecke auf dem Küchenschrank eine angebrochene Flasche Rotwein vom Abend unserer Reiseplanung. Ich entkorke sie, stelle fest, dass der Wein sich bei den niedrigen Temperaturen exzellent gehalten hat, und beschließe, mich ihrer als Erstes zu entledigen – indem ich den Rest austrinke. Mit dem Glas in der Hand streife ich durch meine inzwischen aufgewärmte Bude und unternehme eine Regalbeschau, ziehe hier und da einen Gegenstand hervor und betrachte ihn im immer schwächer werdenden Tageslicht. Mit jedem Schluck Wein wird mir wärmer, meine Unruhe wird gedämpft, und ich fühle sogar eine gewisse Milde gegenüber den einzelnen Dingen in mir aufsteigen.

Ach, guck, denke ich, das Fury-in-the-Slaughterhouse-Shirt ist doch eigentlich noch ganz okay. Du findest die Band zwar inzwischen peinlich, und der Saum des Teils ist zerfleddert, irgendwann ist dir auch mal Tomatensoße draufgespritzt, aber es war ein Traumsommer, als du die Band auf dem Festival gesehen hast, du warst jung und unbeschwert, und deine Freunde warfen aus Jux Dixiklos um. Hat sich das T-Shirt mit dieser Erinnerung nicht ein Wohnrecht auf Lebenszeit in deinem Schrank erworben? Und schau hier, dieser Zierteller mit Rosenmuster von anno Tobak. Natürlich ist der schreiend hässlich, aber Tante Inga hat ihn dir vor zwanzig Jahren zum Geburtstag geschenkt – und falls sie mal zu Besuch kommt, willst du doch, dass sie sich bei dir wohlfühlt, dann holst du ihn wieder hervor. Und die alte Mittelformat-Kamera von Voigtländer – bestimmt mache ich damit ganz brillante Fotos, wenn ich mir nur mal Zeit nehme, herauszufinden, wie die eigentlich funktioniert und was für einen Film man braucht und ob den heute noch irgendwer entwickeln kann … Schließlich falle ich benebelt ins Bett.

Ich schrecke hoch, als ein nervtötendes Schrillen an mein Ohr dringt. Wie, schon so spät? Ich bin etwas desorientiert und habe leichte Kopfschmerzen. Als ich einen Blick auf meinen verbliebenen Wecker werfe, habe ich beinahe das Gefühl, dass er mich vorwurfsvoll ansieht, weil er jetzt ohne Gesellschaft auskommen muss. Geklingelt hat er nicht, es ist halb neun.

Der Wust um mich herum wirkt jetzt noch unübersichtlicher als bei meiner Ankunft gestern, weil die Sachen, die ich aus den Schränken gezogen habe, nun auch noch überall rumliegen. Kein guter Start für meinen Weg aus dem Überfluss. Bevor ich lange darüber nachdenken kann, was ich hätte besser machen sollen, schrillt es wieder, auch diesmal ist es nicht mein um seine beiden Gefährten beraubter Wecker.

Rrrrrringrrrrring! Das Telefon.

Ich unterdrücke einen Schmerzenslaut, als ich auf einen Kleiderbügel trete, der direkt vor dem Bett liegt, und haste in den Flur, wo das Telefon in seiner Station ruht. Das Display zeigt: Es ist Dirk, der es offenbar nicht abwarten kann, mich endlich wiederzusehen. Scheiß auf die Schläfrigkeit und den Suffkopp, auf einmal bin ich hellwach.

Ein paar Monate vor der Reise haben wir uns auf einem Konzert getroffen, und ich war froh, mich in der Zeit nach der Kündigung mal bei ihm anlehnen zu können. Ohne Freundinnen wie Petra und ohne ihn hätte es für mich noch düsterer ausgesehen.

Ohne zu zögern, drücke ich auf die Taste, um das Gespräch anzunehmen.

»Guten Morgen«, sagt Dirk. »Hab ich dich geweckt?«

»Nö.« Ich ziehe die Schultern hoch, mir ist in meinem dünnen Nachthemd kalt. »Ich, äh, war … im Bad.«

»Ich hätte Zeit«, meint er. »So in einer halben Stunde kann ich zum Frühstück bei dir sein.«

Es herrscht Chaos in meiner Wohnung, ich habe noch nichts an und auch nichts im Haus, um ihn zu bewirten.

Ich sollte sagen: Frühestens in einer Stunde.

Ich sollte sagen: Bring Brötchen mit.

Ich sollte sagen: Und Kaffee. Und Margarine. Und Marmelade.

Und dann sollte ich mich in aller Ruhe auf seinen Besuch vorbereiten, mich anziehen, Mascara auf meine Wimpern und Teller auf den Tisch tun.

Ich sage: »Okay, freu mich.«

Ich Idiot. Wieso mache ich mir schon wieder Stress?

Nachdem ich aufgelegt habe, kicke ich alle Sachen, die im Wohnzimmer rumliegen, ins Schlafzimmer und ziehe die Tür zu. Ich schaffe ein wenig Platz auf dem kleinen Küchentisch und stelle Geschirr raus.

Anschließend hetze ich ins Bad, putze mir unter der Dusche die Zähne, ziehe mir irgendwas an, setze mir die Mütze auf die nassen Haare und renne raus vor die Tür.

An diesem Januarmorgen ist der Winter strenger als der Ton meines ehemaligen Mathelehrers, scharf und kalt. Die Luft schneidet einem förmlich in die Haut, und es schneit vereinzelt diese hauchfeinen Kristalle, die noch kein richtiger Schnee sind und bei denen ich immer daran denken muss, dass sie aus dem weiten Saal von Andersens *Schneekönigin* geweht kommen könnten. Ich ziehe die Schultern hoch und reibe die Hände aneinander, mein Atem bildet kleine Wölkchen, während ich zum Bäcker und zum Supermarkt um die Ecke haste.

Das Klima im Rheinland ist meist mild, und ich bin stets darauf bedacht, in Kleidung nicht zu moppelig zu wirken. Also trage ich ein Jäckchen, das mir eine Verkäuferin mal als Übergangsmantel angedreht hat und das für diese Witterung viel zu dünn ist. Das ist mein übliches Frauengarderobe-meets-Wintertemperaturen-Problem: Die meisten fancy Sachen sind entweder ärmellos oder aus dünnem Stoff, Schneeanzüge oder Ganzkörperstrick gibt's nicht in tragbaren Ausführungen. Und das, obwohl wir Frauen weithin für unsere Frostbeuligkeit bekannt sind. Man braucht mindestens noch ein Tuch oder einen Cardigan zum Überleben. Die da draußen in der Produktentwicklung denken einfach nicht richtig nach.

Während Männer nie frieren, aber im Anzug und oft noch mit schicker Weste unterm Jackett immer gut gewärmt sind, soll ich als Frau mich mitten im Winter in einen Fummel zwängen, der mir schon beim Anblick auf der Stange Gänsehaut verursacht. Alles, was wärmt, sieht hingegen meist nach Oma oder Yeti aus. Im schlimmsten Fall nach beidem. Leuten, die Frauenkollektionen entwerfen, würde ich gern sagen: Entwickeln Sie endlich einen Stoff, der dünn ist *und* wärmt. Konzipieren Sie ihn immer einen Tick wärmer, als Sie es für angemessen halten. Und dann legen Sie eine weitere Lage Stoff drauf. Einer der Gründe, warum ich so viele Klamotten habe, ist sicher, dass die wärme-technisch oft vollkommen unzureichend sind. Hätte ich einen dicken Mantel, der erfrierungssicher *und* chic ist, oder ein Kleid, das wärmt *und* elegant aussieht, würde ich das Teil sicher öfter anziehen, statt auf der Suche nach der idealen Klamotte immer weiter zu shoppen.

Als ich völlig außer Atem mit den Einkäufen zurückkomme, meine Gesichtsmuskeln ganz starr gefroren, mit harten Haar-spitzen, die wie braune Eiszapfen unter der Mütze hervorstaken, steht Dirk schon vor meiner Tür.

Als er mich an sich zieht, einmal fest umarmt und dann meine Oberarme rubbelt, fühlt sich der Morgen trotz der Kälte und der Hektik richtig schön an. Er nimmt mein Gesicht in seine Hände und küsst mich auf den Mund.

»Hey, du«, sagt er dicht an meinem Ohr. »Ist bestimmt ein ziemlicher Temperaturschock für dich. Wie viel Grad Unter-schied sind das wohl?«

»Keine Ahnung, aber so viele, dass ich jetzt doch lieber rein-gehen würde.« Ich löse mich von ihm, auch, weil die Einkaufs-tasche langsam schwer wird, und schließe mit steifen Fingern die Tür auf. »Ich hab uns was zum Frühstück besorgt.«

»War echt scheiße in den letzten Wochen«, sagt Dirk, als wir im Hausflur die Treppe hochstapfen. »Wusste nie, wo ich ihn las-sen kann. Steht um die Ecke.«

Erst mit ein paar Sekunden Verspätung wird mir klar: Er meint mein Auto. Dirk hat es sich für die sechs Wochen meiner Reise ausgeliehen und bringt es jetzt zurück. Er wohnt nicht weit entfernt, aber er verabscheut Radfahren wegen der Anstrengung und öffentliche Verkehrsmittel wegen der vielen Leute. Und ein eigenes Auto hat er nicht – aus Kostengründen.

Während ich dabei bin, die Frühstückssachen auf den Kü-chentisch zu stellen und Paprika und Tomaten aufzuschneiden, höre ich eine Tür klappen. Wenig später kommt Dirk in die Küche.

»Hab die CD gesucht, die ich das letzte Mal mithatte«, sagt er. »In deinem Schlafzimmer sieht's ja aus, als wäre eine Bombe explodiert.«

Ach du liebe Zeit, jetzt hat er das Chaos doch gesehen.

»Ich bin dabei, auszumisten.« Ich fühle, wie meine Wangen heiß werden. Warum geht der überhaupt da rein, wenn die Tür zu ist?

Schnell stelle ich die letzten Sachen auf den Tisch und deute mit einladender Geste auf den Platz mir gegenüber. Statt sich hinzusetzen und sich ein Brötchen zu nehmen, kommt er zu mir herum und streicht mir die Haare hinters Ohr.

»Das sieht aber lecker aus.«

Hab ich doch gewusst, dass er sich über das üppige Frühstück freut. Das peinliche Gefühl von eben löst sich in Wohlgefallen auf. Er nimmt mich in den Arm, und wir küssen uns.

»Und warum willst du ausmisten?«, fragt er, als wir uns schließlich an meinem Küchentisch gegenübersitzen. »Bist du pleite und musst deine Sachen verkaufen?« Er umschließt die Kaffeetasse mit beiden Händen.

Gerade will ich etwas antworten, als sein Handy pingt, das wie immer in Griffweite neben ihm liegt. Dirk ist Berater, er arbeitet für verschiedene Firmen und muss ständig erreichbar sein, das hat er mir schon oft erklärt. Aber auch an einem Samstag, wie heute?

Er sieht mich an und zuckt mit den Schultern, dann nimmt er das Gespräch an. »Marcus, Alter! Und, gestern auch das Spiel geguckt?«

Ich fände schon, er könnte seinem Freund gleich sagen, dass er bei mir ist und ihn später zurückruft. Er hat früher schon längere Telefonate in meiner Gegenwart geführt, fällt mir ein. Wenn das noch mal passiert, spreche ich es an. Aber nicht ausgerechnet heute.

»Sorry«, sagt er, als er nach zehn Minuten auflegt. »Wo waren wir?«

»Wart mal.« Ich überlege kurz. »Ach so. Ich bin nicht pleite, ich will nur meine Wohnung entkrempeln.«

Schon jemandem mit einem normal zugestellten Hausstand meine Idee zu verklickern wäre schwierig. Dirk ist allerdings ein Sonderfall. Ich erinnere mich gut, dass ich beim ersten Betreten seiner Wohnung fast sofort die Flucht ergriffen hätte. Nicht nur, weil sein Domizil aufgrund der Lage zum engen Innenhof düster ist, sondern auch wegen der vielen schweren Holzmöbel im Stil des Gelsenkirchener Barocks. Ich habe mich noch nicht getraut, ihn das zu fragen, aber vielleicht hat er die Wohnung günstig von den Hinterbliebenen eines Rentners erworben, der darin gestorben ist – unter der Bedingung, dass er dessen Einrichtung übernimmt? Auf dem angespannten Kölner Wohnungsmarkt ein realistisches Szenario, hier diktieren die Immobilienbesitzer die Konditionen. Und dann das viele Zeug in den schmalen Gängen zwischen den Möbeln: In Dirks Bleibe sah es aus wie auf der Ladefläche eines Entrümplungsunternehmer-Trucks – eingestaubte Bücher ruhten neben aufgetürmten, verkratzten CDs, nach Jahrgängen geordnete Stapel alter Computermagazine und Zeitungen lagen neben karierten Herrenhausschuhen aus Filz – und überall waren die Teile eines beeindruckenden Elektroschrottarsenals verstreut.

Dirk fragte, ob er was kochen sollte, immer essen zu gehen wäre doch viel zu teuer. Ein kurzer Blick in die Küche verriet mir aber, dass sie den Wohnraum in puncto Gemütlichkeit kaum toppte: Kühlschranktür mit dunkler Folie im Siebzigerjahreholzfurnierlook, die schon von Weitem vermuten ließ, dass meine Hand daran festpappen würde, sollte ich sie zu öffnen versuchen. Auf der Spüle und dem Esstisch stapelten sich die Kochgeräte und Töpfe, dazwischen aufgerissene Reispackungen, halbvertrocknete Kräuter und ein Stück verschimmelter Speck auf einem nicht ganz sauber aussehenden Tellerchen.

Ich überlegte, warum es mich so störte, dass es bei ihm aussah wie bei Hempels unterm Sofa. Die Redewendung bietet eine Erklärung: mit Hempel oder Hampel bezeichnete man schon zu Luthers Zeiten einen einfältigen und ordinären Menschen, und mit diesen Charakterzügen bringe ich Unordnung in Verbindung, obwohl ich selbst wahrlich keine Ordnungsqueen bin. Ich behauptete, dass ich wahnsinnigen Hunger hätte, Kochen würde zu lange dauern. Auf der anderen Straßenseite hätte ein neuer Italiener aufgemacht – ob ich ihn einladen könne? Dirk stimmte sofort zu. Während er sich auf dem Weg zur Pizzeria schon die Vorspeisen ausmalte, rügte ich mich nicht nur für meine Unehrlichkeit, sondern auch dafür, so etepetete zu sein. Dirk war eben ein kreativer Kochkünstler – da konnte in der Küche schon mal was durcheinandergeraten.

Spätestens wenn wir irgendwann zusammenziehen, fällt das nicht mehr ins Gewicht, denn ich bestehe auf einer Spülmaschine. Und einer Putzhilfe.

»Also, pass auf«, sage ich und überlege fieberhaft, wie ich ihm mein neues Projekt verdeutlichen soll. Ich muss nur ein anschauliches Bild wählen, dann versteht er, wie es sich für mich anfühlt, all das Zeug in der Wohnung zu haben. »Meine Besitztümer sind wie die Bäume in dem Wald, den man vor lauter Bäumen nicht sieht. Und ich steh mittendrin. Die Dinger müssen einfach weg, sonst habe ich keinen Überblick – und verirre mich. Wie viel ich roden muss und welche Bäume ich fälle, muss ich erst noch rausfinden, bevor ich die Motorsäge ansetze und die Laster bestelle, die das Holz abtransportieren. Sonst habe ich hinterher alles ratzekahl gerodet, und der Wald ist futsch.«

An seinem irritierten Blick kann ich sofort ablesen, was für ein top anschauliches Bild das war.

»Bäume?« Er grinst. »Warst du etwa die letzten sechs Wochen im Königsforst?«

»Ich glaube einfach, ich blicke besser durch, wenn's nicht ganz so vollgestellt ist«, sage ich. »Aber ich will nicht *alle* Sachen weggeben. Nur das, was zu viel ist.«

»Und woran merkst du, *was* zu viel ist?« Er setzt die Tasse ab, beißt in das dick mit Butter bestrichene Croissant und sieht sich in meinem Zimmer um. Checkt er etwa, was er von meinen Sachen im Zweifelsfall gebrauchen könnte?

Extra für ihn habe ich Milch und Lachs geholt. Als reine Pflanzenesserin habe ich so was normalerweise nie im Haus, aber Dirk hat von Anfang an durchblicken lassen, dass ein Frühstück ohne diese Bestandteile für ihn nur halb so interessant ist, und ich will mir die Chancen bei ihm nicht durch Prinzipienreiterei verderben. Vielleicht ist er ja der Mann fürs Leben? Liebe geht bekanntlich durch den Magen – mit Milch, Lachs und Butter versuche ich es ihm behaglich zu machen. Ist doch klar, wenn man jemanden mag.

Ich hebe die Kaffeekanne, er nickt mir zu, und ich schenke ihm nach. Fast wie bei einem richtigen Pärchen, denke ich.

»Sag mal, wann kaufst du dir endlich einen Kaffeevollautomaten?« Er verzieht das Gesicht, nachdem er einen Schluck getrunken hat. »Die Plörre aus der Presse schmeckt doch nicht.«

Fast wie bei einem richtigen Pärchen.

»Erst mal will ich ja Dinge loswerden«, gebe ich zurück.

»Deshalb kann man ja trotzdem über neue Anschaffungen nachdenken.« Er grinst. »Also, was wirfst du jetzt raus?«

»Keine Ahnung, das weiß ich wohl erst, wenn ich anfange zu entrümpeln.«

Ich denke an das Chaos, das ich am vorangegangenen Abend angerichtet habe. Schaffe ich das wirklich? Ich sehe Dirk über den Rand meiner Tasse hinweg an. »Ich glaube, ich fange mit dem Kleiderschrank an, das ist ein klar umrissener Bereich.«

»Mit dem Kleiderschrank?« Er zieht die Augenbrauen hoch. »Wenn du den entkernst, bist du die erste Frau, die mit Fug und Recht behaupten darf, dass sie wirklich nichts anzuziehen hat. Und was behältst du – nur einen Lendenschurz, ein Paar Sandalen und deine Brille, so wie Gandhi?«

Der wohl bekannteste Asket der Welt passt wie die gewaltlose Faust aufs Auge. *Man soll weder annehmen noch besitzen, was man nicht wirklich zum Leben braucht,* diese Worte sind von Gandhi überliefert.

»Für einen Lendenschurz ist es dann doch zu kalt.« Ich nicke zum Fenster hin, wo nun etwas dickere Flocken fallen. »Aber Gandhi war sicher auch der Meinung, dass man sich besser auf das Wesentliche konzentrieren kann, wenn man nicht ständig von so vielen Dingen abgelenkt wird.«

»Meine Sachen lenken mich nicht ab.« Dirk meint vermutlich die Elektroteile in seiner Wohnung, von denen ich in den meisten Fällen nicht mal wüsste, wie herum ich sie halten soll. »Viele machen mich sogar richtiggehend glücklich. Und ich brauche sie ständig.«

Ich kann mir das zwar nicht vorstellen, und die Staubschicht auf den Gegenständen spricht eine andere Sprache, aber ich will keinen Streit anfangen.

»Solche Dinge will ich auch nicht weggeben«, erkläre ich. »Ich will ja nicht mittags jedes Mal zum Nachbarn laufen, um mir einen Topf und einen Löffel zu borgen.« Das ist doch schon mal eine gute Regel, denke ich: Alle Gegenstände, die ich oft benutze und die einen sinnvollen Zweck erfüllen, bleiben. »Aber ich muss Sachen loswerden, die ich gar nicht brauche und die mich nicht glücklich machen. Wenn ich das tue, stelle ich doch erst fest, *was* mich glücklich macht.« Ich merke, wie Dirks Blick leer wird und abschweift, er scheint das Interesse am Thema zu verlieren. »Ich hab dir noch gar nicht erzählt, wie's in Indien war.«

Dirk tippt auf sein Handy, um die Uhrzeit zu checken.

»Zeit für ein Nickerchen.« Er gähnt.

»Jetzt?« Es ist erst kurz nach elf.

Er zuckt mit den Schultern und steht auf. »Muss nachher bei einem Kumpel rum«, sagt er dann und greift nach dem Autoschlüssel, der neben der Spüle liegt. »Kann ich noch mal deinen Wagen nehmen?«

Vorhin auf dem Weg zum Supermarkt hatte ich kurz überlegt, später zur Therme zu fahren, um meinen Körper wieder auf Indientemperatur zu bringen. Aber eigentlich wollte ich mich ja der Räumerei widmen. Außerdem fühle ich einen gewissen Trotz in mir aufsteigen. Dirk werd ich schon zeigen, dass ich meine Kleider sinnvoll reduzieren kann.

»Übrigens, falls du dein Auto loswerden willst, ich würd's dir abnehmen«, meint er beiläufig beim Verabschieden. »Kommt natürlich auf den Preis an. Ich bräuchte dann ja einen Stellplatz, und das wird eh schon teuer. Aber du willst dich ja von deinem Kram trennen, da bist du sicher froh, wenn du gleich jemanden hast, der's kauft.«

»Ich denk drüber nach«, erwidere ich und stelle mir vor, wie es wäre, selbst bei diesem Sauwetter mit dem Fahrrad durch Köln zu strampeln.

Nachdem Dirk aus der Tür ist, räume ich den Tisch ab. Was mache ich jetzt mit dem angefangenen Tag und dem übrig gebliebenen Lachs? Der tote Fisch kommt erst mal in den Kühlschrank. Ein wenig hatte ich darauf spekuliert, dass Dirk den Tag mit mir verbringt. Immerhin haben wir uns gerade sechs Wochen lang nicht gesehen.

Ich seufze, als ich die Butter bei den Fischen im Kühlschrank deponiere.

Mir fällt auf, dass der Boden vom Frühstück vollgebröselt ist. Lieber kümmere ich mich erst mal um die kleinen Krümel, bevor ich wie bei meiner gestrigen Spontanaktion erneut an den großen Brocken scheitere. Saubermachen ist doch die kleine Schwester von Entrümpeln. Schon Putzen kann glücklich machen, bisweilen ist es sogar überlebensnotwendig.

Die französische Journalistin Anne de Chalvron schrieb vor ein paar Jahren ein Buch mit dem Titel *Apologie des petites corvées* (zu Deutsch etwa: »Lob der lästigen Hausarbeit«) übers Reinemachen, das ich für den Verlag zur Veröffentlichung prüfte. Wir kauften letztlich keine Übersetzungsrechte ein, doch das Buch blieb mir nachhaltig im Gedächtnis. Die Autorin hatte zweihundert Menschen zum Thema Putzen und Aufräumen befragt. Ihre Untersuchung zeigt, wie befriedigend es sein kann, Ordnung zu schaffen und sauber zu machen – Hausarbeit kann sogar helfen, Liebeskummer und Stress abzubauen. Durchs Putzen, so Anne de Chalvron, könne man in einen Flow geraten, in dessen Verlauf der Akku wieder aufgeladen werde. Flow, das ist dem Psychologen Mihály Csíkszentmihályi zufolge ein Zustand bei Tätigkeiten, die uns so selbstverständlich von der Hand gehen, dass wir durch sie alles um uns herum vergessen. Wir denken nicht an Vergangenes und nicht an die Zukunft, sondern sind ganz bei dem, was wir im Moment tun.

Eine regelmäßige leichte Tätigkeit wie Bügeln und Saubermachen kann sogar das Brustkrebsrisiko senken, wie eine Untersuchung der britischen Stiftung Cancer Research UK gezeigt hat. Und bei einer Umfrage des Discovery Channel unter 2000 Britinnen stellte sich heraus, dass 60 Prozent der Frauen dem Putzen eine therapeutische Wirkung zuschrieben, 59 Prozent hatten durch das Reinemachen der eigenen Räume das Gefühl, ihr Leben besser im Griff zu haben.

Vermutlich schwärmt deshalb selbst die Prominenz davon. Cate Blanchett freut sich, dass sie durchs Staubsaugen die Füße auf dem Boden behält, und Kylie Minogue säubert gern ihre Schränke. »Dabei vergehen Stunden«, erklärt sie. »Ohne Fernseher und Musik. Ich bin ganz allein. Nur Stille und Putzen.« Auch Bette Midler gibt zu, dass sie gern wischt: »Ich stehe auf saubere, glänzende Flächen.« Sophie Marceau vergleicht das Putzen mit einem Tanz, der den ganzen Körper fordert, und Barbara Schöneberger hat sogar eine Vorliebe fürs stille Örtchen. »Ich liebe es, Klos zu putzen«, sagte sie in einem Interview. »Da sieht man endlich mal, dass man was geschafft hat. Das ist fast der einzige Moment in meinem Arbeitsalltag, in dem ich das Gefühl habe, jetzt wirklich etwas bewegt und eine Verbesserung herbeigeführt zu haben. Wann kann man das schon mal von seiner Arbeit sagen?«

Und was wirkt und wirklich befriedigt, wissen auch echte

Kerle. Moritz Bleibtreu verkündete im *Playboy*, dass ihm das Putzen guttut: »Dieser Effekt, sich etwas vorzunehmen, es umzusetzen und danach auf das Gemachte zu gucken, ist nirgendwo so unmittelbar abrufbar wie beim Putzen.« Besonders steht der Schauspieler auf streifenfreie Sauberkeit: »Einen Glastisch sauber machen, das ist das Geilste. Wie das dann so glänzt! Oder mit diesem Antikalkzeug die Spüle schrubben. Da gibt es diesen bestimmten Geruch, so eine Mischung aus Aluminium und Putzmittel – der Inbegriff von Sauberkeit. Wenn man dann noch diesen Kalkmist abmacht, der sich um die Mischbatterie festgesetzt hat, das ist super.«

Der Frühjahrsputz zu Großmutters Zeiten war also nicht ohne Grund ein beliebtes Ritual. Er besiegelte das Ende des Winters und verhieß einen Neustart, eine Rückkehr von Licht, Luft und Ordnung.

In schweren Fällen ist Saubermachen sogar echte Lebenshilfe. Mein Freund Yanis hat einen Kumpel, Mike, der nach einem Schicksalsschlag die Kontrolle über sein Leben verlor. Irgendwann musste er im Auto schlafen, weil sich in seiner Wohnung Bierflaschen und Verpackungsmüll, Pizzaschachteln und Dosen stapelten, sodass er kaum mehr die Tür zur Küche aufbekam. Mike schämte sich, kündigte seinen Job und tauchte drei Monate im Wald unter, wo er von dem lebte, was die Natur hergab, und vom Pfand, das er sammelte. Später erfuhr Yanis, dass Mike sogar vorgehabt hatte, sich das Leben zu nehmen, weil nichts mehr rundlief – er fand einfach keinen Weg in seinen Alltag zurück. Irgendwann tauchte der Freund wieder auf und rief Yanis an. Der half ihm einige Tage voller Ekelanfälle lang beim Reinemachen, bis in der Wohnung zumindest so weit klar Schiff gemacht war, dass Mike wieder darin nächtigen konnte. Gemeinsam suchten sie für Mike psychologische Unterstützung, er wohnte bei Yanis, bis er eine neue Wohnung und einen neuen Arbeitgeber gefunden hatte.

Zwischenzeitlich hatte Mike offenbar den Überblick verloren, und wenn ich doch noch mal meinen Forstvergleich bemühe: Der Wald war Mike über den Kopf gewachsen, er drohte sich darin zu verlaufen – und hatte auf seinem Weg eindeutig zu viele Brotkrumen und Bierflaschen ausgelegt, um alleine zurückzufinden. Das ist natürlich ein extremer Fall. Mike leidet am Vermüllungssyndrom, einer echten Zwangsstörung. Genau in dieser extremen Form zeigt sich jedoch, wie sehr Putzen und Aufräumen auch ein Kümmern um sich selbst sind und mit der seelischen Gesundheit zusammenhängen.

Aus eigenem Erleben kann ich das Glück des Putzens bestätigen, ohne mir einen Zacken aus der Krone zu brechen. Nicht, dass ich einen Putzfimmel hätte wie Monica aus der Serie *Friends* – für mich ist nach dem Putzen besser als vor dem Putzen. Solange die Staubmäuse in den Zimmerecken Betriebsversammlung abhalten, fällt es mir schwer, fokussiert zu arbeiten. Ein gewisses Maß an Ordnung und Sauberkeit verschafft mir innere Ruhe, ich kann mich besser konzentrieren. Spätestens wenn ich den Staubsauger in die Kammer auf der halben Treppe zurückgestellt habe, das Bad glänzt, die Spülmaschine ausgeräumt, das Bett neu bezogen ist und es überall nach Orangenreiniger duftet, stellt sich ein Gefühl tiefer Befriedigung ein.

Diesmal stelle ich den Staubsauger nicht wieder in die Kammer zurück, nachdem ich die Krümel weggesaugt und den Boden gewischt habe. Vielleicht brauche ich ihn noch – wer weiß, was sich in den entlegenen Ecken meines Schranks, den ich mir jetzt vornehme, an Dreck angesammelt hat?

Um nichts zu überstürzen, wende ich eine gängige Taktik namens Prokrastination an: Ich nehme mein Handy, scrolle durch meinen Instagramfeed, setze mich dann an den Rechner und rufe Facebook und ein paar Nachrichtenseiten auf, während ich noch einen Kaffee trinke. Ich tippe »weniger haben« ins Feld der Suchmaschine, dann »Konsumverzicht«, schließlich »Minimalismus«. Klicke mich durch Artikel zum Ausmisten und zu Kuren gegen Shoppingsucht.

Ich lese etwas über das Projekt 333, bei dem ich meine Garderobe auf 33 Teile reduzieren soll, die ich drei Monate lang untereinander kombiniere. Das klingt etwas sehr schematisch, für mich ist das nichts.

Andere Kleidungsminimalisten tragen einfach jeden Tag das Gleiche. Wenn ich all die grauen T-Shirts von Facebook-Gründer Mark Zuckerberg sehe, der offenbar gern Freizeituniform trägt, bekomme ich Beklemmungen. Eine gute Freundin, die zum ersten Mal mit der Bundeswehr im Auslandseinsatz war, erzählte mir nach ihrer Rückkehr aus dem Kosovo jedoch vom Uniformtragen. Sich über ihr Outfit keinerlei Gedanken machen zu müssen hatte sie enorm entspannt. Bevor ich aber anfange, wie die Journalistin Meike Winnemuth ein Jahr lang dasselbe Kleid zu tragen, muss der erste Schritt sein, sich über das Gros schon vorhandener Kleidung Gedanken zu machen und diese Masse zu reduzieren.

Schließlich stoße ich auf einen Trend, der bisher an mir vorbeigerauscht ist – Capsule Wardrobe. Der Begriff geht auf Susie Faux zurück, die in den 1970er-Jahren eine Boutique in London führte. Sie stellte fest, dass vor allem Frauen viel zu viel Geld für Kleidung minderer Qualität ausgeben, die ihnen weder passt noch richtig steht und in der nächsten Saison schon wieder out ist. Susie überlegte sich, dass ein Kleiderschrank nur wenige, dafür hochwertige Teile enthalten solle, die untereinander kombinierbar wären, außerdem Accessoires, die für unterschiedliche Looks sorgen. Ihrer Meinung nach dafür unabdingbar: ein guter Schneider. »Die Leute kaufen sich Sachen, die ihnen gar nicht richtig passen«, erklärte sie dem Onlinemagazin *Green Matters*. »Sie haben vielleicht Größe 40 – aber nicht an jeder Stelle. Und sie lassen es nicht anpassen. Die Leute denken, dass sie zu wenig Zeit haben, aber ihnen ist nicht klar, dass sie mit einer Capsule Wardrobe Zeit und Geld sparen können.« Sich Sachen schneidern zu lassen verhindere außerdem Impulskäufe.

So eine Kapselgarderobe klingt erst mal gut, auch wenn ich bei

Faux' Empfehlungen für ihre Bestandteile nicht ganz mitgehen kann. Wenige Grundfarben, klassische Schnitte, so weit okay. Frauen empfiehlt sie aber unter anderem einige perfekt sitzende Blusen und einen Gürtel – steht mir beides nicht, das weiß ich aus Erfahrung.

Dennoch kann ich für mich einige sinnvolle Regeln herausfiltern. Basics wie einfarbige Shirts sind wichtig, und davon habe ich einige, die meisten sind schwarz. Auf Jeans konnte ich, so wie es auch Faux rät, noch nie verzichten. Aber ich habe definitiv einige zu viel und vor allem auch welche, die mir gar nicht richtig passen, zu kurz sind oder kneifen.

Fort mit Frau Faux, ich klicke mich durch aktuelle Capsule-Wardrobe-Blogs, in denen mal grau meliert, mal gestreift, mal reinweiß als ultimativ verkauft wird, weil es leicht kombinierbar ist und angeblich jedem steht. Streifen mag ich nicht, in grauen Sachen sehe ich wischiwaschi aus, in weißen totenblass – den Rat ignoriere ich gepflegt. Meine Lieblingsfarbe ist Grün, das wird eine meiner Grundfarben. Und mein Lieblingskleid bleibt in jedem Fall bei mir – obwohl wild gemustert, lässt es sich zu allem kombinieren, weil so ziemlich jede Farbe darin vorkommt. Ich muss einfach nur Sachen loswerden und mir vielleicht noch einige Eyecatcher zulegen, damit ich jeden Tag ein bisschen anders aussehe. Sinnvoll erscheinen mir ein schicker weiter Cardigan, ein auffälliger Schal oder ein Schmuckstück. Nur mal kurz schauen, was sich da so anbietet …

Eine halbe Stunde später ertappe ich mich dabei, dass ich kurz davor bin, auf der Website eines großen Onlinehändlers ein extravagantes teures Oberteil in den Warenkorb zu legen, in zwei Größen, damit ich es zu Hause in Ruhe anprobieren kann. Eine Statementkette habe ich ebenfalls ausgesucht. Und die passenden Ohrringe.

Erschrocken fahre ich den Rechner runter. Wie soll das nur enden, wenn ich bereits bei der Recherche in Konsumfallen tappe?

Besser, ich fange einfach mit dem Räumen an, statt mich weiter dem Risiko unwillkürlicher Shoppingeskapaden auszusetzen. Ich gehe rüber ins Schlafzimmer zum hohen weißen Lackschrank, den ich vor zwei Jahren im schwedischen Möbeldiscounter gekauft habe, weil er so schön das Chaos verbirgt und sich wirklich alles darin unterbringen ließ, was sich vorher ungeordnet in Boxen, in der großen Kommode und auf der Kleiderstange befand. Ich wollte damals einfach mehr Stauraum, damit es ordentlicher aussieht. Eine Weile hat das geklappt, dann wurde es auch darin eng, und ich holte mir in ebenjenem Möbelhaus praktische Boxen, die genau oben auf diesen Schrank passen, außerdem ein Regal, das ich direkt danebenstellte und in dessen Fächer weiße Weidenkörbe passen, was meiner Stadtwohnung ein wenig Landhausflair verleiht. Das Ensemble sieht nicht mehr ganz so übersichtlich aus, aber es bietet mehr Stauraum. Der auch schon fast voll ist.

Ich öffne die Türen des Schranks weit.

Mir quellen die Klamotten entgegen. Nun, da ich Pandoras Kleiderbox einmal geöffnet habe, ziehe ich es durch. Das Ziel ist, den Bestand so zu reduzieren, dass nur noch Sachen im Schrank sind, die ich auch wirklich anziehe.

Schon oft habe ich mich über die vielen Outfitleichen geärgert – Kleider, die ich gar nicht trage, welche, die mir zu klein oder zu groß sind, verschlissenes Zeug. Diesen überflüssigen Klamotten geht's jetzt an den Kragen.

Ich will nur noch Sachen, die ich gerne anhabe. Sachen, die vom Stil her zusammenpassen. Ein Farbkonzept, mit dem ich nicht kränklich aussehe. Hochwertige Extras, die sich gut mit den Basics kombinieren lassen. Und vor allem: weniger.

Das kann ja wohl nicht so schwierig sein, oder?

Alles über Bord –
die fünf besten Songs, um sich zum Putzen
und Ausmisten zu motivieren

Clueso – Neuanfang
Sich aufzuraffen ist schwierig, deswegen sollte man Leuten zuhören, die schon aus der Komfortzone gehüpft sind. Wie Clueso, der die Band verließ, mit der er vierzehn Jahre lang Musik gemacht hatte. »Jeder wird in seinem Leben zwangsläufig einen Neuanfang erfahren«, sagte er in einem Interview. »Meine Empfehlung ist, aufzuwachen und sich zu überlegen, was man selber braucht. Worum es wirklich geht.« Der Mann weiß also, wovon er spricht.

Amy Adams – Happy Working Song
Eine Prinzessin verschlägt es in der Disney-Komödie *Verwünscht* durch Magie aus ihrem Königreich Andalasien nach New York. Gewohnt, mit den Tieren des Waldes zu reden, ruft sie sich auch im Big Apple ein paar Geschöpfe, um die Wohnung sauber zu machen. Und wie das in der Großstadt so ist, kommen Ratten, Mäuse, Schmeißfliegen, Tauben und Kakerlaken, die ganze Arbeit leisten – das Apartment glänzt!

Anna Depenbusch – Alles über Bord
Die Singer-Songwriterin aus Hamburg macht klar Schiff, denn ihre vielen Sachen gehen ihr auf den Keks. Der Song ist ein Stimmungsbarometer für die eigene Veränderung: Wer sofort mitswingt, sollte nicht länger zögern, sein Leben zu entrümpeln.

Silbermond – Leichtes Gepäck
Wer hier »Leichengebäck« hört, ist schief gewickelt. Die Band aus Bautzen hat erkannt, dass sie von einem »Kabinett aus Sinnlosigkeiten« umgeben ist. Klar ist, dass es sofort losgehen muss,

allerdings wollen die Musiker am liebsten alles verbrennen und wegschmeißen. Da gibt's bessere Wege, finde ich.

Jack Johnson – Washing Dishes
Mal ehrlich: ein Mann, der beim Geschirrspülen singt, gibt's was Schöneres?

Raus aus dem Modemausoleum, rein ins Garderobenglück

Kauft weniger! Wählt sorgfältiger aus!

Vivienne Westwood

G ar nicht so einfach, überflüssige Klamotten auszusondern, denke ich ein paar Minuten später. Wieso habe ich nur so hemmungslos geshoppt?

Die Kleiderschranktüren sind noch immer weit geöffnet, und ich starre den Inhalt an wie das Kaninchen die Schlange. Ich sollte anfangen auszuräumen, bin aber geblendet von der Fülle meiner Modesammlung.

Der Schrank beherbergt drei große Schubladen voller Unterwäsche und Strümpfe. In einer sind außerdem Sportsachen wie Bikinis, Yogaklamotten, Jogginghosen. Bei der Unterwäsche liegen auch die Schlafanzüge. In den fünf Fächern darüber finden Pullover, T-Shirts, Hosen und Röcke Platz. Und an einer Stange etliche Teile, die ich lieber hängend aufbewahre: vom Cocktailkleid bis zur Damenkrawatte ist alles dabei. Wie viel Geld da an den Bügeln hängt, will ich mir gar nicht vorstellen. Da ich nur einen Bruchteil davon anziehe, hätte ich mir die Scheine auch direkt auf den Körper kleben oder auf dem Boden des Kaufhauses verstreuen können. Die Stunden Lebenszeit, die ich für den Gegenwert der Waren gearbeitet habe, bekomme ich ebenso wenig zurück wie die, in denen ich auf der Jagd nach ihnen durch die Gänge der Damenoberbekleidung gestreift bin.

Nun geht es ans Eingemachte: Was soll weg, was hingegen kann ich vorerst nicht loslassen? Langsam streiche ich mit der

Hand über die Bügelreihe, ziehe einzelne Stücke hervor. Erst mal raus mit dem, was ich auf gar keinen Fall mehr anziehe, dann sehe ich vielleicht schon, was mein Stil und mein Farbkonzept sind. Wenn mir alles steht und alles zusammenpasst, dann wird es mir morgens nie mehr schwerfallen, etwas rauszusuchen. Und wenn ich ein genaueres Gefühl für meinen Stil habe, dann kaufe ich auch nicht mehr impulsiv so viel Quatsch.

Da wären zum Beispiel der elegante, bodenlange Rock aus glänzendem schwarzem Satin samt besticktem Oberteil, den ich einst für eine Wohltätigkeitsgala während der Londoner Buchmesse erworben hatte. Als ich das Set im Laden vom Kleiderständer zog und mit der Verkäuferin besprach, welche Schuhe ich dazu am besten tragen könnte, sah ich mich im Geiste bereits beim Sektempfang mit den Stars und Sternchen smalltalken. Ich blätterte ein paar Hundert Euro für den Fummel hin und redete mir ein, er sei es wert. In Wirklichkeit fühlte ich mich auf der Veranstaltung ab der ersten Sekunde unwohl, weil ich mir verkleidet vorkam. Ich versuchte nicht aufzufallen, was mir nicht gelang, da bei einer Verlosung dummerweise meine Nummer gezogen wurde und ich in meinen neuen Pumps möglichst grazil zum Podium schreiten musste. Dort überreichte mir die Gastgeberin eine roséfarbene Duftkerze im angeblichen Wert von etwa fünfzig Euro. Seit meiner Rückkehr steht sie wegen ihres penetranten Gestanks in einer Box auf dem Schrank, in dem das einmal getragene Outfit hängt. Beides habe ich seither nicht angerührt.

Weg damit.

Etwas wehmütig betrachte ich als Nächstes das Rockabilly-Kleid mit den bunten Totenköpfen und Blumen, das ich in einem Vintage-Laden in Paris entdeckte. Mit einer modebewussten Freundin, deren Stilsicherheit ich immer schon bewundert hatte, probierte ich ein paar Kleider und Petticoats an, wir stolzierten zu den Klängen von »You're The One That I Want« vor dem Spiegel hin und her. Schließlich kaufte ich das extravagante schwarze Neckholderkleid. Weil die Verkäuferin so guckte, als wäre ich – wie Sandy in dem Film *Grease* – nicht cool genug, um es anzuziehen. Weil die Freundin ein ähnliches Stück erwarb. Weil es mir plötzlich komisch vorkam, den Laden ohne Tüte zu verlassen. Ich habe das Kleid noch kein einziges Mal getragen. Immer wenn ich es aus dem Schrank ziehe, kommt es mir zu schrill vor.

Raus mit dir!

Mein Blick bleibt an einem teuren Top hängen, das über und über mit Pailletten bestickt ist. Ich habe nichts, womit ich es kombinieren könnte, und um den Zustand dieser Klamotte habe ich mich stets so sehr gesorgt, dass ich sie für einen besonderen Moment aufheben wollte, der nie kam. Das Material ist empfindlich, einige Pailletten haben sich schon gelöst, wahrscheinlich, weil das Top seit Jahren im Schrank zwischen anderen Kleidern hin und her reibt.

Time to say good-bye.

Daneben eine Funktionsjacke, gekauft für eine Bergwanderung, die ich nie unternahm. Die passenden Schuhe stehen unten im Schrank – ohne einen Krümel Erde daran. Vergeblich hoffte ich all die Jahre, das supersportliche Dornröschen in mir würde irgendwann erwachen, von ganz allein, ohne dass ein Fitnessprinz es wach küssen musste. Bis dato sind aber Treppensteigen, Radfahren und In-letzter-Minute-den-Bus-Erwischen mein einziges Bewegungstraining geblieben. Wenn ich nach der Arbeit meine Wohnung betrat, war ich platt und hatte keine Lust mehr auf Sport.

Und tschüs!

Auch die Hallenschuhe fürs Pilates und das pinke Stretchtop fürs Joggen schlummern im Schrank selig vor sich hin. Wie die Winterfunktionskleidung, für die es in diesen Breitengraden einfach zu selten Tiefschnee gibt. Und die Yogaausrüstung, die im Regal derweil den zusammengelegten Hund übt.

Die jage ich jetzt vor die Tür.

Hier vor mir ausgebreitet liegt ein kleines Vermögen, Hunderte von Shoppingtouren und eine Menge in Umkleidekabinen verschwendete Zeit. Es verblüfft mich, wie viele Klamotten ich ausmustern kann, ohne dass es mir leidtut, sie loszuwerden. Aber warum habe ich das alles eigentlich gekauft?

Ich denke offensichtlich, mir mit der entsprechenden Kleidung Eigenschaften zulegen zu können, wie bei den Sportklamotten. Ich kaufe, weil der Büroflur und die Messekorridore auch immer ein kleiner Laufsteg sind. Undenkbar war für mich in der Vergangenheit, da jeden Tag in den gleichen Klamotten aufzuschlagen. Und weil ich nie weiß, was ich anziehen soll, hängt halt für jede Gelegenheit irgendwas anderes im Schrank.

Ich kaufe auch, weil ich gern shoppe. Noch lieber, wenn eine gute Freundin dabei ist, dann können wir uns gegenseitig beraten. Eine gemeinsame Shoppingtour ist ein Event, schöner als Kino oder Theater. Vermutlich kommt es der Ekstase nahe, die manche Männer verspüren, wenn sie mit dem besten Kumpel Playstation zocken, durch den Baumarkt bummeln oder vor einem Bier schweigend nebeneinander am Tresen sitzen. Wenn ich mich im Neonlicht der Kaufhauskabine hin und her drehe, geschehen bisweilen wundersame Dinge. Bei guter Beleuchtung erscheint mein Spiegelbild graziler, als ich in Wahrheit bin – in meinem Kopf läuft dann ein kleiner Film ab: Ich sehe mich etwa auf einem malerischen Sommerfest einen Erdbeer-Daiquiri schlürfen, in geistreiche Konversation mit einem Mr.-Darcy-Doppelgänger vertieft. Das sorgt für Extra-Kauflaune, und ich gehe fast ein wenig beschwipst mit mehr Teilen zur Kasse, als ich wirklich kaufen will. Anschließend haben die Freundin und ich beide das Gefühl, etwas geleistet zu haben – die vollen Tüten beim Kaffee danach sind der Beweis. Auch dafür, dass wir uns das leisten können, dass wir es uns verdient haben.

Wenn ich keine Zeit für den klassischen Shoppinglauf habe, gebe ich Geld im Internet aus. Auch das vermittelt eine gewisse Geschäftigkeit, klick, klick, klick, ich erledige was – und nicht selten schicke ich die Waren im Anschluss gleich wieder zurück. Mir ist klar, dass das Emissionen beim Transport verursacht, für nichts und wieder nichts. Aber die sieht man ja nicht und sie kosten mich nichts, und es ist so schön bequem. Vor mir selbst rechtfertige ich das Remote-Control-Shopping mit meinem vollen Arbeitstag.

Es ist einfach großartig, etwas Neues in Besitz zu nehmen. Die Beute in den eigenen vier Wänden auszupacken und einzusortieren, löst ein Triumphgefühl aus, als hätte ich ein Mammut aus Spitze und Seide erlegt und in meine Höhle geschleppt. Das Beobachten von Trends lenkt mich vom Alltagseinerlei ab, und ich liebe das Rauschen im Frauenzeitschriftenblätterwald, wenn die Redakteurinnen mir einflüstern, wie gut ich in Neonfarben, im Leoprinthöschen, in einem Wildleder-Onesie oder gemustert wie ein farbenblindes Comic-Häschen auf Speed aussehen würde. Und dann kaufe ich.

Kleider machen Leute, das habe ich früh gelernt. Meine Eltern legten Wert darauf, dass meine Schwestern und ich zu jedem Anlass ordentlich angezogen waren. Mode ist den Deutschen eben wichtig, das zeigt auch ein Blick auf die Zahlen: Rund 31 Millionen Menschen in unserem Land sagen laut Statista, dass sie meist oder fast immer wissen, was angesagt ist, und etwa acht Millionen gehen bei jedem Trend mit. Jährlich geben die Deutschen rund 75 Milliarden Euro für Bekleidung aus, am stärksten, nämlich mit 34 Milliarden Euro, schlägt dabei Damenbekleidung zu Buche, der Onlinehandel macht mit diesem Posten derzeit sieben Milliarden Euro Umsatz – mehr als mit jeder anderen Ware. Eine alleinstehende Frau (wie ich!) gibt im Schnitt am meisten Geld für Kleidung und Schuhe aus. 876 Euro sind es im Jahr, laut Statistischem Bundesamt. Alleinstehende Männer verprassen im Vergleich nur 552 Euro jährlich.

Wir Frauen müssen uns offenbar den Schuh anziehen, in mehrfacher Hinsicht. Und der kommt in den meisten Fällen eher von Deichmann als von Christian Louboutin. Wir Damen sind viel mehr in Bekleidungsgeschäften unterwegs als die Herren der Schöpfung – zwei Jahre und zehn Monate unseres Lebens verbringen wir insgesamt mit Shopping, wie ein britisches Marktforschungsinstitut ermittelte. Ja, genau: fast drei Jahre.

Die Frauenmagazine wissen um unsere Achillesferse, sie setzen in ihren Heften daher auf Modestrecken, die uns raten, wie wir unseren Kleiderschrank trendgemäß weiter füllen. Wir sehen uns im Fernsehen Realityshows wie *Shopping Queen* an, schielen auf die Modenschauen in Paris, New York und London und auf die Messen von der *Bread & Butter* in Berlin bis zur *Gallery Int Fashion Fair* in Kopenhagen. Und dann legen wir einfach die Kreditkarte auf den Tresen.

Wann das alles angefangen hat, weiß ich zumindest in meinem Fall genau. Ende der Neunziger habe ich über Erasmus in Nordirland studiert. In einem Haus in dem beschaulichen Küstenort Portstewart wohnte ich mit Tracy, die gern die Vorlesungen schwänzte und stattdessen oft tagelang zu Hause blieb, aufräumte, kochte, fernschaute – und shoppte.

»*Aaaaanne, du muuusst mit mir shoooppen kommen!*«, sagte sie in ihrem breiten, nordirisch gefärbten Englisch, wenn ich abends ermattet heimkam und neben ihr aufs Sofa sank. »*Shooopping macht viiiiel glücklicher,* als zur Uni zu gehn.« Und dann wurde ein Teil nach dem anderen aus der Tüte geholt, ich lobte die Vorzüge und bestaunte die Rabattaktionen. Tracy war Pionierin – rund zehn Jahre bevor es YouTube überhaupt gab, hat sie das Unboxing erfunden.

Tracys Glücksverheißung fiel auf fruchtbaren Boden. Als Schülerin hatte ich mir nur wenige Klamotten leisten können, weil die ziemlich teuer waren. Mein wertvollster Besitz war eine echte Levi's, auf die ich ein Jahr lang gespart hatte und die ich trug, bis sie auseinanderfiel. In den Neunzigern jedoch nahm das Modebusiness an Fahrt auf, und mit dem eigenen Look zu experimentieren wurde erschwinglicher. Models wie Christy Turlington, Tyra Banks, Kate Moss, Elle Macpherson und Naomi

Campbell waren wie Popstars, neben ihren Outfits ging es um ihr Liebesleben und ihre Partylaunen. Auch meine Laune stieg, wenn ich mit Tracy durch die kurze Einkaufspassage der mittelgroßen Unistadt streifte, als wären wir auf Großwildjagd. Ich hatte ein neues Hobby entdeckt und stockte meine Garderobe in rasantem Tempo auf.

In unseren Einkaufstüten landeten knallbunte bauchfreie Tops und Kleider mit Spaghettiträgern, die über T-Shirts getragen wurden. Röckchen von Topshop mit silbernen Schnallen, die eher an breite Gürtel erinnerten. Turnschuhe mit Plateausohlen, Jeanskleider. Tracy mit ihren blonden Haaren, dem herzförmigen Gesicht und der schlanken Figur sah darin umwerfend aus, sie erinnerte mich an die Eurodance-Sängerin Whigfield, die gerade mit ihrem Hit »Saturday Night« Platz 1 der Charts gestürmt hatte. Überhaupt schien es in den Neunzigern immer darum zu gehen, möglichst partytauglich auszusehen, selbst tagsüber. Wir schwelgten in Glitter, Flitter, Gold und Animal Prints, trugen Netzstrumpfhosen zu knappen Shorts oder Röcken, Overknees und Plateausohlen oder eine Kombi aus beidem, und Girliezöpfchen, die von puscheligen Zopfgummis zusammengehalten wurden. Je bunter und schriller, desto besser.

Seit jener Zeit bin ich modisch enthemmt. Und die Labels haben sich jede Menge Tricks ausgedacht, um meine Sehnsüchte zu nähren. Fast-Fashion-Ketten wie H&M bringen seit den Neunzigerjahren fünf Kollektionen pro Jahr heraus – immer mehr Modeblogs, Influencerinnen und Zeitschriften sagen mir, welche Sachen ich tragen muss. Viele Kleider kommen aus Fernost, wo sie billiger produziert werden können, seither unterbieten sich die Unternehmen mit den Preisen gegenseitig. Der weltweite Modekonsum wächst immer weiter: Wir shoppen heute rund 400 Prozent mehr als noch vor zwanzig Jahren und werden die Teile nach dem Kauf schneller wieder los: Drei Viertel der Kleider werden nach einem Jahr Tragen aussortiert und zum Altkleidercontainer gebracht, ermittelte Greenpeace. Das sind

300 Millionen Kleidungsstücke pro Jahr. 700 000 Tonnen jährlich, 2000 Tonnen pro Tag.

Billig zu shoppen und die damit verbundene Ex-und-hopp-Haltung ist aber nur möglich, wenn ich den Herstellern bestimmte Dinge durchgehen lasse. Ansatzweise weiß ich, unter welchen Bedingungen produziert wird, aber die schlechten Schlagzeilen haben mein Shoppingverhalten bisher nicht gebremst. Ich nehme vieles in Kauf, wenn ich kaufe.

Kinderarbeit.

Umweltverschmutzung.

Mangelnde Sicherheitsvorschriften.

So geringe Löhne, dass sie diese Bezeichnung nicht verdienen.

Sechzig-Stunden-Wochen für Arbeiterinnen, die oft pro Stück, nicht für feste Arbeitszeiten bezahlt werden.

Die bittere Wahrheit ist, dass ich als Frau auf der einen Seite der Welt Frauenrechte auf der anderen Seite der Welt mit Füßen trete. Zweifelsohne könnte ich mich dagegen aussprechen, wenn ich den Mist einfach nicht kaufen und dagegen protestieren würde.

Könnte.

Doch ich lebe im Konjunktiv, denn bis zum heutigen Tag habe ich mich, wenn ich ganz ehrlich bin, um solche Dinge nicht geschert.

Ja, ich habe auch mal ein Fairtrade-Shirt gekauft, wenn es sich gerade anbot. Aber die Themen Gerechtigkeit und Umweltschutz habe ich nicht mal halbwegs konsequent verfolgt. Und so besitze ich Oberteile aus Fabriken wie dem Rana Plaza, bei dessen Einsturz 1135 Menschen starben und 2438 verletzt wurden. Ich habe Kleider, deren Färbeprozess Flüsse verseucht hat wie den Buriganga in Bangladesch, der durch Tausende Textilfabriken rundum so vergiftet wird, dass er tiefschwarz ist. In meinem Schrank liegen Jeans aus Baumwolle, die mit einiger Wahrscheinlichkeit in Usbekistan angebaut wurde, wo ihr extremer Wasserbedarf den Aralsee versickern lässt, weil seine Zuflüsse auf die Felder umgeleitet werden. Durch die Produktion meiner Jeans landen außerdem Pestizide im Boden, von denen die Menschen der Region krank werden. Und so viele Emissionen gelangen durch die Transportwege in die Atmosphäre, dass wir uns unter anderem auch dadurch inzwischen mitten in einer Klimakrise befinden.

Trotzdem schaffe ich es immer wieder, all das auszublenden. Und habe nicht nur die Jeans, die ich brauche, sondern auch die, die ich irgendwo mal günstig geschossen habe. Und auch welche, die ich nicht mal wirklich haben wollte. Ich kaufte und kaufte und kaufte.

So kann ich nicht mit dem Finger auf die vielen Menschen zeigen, die mit Riesentüten von Primark durch die Einkaufsstraßen laufen. Ich darf nicht meckern, wenn YouTuberinnen ihren sogenannten *haul*, ihre Beute eines Einkaufs bei diversen Billigläden, stolz vor der Kamera präsentieren. Kann keine Moralpredigten halten vor den Shopping-Bulimikerinnen – so nennen Psychologen junge Frauen, die sich massenhaft Kleider nach Hause bestellen, sie auspacken und den Kram zurückschicken, sobald sie alles anprobiert und sich instagramtauglich darin fotografiert haben. Ich kann nicht mal H&M kritisieren, wenn sie intakte Kleidungsstücke in großem Stil vernichten, nur weil diese sich wegen der ständig wechselnden Kollektionen nicht mehr verkaufen lassen.

Ich kann es nicht, denn ich bin Teil des Systems.

Aber ich kann *mich* ändern.

Es ist nie zu spät, so zu sein, wie man es gerne gewesen wäre, sagt George Eliot.

Es ist nie zu spät, neu anzufangen, sagt Jane Fonda.

It's never too late, singen Diana Ross, Amy MacDonald und Steppenwolf.

Ich kann mich jetzt entscheiden, ob ich weiter in diesem Maße mitverantwortlich für Leid, Umweltverschmutzung und Ausbeutung sein will wie bisher.

Die Schwäche fürs Shoppen verleiht vor allem uns Frauen eine Menge Macht. Bridget Brennan, eine führende Expertin im Bereich Marketing, erklärt in ihrem Buch *Why She Buys,* wir seien die »einflussreichste Konsumentengruppe der Welt«, denn es gebe so viele berufstätige Frauen wie nie zuvor, die zudem im Durchschnitt länger leben und mehr konsumieren als Männer. Und noch dazu ihre Kerle und Kinder beraten, was sie anziehen sollen. »Viele Anschaffungen geschehen auf Anraten einer Frau oder platzen, weil sie ein Veto einlegt«, schreibt Brennan. Ihr zufolge beeinflussen Frauen 70 bis 80 Prozent aller Kaufentscheidungen.

Vielleicht sollte ich diese Macht endlich nutzen. Es liegt in meiner Hand, ob ich daran teilhaben will, dass Mensch und Umwelt unter meinem Konsum leiden. Ich kann Einfluss darauf nehmen, ob mein Kaufverhalten dieses unmenschliche System befeuert. Und ich kann entscheiden, ob ich in diesem Modezirkus weiter die Bärin sein will, die von der Industrie am Nasenring durch die Manege gezogen wird.

Denn der Witz ist eigentlich: Richtig glücklich, so viel Kleider zu besitzen, macht es mich nicht. Und das geht nicht nur mir so: Eine Greenpeace-Studie von 2017 ermittelte, dass das ungezügelte Shopping auch fürs Gefühl nicht nachhaltig ist. Kirsten Brodde, Greenpeace-Expertin für Textilien, erklärt, woran es liegt, dass 24 Prozent selbst sagen, sie würden mehr kaufen, als sie sich leisten können, 14 Prozent sich nach dem Kauf unzufrieden oder leer fühlen und weitere 14 Prozent nicht mal vor anderen eingestehen, dass sie shoppen waren, weil sie fürchten, dafür Kritik zu ernten. »Die Umfrage zeigt, dass dem Kaufrausch ein emotionaler Kater folgt – der aus Leere, Schuldgefühlen und Scham besteht. Die Leute fangen an zu begreifen, dass sie in einem unbefriedigenden Kreislauf billiger Wegwerf-Modetrends gefangen sind und dass übermäßiger Konsum nicht zu dauerhaftem Glück führt.«

Bei vielen dieser Billigklamotten für eine Saison bin ich darauf reingefallen, dass mir jemand eingeflüstert hat, ich bräuchte sie unbedingt, weil dieses Jahr jede so etwas hat. Mein senfgelbes Etuikleid, laut einer Frauenzeitschrift ein *Must-Have* der Saison, das ich getragen habe, obwohl ich in der Farbe den Eindruck erwecke, mir wäre übel. Meine Overknee-Stiefel, in denen ich inzwischen selbst finde, dass ich darin aussehe wie eine Parodie auf *Pretty Woman*. Die geometrisch gemusterte Bluse mit der Schluppe, die ich einen Winter lang getragen habe, bevor mein Kollege Stefan mir sagte, dass ich ihn darin an Fräulein Rottenmeier erinnere. Laut Greenpeace kaufen wir durchschnittlich rund sechzig neue Kleidungsstücke pro Jahr, in deutschen Kleiderschränken schlummern etwa eine Milliarde nie getragene Teile. Meiner gehört dazu. Ein Blick in sein Inneres auf all die Sachen, die an ihren Bügelkrallen vor sich hin baumeln wie Fledermäuse, verursacht mir ein schlechtes Gefühl.

Ich will nicht, dass mein Schrank ein schwarzes Loch bleibt, das mit enormer Anziehungskraft weiter Klamotten in sich hineinsaugt. Ich will seine Anziehungskraft abstellen, indem ich ihm Masse entziehe.

Weg mit den Fehlkäufen! Zeit für den großen Kleiderschrankexorzismus!

Bleiben dürfen nur die Klamotten, die mir passen und in denen ich mich wohlfühle. Statt denen, die nur eine Saison halten, lieber gut verarbeitete. Statt vieler bunter Fähnchen, die im Licht der Umkleidekabine aussehen wie Schmetterlinge und die sich dann als Eintagsfliegen entpuppen, lieber wenige, die ich zu allem tragen kann. Statt vielen modischen Jäckchen lieber nur eine vernünftige Sommerjacke, eine für Regenwetter und eine Winterjacke. In einem Oberteil, das nix aushält, und den schicksten Stöckelschuhen der Saison würden auch Carol und Maggie in *The Walking Dead* nicht weit kommen.

Mit beiden Händen greife ich so viele Bügel, wie ich zu fassen kriege, und werfe die Kleider aufs Bett. Und den Stapel Pullis. Und die Shirts. Und die Hosen. Und, und, und …

Irgendwann gähnt mir die Schrankgruft leer entgegen, und auf Bett, Nachttisch und Boden sieht es aus wie in der Kleiderkammer der Diakonie. Im unbarmherzigen Tageslicht kann ich besser erkennen, welche Sachen ich behalten will und welche wegmüssen.

Ich entschließe mich, nach Bauchgefühl alle Sachen, auf die ich spontan nicht verzichten kann, in den Schrank zurückzuhängen oder wieder in die Fächer zu räumen.

Sachen, die ich dauernd trage – und nicht irgendwann, wenn ich wieder Kleidergröße 36 habe, eine nicht näher definierte »Gelegenheit« gekommen ist oder ich endlich die Schuhe gefunden habe, mit denen sich das kombinieren lässt.

Sachen, in denen ich mich wohlfühle. Wie mein wild gemustertes Sommerkleid und die dunkelblaue Jeans, die wie angegossen sitzt.

Sachen, für die ich schon mal Komplimente bekommen habe – wie damals, als eine Freundin meinte, das waldgrüne Shirt lasse meine Augen leuchten.

Sachen, die aus gutem Stoff sind und deren Nähte was aushalten.

Diese Kleidungsstücke sind meine Richtschnur, beim Rest schaue ich, was sich gut damit kombinieren lässt. Die Basics bleiben natürlich sowieso bei mir – meine vier schwarzen Shirts, meine Jeans sowie Strümpfe, Schuhe, Unterwäsche, die tadellos sind. Wie ich mit den Sachen verfahre, die liegen bleiben, sehe ich im Anschluss. Jetzt mache ich erst mal kurzen Prozess.

Rund zwei Stunden später sind das Bett und der Boden davor immer noch voller Klamotten, die übrig sind, nachdem ich das, was ich auf jeden Fall trage und liebe, in den Schrank geräumt habe. Ein Blick auf die ordentlich aufgereihten Kleider ist enorm aufschlussreich.

Mein Farbkonzept: eher grün und blau, auf gar keinen Fall gelb oder orange.

Mein Stil: eher schnörkellos als rüschig.

Meine Accessoires: schlicht und dabei edel.

Das macht mir gute Laune – und ich habe zum ersten Mal eine konkrete Idee davon, wie er aussehen könnte, mein eigener Stil.

Die ausgemusterten Sachen liegen auf vier verschiedenen Haufen.

Nummer eins: teure Markenteile, die ich kaum getragen habe und verkaufen könnte – ein ganz schöner Berg, Mount Fehlkauf sozusagen.

Nummer zwei: gute Klamotten, die ich verschenken oder spenden möchte. Auf dem Stapel sind viele Sachen, die mir zu groß oder zu klein sind, und welche, die ich nie anziehe, weil mir das Design nicht ganz gefällt. Interessanterweise gehören dazu auch etwa fünfzig Strumpfhosen, die ich mal aus irgendwelchen Angebotskisten gefummelt habe und die immer noch in der Verpackung sind. Die ziehe ich doch nie mehr im Leben an. Mal gucken, ob Freundinnen oder meine Geschwister sie gebrauchen können – meine ältere Schwester hat seit Kurzem einen Bürojob.

Nummer drei: Sachen, bei denen ich mir einfach nicht sicher bin. Sie kommen in eine Tüte und oben auf den Schrank. Mit mir selbst schließe ich in diesem Moment den Vertrag, sie für drei Monate wegzulegen. Wenn mich das Verlangen nach einem bestimmten Teil aus der Tüte plötzlich überfällt, darf es wieder zurück in den Schrank ziehen. Nach Ablauf des Datums bringe ich sie ins Sozialkaufhaus, ohne zuvor noch einmal in die Tüte zu schauen.

Und Nummer vier: Kleidungsstücke, die ich schon lange mal ausmisten wollte, weil sie verwaschen, zerschlissen oder unheilbar verfärbt sind, die Löcher haben, die sich auch nicht mehr ausbessern lassen, oder von denen Ziernähte und Bedruckungen bereits abfallen. Auf diesen Stapel wandern auch die einzelnen, versprengten Solosocken, die ich mit ihrem jeweiligen Partner wiedervereinigen zu können hoffte. Ein Blick auf diese eigene kleine, sehr heterogene Truppe zeigt: Das ist eine Illusion. Sie müssen abtreten, genau wie die Unterwäsche, die zerrissen oder verblichen ist und die ihre *sexy days* hinter sich hat.

Nur eine Garnitur oller Klamotten behalte ich für Renovierungstage und Umzüge, außerdem ein altes Feinrippunterhemd und eine große hässliche Unterhose für die Tage, an denen es mir schlecht geht. Meine These ist, dass große, hässliche Unterhosen im Zustand gesamtkörperlichen Unwohlseins einen wichtigen Platz einnehmen. Es ist eine Kunst, sich richtig scheiße zu fühlen. Und dazu gehört die passende Unterwäsche.

Als Letztes nehme ich mir meine Schuhe vor, von denen ich nur die Paare behalte, in denen ich mir nicht die Füße breche. Das sind: ein nicht ganz so hochhackiges Paar schwarze Riemchenschuhe für besondere Abende. Bequeme, aber elegante Halbschuhe für die Buchmesse. Ein Paar Stiefeletten mit hohem Absatz für schicke Gelegenheiten im Winter. Meine Wanderbotten, ein Paar feste Winterstiefel mit gutem Profil, Sportschuhe, Puschen und meine ausgelatschten, man könnte auch sagen: perfekt eingelaufenen, Chucks. Damit ich sie wieder lieber anziehe, putze ich die weißen Plastikflächen noch mal mit Zahnpasta – das hellt sie auf, sie sehen nicht mehr so dreckig aus.

Mich erleichtert die Vorstellung, dass ich meine Füße nie wieder in meine flamingofarbenen Zwanzigzentimeterabsatz-Peeptoes quälen muss. Darin habe ich die Hochzeit einer meiner besten Freundinnen bis zum Schluss durchgetanzt. Natürlich sah das zu meinem Cocktailkleid klasse aus, aber auf dem Nachhauseweg hatte ich solche Fußschmerzen, dass ich mir für die fünfhundert Meter nach Hause ein Taxi rief. Ich habe das Gefühl, diese Schuhe auf ewig zu verbannen ist ein Befreiungsschlag für meine Füße, ja, ein feministischer Akt. Dass wir Frauen uns so etwas zumuten, nur um gut auszusehen, ist doch unwürdig.

Aussortierte Schuhe, die getragen sind, kann ich nur noch verschenken, aber die Paare, die noch neu sind und ein Paar sündhaft teure Flamenco-Schuhe mit Nägeln unter den Absätzen – eine Ausgeburt meiner Suche nach einem Hobby, das mich entspannt – werde ich zu verkaufen versuchen. Sie waren so selten mit mir auf dem Parkett, dass sie noch wie neu sind.

Nur: Wohin mit den Kleidern, die sich auf meinem Bett stapeln?

Mit den Sachen vom Ausgemustert-weil-zu-kaputt-Stapel kann ich kurzen Prozess machen. Ich suche mir einige alte Shirts aus, die ich zu Putzlappen verarbeite. Eine Weile drehe ich eine ehemalige Lieblingsjeans mit zerrissenen und durchgeriebenen Knien und einem roten Tintenfleck am unteren Bein in den Händen. Meine Schwester hat mal aus so einer Jeans eine Tasche gemacht, indem sie die Beine abschnitt und umnähte, einen Reißverschluss oben in den Bund einarbeitete und aus einem Jeansbein einen Tragegurt fertigte. Das könnte ich auch tun – die Tasche hatte ich von ihr geerbt und sie heiß geliebt, bis sie irgendwann zerfiel.

Überhaupt fällt mir ein, dass ich früher oft Kleider meiner älteren Schwester aufgetragen habe. Und dass wir aus den Stoffresten Sachen gebastelt oder Puppenkleider genäht haben. Meine Mutter ribbelte alte Pullover immer auf, wenn die Wolle noch brauchbar war, und strickte etwas Neues daraus. Einer meiner tollsten geringelten Pullover entstand so aus pinkfarbenen und blauen Wollresten – perfekt für die Zeit, in der ich aufwuchs. Dennoch bin ich nie auf die Idee gekommen, selbst nähen, stricken oder richtig ausbessern zu lernen. Warum auch? Kleider meiner Schwestern trage ich schon lange nicht mehr auf. Die Klamotten wurden immer billiger, meine Zeit immer knapper, und selbst gemachte Sachen waren damals noch nicht etsy, sondern ätzend. Sie zeugten davon, dass man sich neue nicht leisten konnte – in dem Maße, wie mein Gehalt zunahm, wuchs also proportional die Unlust, selbst schneidern zu lernen. Motto: Nur was ein Preisschild hat, ist auch was wert. Das hat mich immer abhängiger von der Modeindustrie werden lassen, aber damit ist jetzt Schluss. Sobald es geht, lerne ich nähen, dann bin ich nicht mehr nur Konsumentin, sondern bestimme selbst, wie lange ein Kleidungsstück bei mir hält. Einen beigefarbenen Rock, den ich gern getragen habe, nehme ich wieder vom Stapel Nummer vier – da ist nur eine Naht eingerissen, die kann ich schon jetzt ausbessern.

Die Sachen, bei denen ich noch nicht sicher bin, ob ich sie einmal vermisse, stehen schon oben auf dem Schrank.

Für die noch tauglichen Kleidungsstücke, das ist mein Ehrgeiz, will ich das Nachleben organisieren, das am besten zu ihnen passt. Im Internet finde ich Stellen, wo meine ausgemusterte Kleidung noch einen guten Zweck erfüllt. Der Sozialladen in meinem Viertel nimmt einen Teil, ich packe eine Tasche, die ich sofort rübertrage, bevor er für heute schließt, auch die getragenen Schuhe sind dabei. Das fühlt sich gut an – obwohl ich bei der Fülle an Kleidung in dem Laden nicht den Eindruck habe, sie bräuchten meine auch noch unbedingt.

Wieder zu Hause, entdecke ich Kleiderflohmärkte, Kleinanzeigenseiten, außerdem Secondhandgeschäfte und Wohltätigkeitsorganisationen, die mitunter vorab Plastikbeutel verschicken, mit denen man die gebrauchten Sachen wie bei einer Retoure einsendet und dann einen meist eher geringen Betrag erhält. Ich lese ein bisschen weiter. So manche dieser Händler und Charitys lassen ihre Sachen weit weg in Bulgarien sortieren, wo die Arbeitsbedingungen schlimm sind, deshalb entscheide ich mich gegen sie.

Dann stoße ich auf eine App namens *Kleiderkreisel,* bei der man offenbar unproblematisch Kleidungsstücke anbieten kann, eine Art digitales Kleinanzeigenblatt nur für Mode. Ob sich das für meine Sachen eignet? Ich scrolle mich durch die Feeds. Es gibt ein schier unendliches Angebot – und alles ähnelt verdächtig dem Stapel auf meinem Bett.

Wenig später wird mir erschreckend bewusst, dass mein Blick nicht der einer künftigen Anbieterin ist, sondern der einer potenziellen Käuferin. Einige Teile habe ich bereits markiert, um vielleicht darauf zu bieten. Noch so eine fiese Falle! Ich lösche die App schnell, sie erscheint mir plötzlich gefährlich für eine Shopoholikerin auf Entzug wie mich. Ich muss aufpassen, dass ich den Platz in meinem Schrank, den ich gerade frei geräumt habe, nicht gleich wieder mit was anderem fülle.

Schließlich stoße ich auf die Website einer Secondhandboutique in der Innenstadt. Dort könnte ich doch eben alle meine schicken Kleider hinbringen, dann wäre ich sie los. Die Boutique nimmt die Sachen auf Kommission, und wenn sie jemand kauft, teilen wir uns den Gewinn.

»Wir haben feste Begutachtungstermine«, sagt mir die Frau mit näselnder Stimme am Telefon. »Sie können …«, ich höre sie blättern, »… im Mai vorbeikommen.«

Im Mai?

Die Frau bemerkt mein Zögern. »Ich weiß, es ist erst Januar. Aber vorher nehmen wir nichts an, wir haben nur begrenzt Platz – und es kommen wirklich sehr viele Leute mit ihren Sachen.«

»Aber es sind wirklich gute Kleider!« Ich nenne ihr ein paar Markennamen und versuche nicht verzweifelt zu klingen. Die Dame bleibt hart.

Ich notiere mir den Mai-Termin im Kalender und sage, ich würde noch mal anrufen, falls ich die Kleider bis dahin anderweitig losgeworden sei. Die Frau verabschiedet sich mit gelangweilter Stimme.

Als ich auflege, breitet sich eine merkwürdige Stimmung in mir aus. In meinem Kleiderschrank ist jetzt viel mehr Platz, vielleicht kann ich meinen ganzen Hausstand bald in diesem Schrank verstauen, oder es reicht ein kleineres Modell. Ein gutes Gefühl. Dennoch widerstehe ich bisher nur schwer dem Impuls, neue Sachen nachzukaufen. Und die Welt scheint regelrecht überschwemmt zu sein von ausgemusterter Kleidung. Ich ahne, dass es noch ein Problem werden könnte, meine überzähligen Sachen loszuwerden.

Shopping ist das Hobby, dem ich regelmäßiger nachgegangen bin als jeder Sportart, die ich je ausprobiert habe. Und ich habe da offenbar den falschen Muskel trainiert, sonst hätte ich weder so viel Zeug noch würde es mich ständig nach neuem verlangen. Shopping als Hobby zu bezeichnen klingt außerdem reichlich zynisch, weil es mit so großer Belastung für die Menschen in den Produktionsländern und mit so viel Umweltzerstörung verbunden ist. Natürlich brauche ich Kleidung, aber muss ich sie zum Spaß kaufen? Ich flaniere ja auch nicht nur zum Spaß durch die Gemüseabteilung im Supermarkt.

Es stört mich, wenn ein Outfit jahrelang unbenutzt im Schrank hängt, so wie mein Kleid aus London. Muss ich Galakleider also wirklich selbst besitzen? Vielleicht sollte ich mir Partyoutfits künftig leihen, es ist günstiger und lässt sich bei beruflichen Events sogar steuerlich absetzen. Modetrends werde ich künftig auf ihr Verfallsdatum prüfen – lieber sind mir zeitlose Stücke. Und wenn ich wirklich mal was brauche, leiste ich mir Kleider mit Fairtrade-Siegel. In denen bekomme ich auch beim ersten Tragen keinen Ausschlag auf der Haut, und sie sind nicht so schädlich für Mensch und Umwelt wie konventionell hergestellte Kleidung. »Es ist für mich einfach nicht mehr genug, ein wunderschönes Kleid zu tragen«, sagte die Schauspielerin Emma Watson in einem Interview. »Ich will damit auch keine negativen Auswirkungen fördern.«

Experten sagen jedoch auch, dass es selbst bei einem Kleidungsstück mit Umweltzertifikat schwierig ist, eine Lieferkette ganz durchzudeklinieren. Richtig shoppen ist also auch keine Lösung. Klimafreundlicher und gesundheitsschonender als eine faire neue Jeans ist gar keine neue Jeans.

Grünes Wachstum, also Dinge fairer und nachhaltiger zu produzieren und damit in unserem Wirtschaftssystem mitzuspielen, kommt mir unlogisch vor. Alles, was wachsen soll, nutzt Ressourcen. Und alles, was stetig wachsen soll, kann doch auf einem begrenzten Planeten nicht funktionieren.

Darum fasse ich in diesem Moment den festen Vorsatz, nur noch dann etwas zu kaufen, wenn ich es wirklich brauche. Und dann lieber Kleidertauschparty als Shoppingtour: Nur wenn es unbedingt sein muss, wie bei Unterwäsche, Socken und Schuhen, kaufe ich etwas neu. Und eines werde ich künftig meiden wie der Teufel das Weihwasser: das große Prozentschild, das mich bisher am häufigsten zum Kaufen verführt hat.

Bye-bye, Ballkleid –
wie du möglichst sinnvoll mit deinen ausgemusterten Klamotten umgehst

Der Weg in den Abfall ist oft der des geringsten Widerstandes. Aber wenn deine Sachen einfach so im Müllkraftwerk verfeuert werden oder auf einer Deponie landen, ohne noch mal einem Zweck zu dienen, ist das auch nicht bekömmlich für die Umwelt. Und ich finde es respektlos gegenüber den Menschen, die das Zeug hergestellt haben. Darum versuche ich, für die Gegenstände neue Besitzer zu finden, die diese auch zu schätzen wissen.

Altkleidercontainer
Klappe auf, Beutel rein, Problem gelöst? Fühlt sich gut an, so viel auf einmal loszuwerden, und der Container ist eine umweltfreundlichere Lösung als die Tonne. Doch solche Kleiderspenden kommen nicht immer Bedürftigen zugute – sie werden oft exportiert. In Afrika, Asien oder Südamerika zerstören unsere ausgemusterten Kleider durch Dumpingpreise die heimische Textilindustrie. Wenn du dich doch dafür entscheidest, deine alten Sachen in den Container zu tun, unbedingt aufs »FairWertung«-Siegel der gemeinnützigen Altkleidersammler achten: Dann kannst du zumindest davon ausgehen, dass die Erlöse aus dem Verkauf für soziale, karitative oder diakonische Projekte

verwendet werden. (Wer keine Lust auf Kirche hat, sollte vorher checken, hinter welcher der sammelnden Organisationen diese steht.) Der für den Weiterverkauf oder die Kleiderkammern unbrauchbare Rest wird zum Teil verbrannt, zum Teil recycelt, etwa als Dämmmaterial oder Putzlumpen. Allerdings verursacht das Recyceln hohe Kosten für Arbeit und Energie und ist eigentlich nicht empfehlenswert.

Direkt zur Kleiderkammer

Bring deine Sachen genau an den Ort, an dem sie Bedürftigen zugutekommen. Annahmestellen in der Nähe kannst du leicht ergoogeln, in Berlin finden sich beispielsweise welche von der Kältehilfe oder der Stadtmission. Was ich vorher nicht wusste: Selbst für ausgemusterte Unterbuxen gibt's Bedarf. Ein Schwatz mit einem Mitarbeiter vor dem Altkleidercontainer der Stadtmission in Berlin ergab, dass es sogar eine Stelle Nähe Bahnhof Zoo gibt, die saubere Unterwäsche sammelt. Dort können Obdachlose duschen und werden mit frischer Wäsche versorgt.

Gute Adressen für die eigene Stadt

Findest du zum Beispiel unter www.wohindamit.org – einfach die Postleitzahl eingeben und auswählen, was gespendet werden soll. Dies gilt nicht nur für Klamotten, sondern auch für alle möglichen anderen ausgemusterten Gegenstände: Möbel, Elektronik, Bücher, Spielzeug, Hausrat und Fahrzeuge.

Flohmärkte, eBay, Kleiderkreisel

Sie haben den Vorteil, dass noch etwas Geld für einen selbst rausspringt, aber es kostet Zeit, die Sachen einzustellen und eventuell zu verschicken – und der Ertrag ist nicht sehr üppig, gerade bei Kleidung. Ich habe für mich festgestellt, dass mir der Aufwand meine Lebenszeit nicht wert ist, also verschenke oder spende ich lieber. Bei Gebrauchtmode-Portalen unbedingt auf Fallstricke achten – manche Ankäufer nehmen eine Gebühr dafür, falls sie die Kleider, die sie nicht ankaufen, zurückschicken sollen. Außerdem kurbeln vor allem Internet-Portale oder Gebraucht-Apps in gewisser Weise auch den Konsum an – und nur sehr disziplinierte Menschen bleiben reine Verkäufer.

Secondhandläden

Es gibt Secondhandboutiquen, die gebrauchte, gut erhaltene Kleidung in Kommission nehmen. Wie ich erlebt habe, sind die Wartezeiten für die Annahme mitunter echt lang, also: Vorher mal anrufen, ob Bedarf ist, und wenn ja, Termin vereinbaren, um die Ware begutachten zu lassen. Im besten Fall kann man die Provision für den Laden verhandeln und auch den Preis der Ware selbst festlegen.

Spenden, wo's ankommt

Wer nicht verkaufen, sondern spenden möchte – Läden von Humana, der AWO, Emmaus und Oxfam oder Sozialkaufhäuser wie das Fairkaufhaus in Berlin, das WarenGut in Hamburg oder Weißer Rabe in München nehmen gut erhaltene Kleider an und verkaufen sie weiter. Kleinere Verbände sind Hanseatic Help in Hamburg oder die Deutsche Kleiderhilfe in Köln. Auf den Websites der Organisationen steht, was angenommen wird und was nicht. Der Erlös kommt meist sozialen Projekten zugute.

Zum Mitnehmen an die Straße stellen

Einen Karton mit einem Zu-verschenken-Schild vor die Tür zu stellen geht in großen Städten sehr gut, zumal in der Innenstadt. Es gibt sogar Fashionistas, die sich genau auf solche Restmode spezialisiert haben – wie Karina Papp und Anna Vladi, die den Instagram-Blog *found_on_the_street* betreiben und zeigen, dass Fashion auf der Straße liegt. Schenkfreudige sollten daran denken, die Reste nach einer Weile anderweitig zu entsorgen, sonst gibt's Stress mit den Nachbarn. In manchen Vierteln, wie in Eimsbüttel in Hamburg, gibt es auch Tauschhäuschen – dorthin bringen die Menschen aus der Nachbarschaft alle möglichen Dinge, die sie loswerden wollen.

Stopfen, zweckentfremden, upcyceln

Aus Alt mach Neu, es spart Geld und ist eine der besten Varianten, wenn man über etwas handwerkliches Geschick verfügt. Schon Mutti hat alte T-Shirts zerschnitten und Putzlappen draus gemacht. Und meine macht, je nach Stoff, auch Einkaufstaschen, Gemüsebeutel oder Geschirrtücher aus alten Stoffresten – top, wenn man keine Plastiktüten verwenden und kein Geld für Stoffbeutel ausgeben will. Und: Warum nicht nähen lernen oder den Stoff an eine begabte Freundin verschenken, die ihn noch verwerten kann? Ob Abschminkpads, Patchwork-Decken oder Taschen, die Ideen sind vielfältig und gratis im Internet zu finden, zum Beispiel unter www.handmadekultur.de

Tauschpartys

Werden immer beliebter, private wie öffentliche, die oft in Sozialcafés stattfinden – am besten googeln, was in deiner Stadt los ist, viele Termine finden sich auch in den sozialen Netzwerken. Zu den Tauschpartys bringt man aussortierte Kleider mit, dafür darf man sich dann von anderen wiederum welche mitnehmen. Nicht so gut, um wirklich zu reduzieren, aber ein nachhaltiger Weg, um nichts Neues im Laden zu shoppen, wenn du mal was brauchst.

Das hat Methode –
nur welche?

I did it my way.

Frank Sinatra

Meine Wohnung zu betreten soll zur gleichen Instantwohl-
fühlkur werden, wie es neuerdings das Öffnen des Kleiderschranks ist, mein Plan ist also, gleich mit dem Räumen weiter-
zumachen. Der Schrank kommt mir fast wie ein neues
Möbelstück vor, weil nun ausschließlich Sachen drin sind, die
ich auch anziehen will. Anders als früher genügt mir jetzt ein
kurzer Blick, um mich für ein Outfit zu entscheiden: Heute ist es
grau und nieselt, und ich greife mir meine Lieblingsjeans, ein
schwarzes Shirt und meinen dicksten Pulli.

Aber wie soll ich im Rest der Wohnung vorgehen? Beim Kleiderschrank bin ich vor allem meinem Gefühl gefolgt. Jetzt stellt
sich mir die Frage, die Dirk mir auch gestellt hat: Wie viel ist
genug, wenn es um meine anderen Besitztümer geht? Wonach
entscheide ich, welche Dinge gehen sollen?

Fakt ist, dass ich mehr habe, als ich brauche. Laut Statistischem Bundesamt befinden sich in einem deutschen Haushalt
durchschnittlich 10 000 Dinge. Von denen nutzen wir schätzungsweise aber nur rund 20 Prozent. Sagen wir, das trifft auf
mich zu – könnte ich dann 8000 Dinge rauswerfen, ohne es jemals zu bemerken?

Der Kleiderschrank hatte den Vorteil, dass er ein begrenzter
Bereich ist. Nehme ich mir als Nächstes die Abstellkammer vor?
Oder das Küchenregal? Der Wust, den ich ordnen will, erscheint

mir unüberschaubar und bedrohlich wie ein Gipfel, den ich er-
klimmen soll und für den mir bisher die Bergausrüstung fehlt.
Ich habe weder einen Plan, wie ich anfange, noch sehe ich einen
Pfad. In diesem Moment gäbe ich alles für einen Sherpa, der den
Giganten mit mir bezwingt. Oder für jemanden, der den Schlüs-
sel zum Sessellift hat.

Das Einfachste wäre natürlich, einen der vielen Kondo-Klone
anzuheuern. Marie Kondos Bestseller kenne selbst ich als Ent-
rümpelungs-Rookie, ihre Methode begeistert viele. Ein Schrank,
den die Japanerin in der Mangel hatte, sieht aus wie Klamotten-
sushi: lauter Röllchen. Die verbleibenden Sachen sortiert sie so,
dass Aufräumen angeblich unnötig wird, nach einer Methode,
die mir oberflächlich betrachtet gar nicht mal so unsinnig erscheint. Bücher, Netflix-Serie, teure Seminare und Zertifikate für
Profiaufräumer – Marie Kondo hat ihre Idee zu einem sehr er-
folgreichen Unternehmen ausgebaut, ihr Vermögen wird auf
acht Millionen Dollar geschätzt. Aufräumerinnen, die nach der
Marie-Kondo-Methode arbeiten, bieten ihre Dienste gegen Geld
im Internet feil, es kostet bei einer Anbieterin, deren Seite ich
mir ansehe, rund 50 Euro die Stunde, mit fünf Stunden pro Ses-
sion muss ich rechnen. Aufräumen mit Marie Kondo ist Abräu-
men mit Marie Kondo. Soll ich das Geld einfach ausgeben in der
Hoffnung, dass mir jemand eine fertige Lösung für mein Krem-
pelproblem präsentiert?

Bei dem Gedanken daran höre ich im Hinterkopf die Stimme
meiner Mutter, die mich anweist, mein Kinderzimmer selbst
aufzuräumen. Mütter haben bekanntlich immer recht, also muss
ich mir wohl die Hände schmutzig machen. So lerne ich sicher
auch das meiste daraus und kann das Ansammeln von Krempel
in Zukunft besser vermeiden.

Die japanische Methode kann ich ja trotzdem mal ausprobieren. Mit dem Kleiderschrank bin ich schon durch, aber vielleicht
lässt sich doch noch was von ihr lernen.

Ich beschließe, meine Klamotten in Maries berühmte Röllchen zu verwandeln, um mehr Platz zu haben. Das kann doch nicht so schwer sein.

Nach ein bisschen Training bin ich eine geübte Röllchenmacherin. Allerdings ist die Sache zwar in der Theorie schön, in der Praxis hat sie ihre Tücken. Meine T-Shirt-Röllchen sehen nebeneinander sehr ordentlich aus, aber auch alle gleich. Wie soll ich da ein bestimmtes finden, wenn ich es suche? Bei meiner üblichen Legetechnik, die ich als studentische Aushilfe bei Karstadt gelernt habe, sehe ich den Aufdruck besser. Außerdem gibt es Sachen, die ich liebe, die aber klamottengenetisch Nicht-Roller sind, mein Bolerojäckchen aus feinem schwarzen Strick etwa. Es sieht auch nach mehreren Rollversuchen immer noch aus wie ein Knödel. Und der Boden meiner Fächer im Kleiderschrank ist jetzt zwar mit Sushi aus Jeans und Shirts bedeckt, aber darüber klafft viel Platz.

Nach Maries Rezept wären jetzt meine Bücher dran. Die werden natürlich nicht zu Röllchen verarbeitet, ich soll mich nur von ihnen trennen. Nicht so einfach, wie es klingt.

Mein Bücherregal steht im Wohnzimmer. Es ist so voll, dass die Bücher schon zweireihig angeordnet sind – eine klassische Nebenwirkung der Verlagsarbeit. Vielleser haben einen SuB, einen Stapel ungelesener Bücher, der sich oft auf ihrem Nachttisch befindet. Wenn ich leidenschaftliche Leser oder Buchbloggerinnen so höre, dann klingt es immer wie eine Verheißung – wie ein Kuchenbüfett oder ein Schrank voller Süßkram, auf dessen Köstlichkeiten sie sich freuen.

Gibt es noch jemanden auf dieser Welt außer mir, der sich von der Masse ungelesener Bücher in seinem Leben latent gestresst fühlt? Etwa ein Drittel meines Buchbestands habe ich noch nie aufgeschlagen. Diese Bücher sind eine Mahnung, dass ich nicht schnell genug bin.

Und noch etwas: Sie erinnern mich daran, dass ich meine Leidenschaft verloren habe. Denn ich war früher eine absolute Leseratte. Meine Leidenschaft hielt bis etwa zu meinem dreißigsten Geburtstag an. Dann verlor das Lesen seinen Zauber für mich, es wurde zu einer alltäglichen Pflicht wie Abwaschen. Vergleichsliteratur, Prüfmanuskripte, Feuilleton – das, was ich hätte lesen müssen, um immer *up to date* zu sein, wuchs mir über den Kopf. Die Kolleginnen, die sich über die heißen Titel auf der Bestsellerliste unterhielten, als hätten sie neben ihrem Job im Verlag immer noch alle Zeit der Welt zum Schmökern in Neuerscheinungen, machten mich nervös mit ihrem Enthusiasmus. Ich hechelte den Erwartungen ständig hinterher. Und schlief oft nach den ersten Zeilen ein, wenn ich spätabends im Bett noch das Buch in die Hand nahm, das in der Branche und bei ihrer Kundschaft gerade Begeisterungsstürme auslöste.

Trotzdem war mir mein Bücherschatz weiter wichtig. Die eigene Bibliothek verrät so viel über einen. Nicht ohne Grund schaue ich bei neuen Bekanntschaften ganz genau hin, welche Bücher sie besitzen. Ein Blick ins Regal zeigt, wer ich bin. Wie soll ich da auch nur eins meiner Bücher weggeben? Ich bin doch Büchermensch, habe fünfzehn Jahre im Verlagsgewerbe gearbeitet. Sicher, da gibt es Exemplare, für deren Lektüre ich bestimmt niemals mehr Zeit mehr finden werde. Welche, an denen ich das Interesse verloren habe. Aber der Gedanke, sie wegzugeben, kommt mir fast so vor, als sollte ich kleine Kätzchen ertränken.

Nee, nee, Marie, das kann ich nicht. Bücher scheinen für uns beide einfach einen anderen Stellenwert zu haben. Ich vertage die Entscheidung, welche Bücher ich behalte, auf später. Und wenn ich sie am Ende gar nicht loslassen kann, muss das auch okay sein. Ich mache das hier ja nicht, um ein Sternchen und eine Tierpostkarte von meiner Klassenlehrerin zu bekommen, sondern damit ich mich wohler fühle. Wenn ich Bücher wertschätze, wenn sie mich glücklich machen, dann sollte ich mich nicht von ihnen trennen. Es geht darum, mich mit den richtigen Dingen zu umgeben, die wirklich Bedeutung für mich haben. Wenn das Bücher sind, dann ist es so. Mal locker bleiben.

Nach den Büchern soll ich mich laut Frau Kondo mit dem Papierkram beschäftigen.

Drei Ordner sollen ausreichen.

Jetzt reicht's aber, ich bin doch nicht erst seit gestern auf der Welt. Da hat sich ganz schön was zusammengeläppert – ordentlich wie Beamte im grauen Anzug stehen zwanzig Ordner im Regal neben dem Schreibtisch. Immerhin gibt es sachliche Kriterien, die mir das Sortieren erleichtern. Das erfordert ein bisschen Recherche und Fleißarbeit. Ich muss selbst nachdenken und rausfinden, was ich behalten sollte.

Während ich mich mit einem belegten Brot stärke, schiele ich hinüber zu den Ordnern. Das papierlose Büro kam mir immer schon vor wie eine schillernde Seifenblase, die an der bürokratischen Realität in unserem Land zerplatzen muss. Aber wie viele der Unterlagen sind wirklich notwendig? Und gibt es in dem ganzen förmlichen Papierwust auch Dokumente, an denen mein Herz hängt und die ich behalten will?

Einige Ordner in meinem Regal stammen noch aus der Schulzeit und dem Studium. Ich bewahre darin Unterlagen aus Kursen und Klausuren auf, Protokolle von Seminaren, an die ich mich nicht mehr erinnere, Notizen, Lernhilfen und Skripte von Referaten, die offenbar jemand unter meinem Namen gehalten hat. Von der Materie, mit der sie sich beschäftigen, habe ich jedenfalls längst keinen blassen Schimmer mehr. Schon oft habe ich damit gehadert, die Unterlagen weiter aufzubewahren, habe mich aber nie getraut, sie wegzuwerfen. Warum eigentlich? Hatte ich angenommen, ich würde den Lernstoff irgendwann noch mal wiederholen? Es gibt keine Aufbewahrungsfrist für Uniunterlagen, vieles davon ist sowieso veraltet. Und selbst wenn es noch immer so gelehrt wird – mich wird wohl niemals mehr jemand nach den Grundlagen der Sprachwissenschaft abfragen. Es gibt also keinen Grund, diese Loseblattsammlung noch länger aufzubewahren. Und so wandern die Seiten geschlossen raus aus dem Regal. Vom Unizeug bewahre ich nur die Prüfungsunterlagen, das Abschlusszeugnis und die Immatrikulationsbescheinigungen auf. Letztere dienen als Back-up für meinen Rentennachweis. Es sind tatsächlich fünf Ordner, die ich auf einen Schlag eliminieren kann.

Meine Magisterarbeit kann ich nicht wegwerfen, obwohl ich sie nicht aufbewahren müsste, immerhin habe ich eine digitale Kopie von der letzten Fassung. An diesem gebundenen Werk hänge ich tatsächlich – es ist mein erstes Buch, eins, für das ich nur aus einem Grund Punktabzug bekam. »Viel zu unterhaltsam für eine wissenschaftliche Arbeit«, so das Verdikt. Das half, mich gegen ein Promotionsstudium zu entscheiden und für ein Volontariat in einem Publikumsverlag. Ich verließ die Uni.

Im ersten Moment will ich die ausgemusterten Studienunterlagen ins Altpapier tun, doch dann überlege ich es mir noch einmal – es steht selten etwas Vertrauliches drauf, aber einfach ab in die Tonne? Kein anderes Land ist zwar so fleißig im Sammeln und Verwerten von gebrauchtem Papier wie Deutschland, aber kaum ein anderes Land verbraucht auch so viel Papier wie wir, rund 250 Kilo jährlich pro Bundesbürger, davon allein 18 Kilo Klopapier, Taschentücher und Haushaltsrolle. Das ist so viel wie in Afrika und Südamerika zusammen. Und Papierherstellung verbraucht viel Energie – eine Tonne neues Papier genauso viel wie eine Tonne Stahl – und eine Menge Wasser: bei neuem Papier 50 Liter, bei Recyclingpapier immerhin noch 15 Liter pro Kilo.

Ein guter Grund, um einen großen Stapel einseitig bedruckter Seiten einfach umzudrehen und sie als Schmierpapier neben meinen Ablagekorb zu legen, so wie es mein Vater früher gemacht hat.

Auf dem Boden richte ich für den Moment drei weitere Stapel ein:

Einen, der wirklich ins Altpapier gehört, weil die Seiten beidseitig beschriftet sind.

Einen mit allen Unterlagen, die in den Schredder müssen.

Und einen mit den Unterlagen, die ich erst einscannen will, bevor ich sie entsorge.

In den restlichen Fächern des schmalen weißen Regals neben meinem Schreibtisch bilden die Ordner ein Unterlagen-Abc von Arbeitsagentur über Krankenversicherung bis Zeugnisse. Schon lange nervt mich der Gedanke, dass ich vermutlich alles drei Mal abgeheftet habe. Im Dezember stopfe ich einfach in die Ordner rein, was sich das Jahr über angesammelt hat. Zeit, um zu schauen, was ich davon wirklich abheften muss, nehme ich mir nicht, also stelle ich, wenn ich etwas suche, immer wieder fest, wie viele bedeutungslose Anschreiben und Zettel in den Ordnern gelandet sind. Einige Unterlagen sind doppelt und dreifach vorhanden, weil ich nie dazu komme, überzählige auszusortieren. Und in einem Fach befinden sich sogar zwei Ordner, die gar keine Aufschrift tragen.

Als ich einen aus dem Regal nehme und aufschlage, ist obenauf ein dicker Umschlag abgeheftet. Was war das noch? Ach, bestimmt irgendwelche Sachbuchprojekte, die ich nicht umgesetzt habe. Da brauche ich sicher länger, um mich durchzuwühlen. Ich klappe den Ordner zu und stelle ihn zurück ins Regal. Erst mal nehme ich mir die Hefter vor, deren Inhalt eindeutig ist, dann weiß ich auch schneller, was raus muss.

Der erste trägt die Aufschrift *Job,* und er erzählt die Geschichte meines Werdegangs ab der Uni in Nachweisen, Bewerbungen, Arbeitsverträgen und Gehaltsabrechnungen. Er ist über alles im Bilde – über die Praktika und Volontariate, meinen ersten Job in einem Fachverlag, den ich nur annahm, um im kostspieligen Köln über die Runden zu kommen, bis zu den vielen Versuchen, den Sprung vom Fachverlag ins Lektorat eines Unterhaltungsverlags zu schaffen. Bis ich die ersehnte Stelle hatte, waren es zahlreiche kleine, oft sehr mühsame Karriereschrittchen. Und danach boten sich immer mehr Chancen, die ich nicht ablehnen konnte: prestigeträchtige Projekte, die Möglichkeit, selbst Bücher zu schreiben, die Leitung einer Abteilung.

Ich habe mich oft beklagt, dass mir der Weg in den Beruf so schwergefallen ist, dass es andere gab, die direkt nach dem Studium eine der begehrten Lektoratsstellen bekamen, weil sie über Vitamin B verfügten. Dass manche bei einer Literaturagentur am Hudson River erste Berufserfahrung sammelten statt wie ich aus Kostengründen nur an Main und Rhein.

Dank der Ordner aus meiner Unizeit und dem über meinen Berufsweg wird mir jedoch klar, dass ich nicht nur viele Möglichkeiten, sondern auch die Freiheit hatte, mich zu entscheiden. Für ein Studium, das meinen Neigungen entspricht. Für einen Beruf, der mir viel bedeutet. Ich bin nicht Lektorin geworden, weil ich sonst keine Ideen hatte, sondern weil ich es wollte. Und weil ich die Chance hatte.

Ich stelle etwas Sensationelles fest, etwas, wofür ich plötzlich tief dankbar bin.

Ich hatte immer eine Wahl.

Im Grunde bin ich ein echter Glückspilz.

Ich bin verblüfft, wie zufrieden ich sein könnte. Aber ich habe immer nur das Negative gesehen. Was ich alles *nicht* hatte.

Dann kommt der Ordner, auf dem *Wohnung* steht und in dem alle Mietverträge, Übergabeprotokolle, Stromanbieter-Tarife und Telefonverträge sind. Weg mit den Unterlagen, die aus alten Mietverhältnissen stammen, auch mit den Verträgen, die dazugehören. Eigentlich langweilig, aber beim Durchblättern erinnert mich das Zeug in diesem Ordner an all die Wohnungen, in denen ich schon gelebt habe, und leichte Nostalgie kommt auf. Allerdings wird mir auch klar, dass ich bei meinem nächsten Umzug auf gar keinen Fall noch mal so viel für den Transport ausgeben will. Weil ich dann nicht mehr so viele Sachen haben werde – unter anderem auch einen Ordner weniger, der frei wird, wenn die alten Papiere aus diesem hier raus sind und ich die Unterlagen mit anderen zusammenlegen kann. Vielleicht mit dem Ordner, der mit *Versicherungen* beschriftet ist?

Mit den nächsten Ordnern mache ich kurzen Prozess: Alle Papiere, die veraltet sind, fliegen raus – wann das der Fall ist, recherchiere ich im Internet. Zu den Sozialversicherungsnachweisen finde ich nichts online, also rufe ich die Hotline der Deutschen Rentenversicherung an. Ich erkläre der Mitarbeiterin, dass ich ausmiste und gerne wüsste, welche Unterlagen ich aufbewahren muss. Bisher habe ich immer alles, was aus dieser Richtung kam, brav abgeheftet, weil mich bereits die Betrachtung des Logos auf den Briefen anödete. Vor einigen Jahren wurde ich schon mal dazu aufgefordert, Rentenkontoklärung zu betreiben, dazu musste ich mehrfach bei denen anrufen, um überhaupt zu kapieren, was ihnen fehlt.

»Sie müssen eigentlich nur das sorgfältig aufbewahren, wo draufsteht, dass Sie es sorgfältig aufbewahren müssen«, sagt die Frau. »Die jährlichen Kontoauszüge dienen nur Ihrer Information. Aber Sie können auch einfach alles aufbewahren.«

»Und was hat das für einen Vorteil?«

»Im Grunde keinen.«

Ich bedanke mich, lege auf und beschließe, dieser verwirrenden Aussage Folge zu leisten, indem ich alles aussortiere, auf dem kein besonderer Hinweis steht. Anstatt es aber einfach zu entsorgen, kommt es auf den Stapel mit den Unterlagen, die ich einscannen will. Ich traue Behörden einfach nicht.

Genauso wenig wie der Altpapiertonne. Gelesen habe ich, dass es Gaunerinnen und Betrüger gibt, die Daten einsammeln, um dann so zu tun, als wären sie ich. Oder um Informationen über mich für Werbezwecke weiterzuverkaufen.

Kaufbelege für Dinge, die längst über den Jordan sind, Bewerbungsunterlagen für Jobs, die ich nicht bekommen habe, Anschreiben von Versicherungen und dazwischen geratene Notizzettel schreddere ich deswegen, den Schredder leihe ich mir von meinem Kollegen Stefan. Zu dünnen Streifen verarbeite ich auch alle privaten Bankbelege, die älter sind als drei Jahre und auf denen keine Kaufbelege für größere Anschaffungen stehen. Unter anderem trenne ich mich von den Belegen einer Bank, bei der ich schon seit einer Dekade kein Konto mehr habe.

Der Berg Altpapier wächst, die Zahl der Ordner schrumpft,

einige Ordner kann ich zusammenlegen, andere ganz leeren. Am Ende betrachte ich mein Werk zufrieden: So wenig Platz hat das Zeug zuletzt bei meinem Auszug aus dem Studentenwohnheim eingenommen. Und seit langer Zeit habe ich zum ersten Mal wieder einen Überblick über all meine Papiere. Ich weiß, wo meine Geburtsurkunde ist, falls ich sie mal brauche, habe den Impfpass an eine Stelle geheftet, wo ich ihn finde, und die Versicherungspolicen richtig zugeordnet.

Den Inhalt zweier großer Ablagekisten voller Zeitungsartikel über die Bücher, die ich mit meinem Kollegen Stefan geschrieben habe, darunter auch Werbematerial, Plakate und Ankündigungsheftchen für Lesungen, kommt auf den Stapel mit den Sachen zum Scannen. Ich möchte vielleicht irgendwann noch mal eine Auswahl an Artikeln zusammenstellen oder mich selbst daran erinnern, wo wir überall auf Lesetour waren – für beide Zwecke reicht eine Datei, und die nimmt auch nicht so viel Platz weg.

Am Ende stehen neun Ordner statt der vormals zwanzig im Regal. Und darunter sind zwei, die ich aus emotionalen Gründen behalte. In einem davon sind Prototypen von Geschenken und Karten, die ich mal gebastelt habe, in dem anderen, dem unbeschrifteten mit dem dicken Umschlag obendrauf, sind Gedichte und Geschichten. Wenn diese nur noch als digitale Kopie auf meinem Rechner schlummern, fände ich das schade. Also: Der Papierwust ist nun um einiges übersichtlicher und kleiner, aber wegen meiner Liebe zur gegenständlichen Erinnerung kann ich nicht alles eliminieren und digitalisieren, was theoretisch weg könnte. Vielleicht kommt das noch.

Marie Kondos Methode mag also praktisch sein, aber die deutsche Bürokratie macht ihr einen Strich durch die Rechnung. Und sicher ist es gut, sich wie die Japanerin zu fragen, welche Dinge noch Freude bereiten oder nicht. Aber habe ich Lust, mich innerlich bei meiner Wohnung zu bedanken und mich zärtlich vom nicht mehr benötigten Hydrokulturbewässerungsmesser zu verabschieden, wie sie das vorschlägt?

Und eins macht mir besonders zu schaffen. Das ist der Müll. In der Serie kann ich kaum hinsehen, wenn die entsorgten Sachen in schwarzen Plastikmüllsäcken zur Schau gestellt werden – für Marie und ihre Aufräumkandidaten endet die Welt offenbar an der Haustür. Für mich nicht.

Ich werfe erneut einen Blick auf das Bücherregal, das ich vorerst verschont habe. Ich schulde es meinen Vorbildern, mir Gedanken darum zu machen, wie ich weiter mit dem verfahren will, was ich entsorge.

Gudrun Pausewang rotiert bestimmt im Grab, wenn ich einfach alles wegwerfe.

Michael Ende will doch, dass ich Phantásien rette, statt rücksichtslos mit der Natur umzugehen.

Und Astrid Lindgrens Pippi Langstrumpf, als berühmte Sachensucherin, ist sowieso Upcycling-Fan.

Allein ihnen zuliebe muss ich schon beim Ausmisten beachten, wie meine Dinge nach allen Regeln der Kunst an die richtigen Stellen verteilt oder ökologisch entsorgt werden.

Außerdem ist es doch so: Nicht alle Menschen leben gleich, haben dieselben Bedürfnisse. Es gibt da draußen, das habe ich gesehen, etliche Blogs, YouTube-Videos, Instagram-Accounts, Websites, Bücher und Filme, die mir ihre Botschaft des Minimalismus verkaufen möchten.

100-Dinge-Puristen etwa verstehe ich nicht – warum sollte ich das 101. Ding aussortieren, wenn ich es brauche und mag? Auch selbst ernannte Minimalismusgurus, die nur das besitzen, was in ihren Koffer passt, kommen mir seltsam vor. Sie jetten mit ihrem Laptop von Hotel zu Hotel, brauchen nicht mal Staubsauger und Putzlappen, weil immer hinter ihnen aufgewischt wird. Kommt mir faul vor, wie Augenwischerei, auf jeden Fall nicht sonderlich umweltfreundlich. Genauso unangenehm fand ich eine YouTuberin, die keinen Deut auf die Umwelt gab, aber jeden Cent sparen wollte. Und Stars, die sich ihr gesamtes Haus in Schwarz und Weiß neu einrichten lassen? Weder mein Geschmack noch mein Budget – und eine minimalistische Einrichtung geht mir persönlich nicht weit genug.

Wie ich selbst die ganze Sache angehe, hängt also davon ab, wie es am besten zu mir passt. Ich muss mich damit wohlfühlen – also brauche ich kein Konzept von der Stange, sondern muss einfach experimentieren.

Das könnte eine Lebensaufgabe werden. Und mich auf einen Weg führen, der noch viel mehr bedeutet, als einfach nur Sachen loszuwerden. Vielleicht ändert es tatsächlich alles für mich, mein ganzes Leben, mein Verhalten, meine Beziehungen, meine Arbeit …

In diesem Moment klingelt mein Handy, eine unbekannte Nummer. Ich gehe dran.

Die Stimme des Mannes kommt mir vage bekannt vor. Der Chef eines großen Publikumsverlags aus München, wir haben uns einmal kurz auf der Buchmesse getroffen, er ist ein angenehmer Mensch. Was will der von mir?

»Ein befreundeter Literaturagent hat mir Ihre Nummer gegeben«, erklärt er. »Bei uns wird eine Programmleitungsstelle frei, und ich glaube, Sie sind genau die Richtige dafür.«

Altpapier-Affären.
Wie lange Papierkram aufbewahrt werden muss

Was ich aufbewahre … bis ich ins Gras beiße
Alle Dokumente, ohne die das Leben als Staatsbürgerin ungemütlich werden könnte: Ausweis, Pass, Führerschein, Geburtsurkunde, Impfpass. Sterbeurkunden von Angehörigen. Sollte ich jemals heiraten, dann auch diese Urkunde. Ja, in guten wie in schlechten Zeiten. Ich habe mir eine digitale Kopie von diesen wichtigen Dokumenten gemacht – falls sie doch mal verloren gehen, erleichtert das die Sache. Zeugnisse lagern außerdem gut

und sicher in einem Ordner bei mir zu Hause, bis ich oder sie zerfallen.

… bis zur Rente

Für den Fall, dass Norbert Blüm überraschend recht behält und die Rente doch sicher ist, sollten folgende Unterlagen aufbewahrt werden: Belege, mit denen ich meine Berufstätigkeit nachweisen kann, also Gehaltsabrechnungen, Studiennachweise wie Einschreibe- oder Exmatrikulationsbescheinigungen, Arbeitsverträge und Rentenversicherungsnachweise, Belege über Arbeitslosigkeit und Arbeitsunfähigkeit. Der Rentenversicherungsträger speichert diese Daten zwar, aber man hat auch schon Pferde vor der Apotheke kotzen sehen.

… eine Dekade

Das Finanzamt kann rückwirkend bis zu zehn Jahre steuerrelevante Belege fordern, wenn der Verdacht auf Steuerhinterziehung vorliegt. Obwohl ich so was natürlich nie tun würde, bewahre ich Rechnungen und Co. also selbst dann noch auf, wenn der Steuerbescheid in Ordnung und bereits vier Jahre alt ist – so lange dauert die normale Frist, in der das Finanzamt noch mal was ändern darf. Da Dokumente auf Thermopapier ohnehin kopiert werden müssen, da sie mit der Zeit verblassen, scanne ich sie ein, so nehmen sie keinen Platz weg.

… zwei Jahre

Kassenzettel und Garantien solltest du zwei Jahre lang aufbewahren, auch Handwerkerrechnungen haben diese Gewährleistungsfrist. Es kann aber sinnvoll sein, sie noch länger liegen zu lassen – falls der Verkäufer sich bei einem Streit nicht explizit darauf beruft, gilt die Gewähr auch nach Ablauf der Frist. Bei arglistiger Täuschung ist es sogar möglich, den Vertrag bis zu zehn Jahre nach dem Kauf anzufechten. Inzwischen bewahre ich digital den entsprechenden Auszug meines Girokontos auf – der kann dafür nämlich auch verwendet werden. Auch Rechnungen für Arbeiten und Dienstleistungen an einem Haus, einer Wohnung oder einem Grundstück müssen Eigentümer wegen des Umsatzsteuergesetzes zwei Jahre aufbewahren.

Unterschiedliche Fristen gelten ... für Bankbelege
Kontoauszüge, Sparkontenbelege und Kreditverträge müssen zwar nicht aufbewahrt werden, gelten aber bis zu 30 Jahre als Gewähr, falls die Bank unberechtigt Gebühren abgebucht hat. Onlinekontoauszüge speichere ich ab – unter Umständen muss ich ja mal einem Vermieter beweisen, dass ich eine Kaution bezahlt habe. Weil Banken für nachträgliche Auszüge hohe Gebühren verlangen, ist es sinnvoll, Kontoauszüge drei Jahre lang aufzubewahren: So lange musst du nachweisen können, dass du eine Rechnung auch wirklich bezahlt hast.

... fürs Wohnen
Bis maximal ein Jahr nach Erhalt einer Nebenkostenabrechnung kannst du diese als Mieter noch reklamieren. Alte Mietverträge und Wohnungsübergabeprotokolle werden drei Jahre aufbewahrt, dann erlöschen alle Ansprüche aus dem Mietverhältnis. Wer anders als ich ein Haus besitzt, sollte den Kreditvertrag behalten, bis er abbezahlt ist.

... für Versicherungsunterlagen
Sehen öde aus, und kaum einer blickt wirklich durch. Versicherungsschein und Antrag solltest du so lange archivieren, bis kein Versicherungsschutz mehr besteht. Sozialversicherungsscheine musst du grundsätzlich nur aufbewahren, wenn es draufsteht. Hätte ich eine Hausratversicherung, wäre es wichtig, Kaufbelege und Quittungen der Sachen aufzuheben und Fotos von der Einrichtung zu machen. Tatsächlich brauche ich aber keine mehr – kann ich mir sparen, weil ich gar nicht mehr so viel besitze.

… für Freiberufler

Selbstständige wie ich müssen geschäftliche Korrespondenz und alle für die Steuer relevanten Dokumente, vom Mietvertrag fürs Co-Working-Space bis zu Rechnungen, sechs Jahre lang archivieren. Bücher und Aufzeichnungen, Inventare, Jahresabschlüsse, Lageberichte, Eröffnungsbilanz, Organisationsunterlagen und Buchungsbelege sind zehn Jahre lang aufzubewahren.

Und wie werde ich das alles los, wenn's so weit ist?

Kreditkartennummer, Kontonummer oder Geburtsdatum sind für Betrüger und Leute, die Informationen zu Werbezwecken verkaufen, ein gefundenes Fressen. Dokumente mit solchen vertraulichen Daten, die auf Kontoauszügen, Nebenkostenabrechnungen oder Lebensläufen stehen, gehören nicht unzerkleinert in die Altpapiertonne – sie sollten geschreddert, nicht bloß in der Mitte durchgerissen werden. Kreditkarten oder Datenträger mit persönlichen Informationen solltest du ebenfalls zerstören. Auch Werbepost von Versicherungen oder Händlern, bei denen du schon mal Kunde warst, gehört nicht einfach ungeöffnet in die Tonne, sonst freut sich vielleicht ein Datensammler drüber.

Was die Ordner angeht, die jetzt frei werden: Die sind heiß begehrt. Wann immer ich welche vor die Tür gestellt habe, waren sie innerhalb kürzester Zeit weg.

Shoppingtour auf dem Friedhof der Dinge

Du bist vielleicht ganz schön, aber du bist aus Plastik.
Und ich versuch's zu übersehen,
doch tut mir leid: Ich schaff's nicht.

Jan Delay

Mit dem Kollegen aus München habe ich für die übernächste Woche ein Vorstellungsgespräch ausgemacht. Kurz ist mir der Gedanke gekommen, ich könnte das Experiment Verkleinerung jetzt auf der Stelle beenden. Mein altes Leben wieder aufnehmen, ein schickes Outfit fürs Bewerbungsgespräch shoppen gehen.

Aber ich habe Blut geleckt. Mit jedem losgewordenen Teil fühlte ich mich leichter. Ich kann nicht mehr zurück an den Punkt vor dem Kleiderschrankexorzismus. Und ich kann meinen Traum, Platz für mehr Lebendigkeit zu schaffen, nicht einfach abschütteln. Mein Ehrgeiz ist, so viele unnütze Dinge loszuwerden, wie es geht.

Dinge, die ich doppelt habe. Sachen, die nur Staub fangen. Nippes ohne Nutzen.

Um die zu identifizieren, habe ich mir einige Methoden ausgeguckt.

Ich könnte alles in Kisten packen und dann sehen, welche Teile ich wirklich brauche. Diese Gegenstände werden wieder aus den Kisten geräumt und dürfen bleiben. Der Rest kommt nach Ablauf einer Frist weg.

Zu umständlich, da muss ich ja erst alles verpacken.

Ich könnte jeden Tag einen Gegenstand auswählen, der dann gehen muss.

Dauert ewig, scheidet also auch aus.

Oder ich shoppe erst mal rückwärts. Dabei gehe ich durch meine Wohnung, als wäre sie ein Kaufhaus. Anstatt jedoch Dinge einzukaufen, sammele ich alles ein, was mir auf den ersten Blick entbehrlich erscheint.

Könnte funktionieren. Es hat den Vorteil, dass ich in einem relativ kurzen Prozess eine Menge lästige Sachen erwische und mir sofort überlegen kann, was ich mit ihnen mache. Und es klingt leicht. Einiges ist mir in den letzten Tagen schon überflüssig erschienen, wenn ich dran vorbeigelaufen bin. Ich könnte es einfach einsammeln und habe vielleicht dabei schon eine Eingebung, wie ich es loswerden kann oder wer es mir abnehmen würde.

Einen Einkaufswagen fürs Rückwärtsshopping habe ich in meiner Wohnung natürlich nicht, aber einen Wäschekorb. Und im Keller müssen noch ein paar zusammengefaltete Umzugskartons sein, in die kann ich die ausgemusterten Sachen einsortieren, je nachdem, was mit ihnen passieren soll.

Und so trabe ich nach dem ersten Kaffee des Tages die Treppe hinunter.

In meinem Kellerabschnitt, der mit einer groben Holztür abgetrennt ist, lehnen einige stabil aussehende Kartons an der Wand. Drei von ihnen ziehe ich unter der Leiter und den zwei Campingstühlen hervor, mit denen die sperrigen Dinger an Ort und Stelle gehalten werden. Ich muss mich ein wenig strecken, um die Pappkameraden zu erreichen, denn mein Zweitrad steht im Weg. In direkter Nachbarschaft stapeln sich acht volle Kartons. Was genau darin ist, weiß ich nicht, nur, dass ich oben in meiner Wohnung keinen Platz dafür habe. In einem Karton muss sich das knallorangefarbene Kaffeeservice meiner Eltern aus den Siebzigern befinden, außerdem eins mit Zwiebelmuster von Oma. Beide hatte ich aus nostalgischen Gründen an mich genommen, obwohl ich schon ein vollständiges Service in Gebrauch habe. Für mehr als sechs Personen decke ich ohnehin selten ein, und jedes Geschirrset umfasst zwölf Gedecke – ich besitze also insgesamt 36 Porzellansets. Nicht mal bei der letzten Hofparty kamen die zur Anwendung, weil alle Nachbarn Geschirr beisteuerten – wir hatten mehr als genug.

In einem anderen Karton sind überzählige Töpfe und Pfannen, wieder ein anderer ist voll mit solarzellenbetriebenen Gartenleuchten, einer überzähligen Lichterkette für draußen sowie Blumenkübeln und Pflanzkästen, die auf meinem Balkon keinen Platz finden. Oben guckt mein altes Skateboard raus. *Well, hello there.*

Es sind alles Sachen, die ich lange nicht gesehen habe. Ich brauche sie nicht und verschwende nur dann einen Gedanken an sie, wenn ich Umzugsvolumen für das Buchen eines Transporters berechne – weil sie immer wieder mitziehen, muss ich jedes Mal mehr Geld für einen größeren Lkw berappen.

Die Kartons sind sogar schon einmal quer durchs Land mit mir umgezogen, weil ich zwischenzeitlich eine Weile in Berlin gearbeitet habe. Jetzt sind sie wieder mit mir in Köln, wo sie weiter fröhlich vor sich hin gammeln. Kaum wahrscheinlich, dass ich ihren Inhalt vermissen würde, wenn er nicht mehr da wäre. Mit den zusammengefalteten Kisten für meine Einsammelaktion unter dem Arm mache ich mich an den Aufstieg.

Es gibt fast nichts, was so blöd unhandlich ist wie zusammengefaltete Umzugskartons. Einer geht gerade noch, aber sobald es zwei oder mehr sind, rutschen sie einem fortwährend aus der Hand. Und wenn man sie an die Wand lehnt, gehen sie sofort in die Knie und sacken zu Boden. Nur noch ein paar Stufen, ein paar Stufen noch.

»Hast du den Job?!« Petra kommt mir mit einer Einkaufstasche und einem Zettel in der Hand entgegen und bleibt wie angewurzelt stehen.

Wie kommt sie jetzt darauf? Ach so, die Kartons – sie überlegt, ob ich mich schon auf den Umzug nach München vorbereite.

»Das Vorstellungsgespräch ist erst übernächste Woche.« Ich erkläre ihr, was ich mit den Kisten vorhabe, während ich versuche, ihnen gegenüber die Oberhand zu behalten.

»Und ich dachte schon.« Petra kommt mir die paar Schritte auf der Treppe entgegen. »Warte!«

Sie packt mit an, und gemeinsam zerren wir die Dinger eine Treppe rauf bis zu meiner Wohnungstür.

»Na, dann viel Spaß beim Räumen«, meint sie. »Wenn ich vom Einkaufen zurück bin, schaue ich mal, wie weit du bist.«

Ich nicke und gehe rein.

Nachdem ich das Radio im Wohnzimmer angestellt habe, krempele ich die Ärmel hoch, dann falte ich die Kartons auf.

Einen für die Sachen zum Verschenken. Einen fürs Verkaufen. Und einen Müllkarton.

Ich schnappe mir den Wäschekorb, in dem ich die Dinge sammeln will, bevor ich sie auf die Kartons verteile. Eine Hand in die Hüfte gestemmt, die andre um den Korb gelegt, blicke ich mich um, als würde ich gleich in eine entscheidende Schlacht ziehen.

Von welcher Flanke soll ich den Krempel angreifen? Zuerst das Schlafzimmer, dann das Wohnzimmer, dann die Küche? Egal. Da, wo ich stehe, ist ein guter Ort, um anzufangen. Und jeder Gegenstand, den ich auswähle, ist erst mal okay. Später kann ich dann immer noch an die Feinheiten gehen.

Meine erste Attacke gilt der Kommode im Wohnzimmer, auf der sich lauter Dinge tummeln, die meine Oma »Stehrümchen« nennt: Kleinigkeiten, die nur rumstehen und Staub fangen. Tinnef. Tand. Klimbim.

Eine getrocknete Rose, die ich als Erinnerung bei der Hochzeit meiner besten Freundin mitgehen ließ. Ein *Œuvre de Wachsmalstift*, bei dem mir partout nicht mehr einfallen will, welches Kind es einmal für mich gemalt hat. Eintrittskarten für Konzerte und Kinovorstellungen. Diese Sachen kommen schnell in den Müllkarton, bevor ich noch eine Stauballergie entwickele.

Ein kleiner Messingelefant, den ich mal in der Ritze zwischen den Dielen meiner ersten eigenen Wohnung gefunden habe, sowie eine Filztaube, die mir eine Kollegin geschenkt hat und die nichts kann außer lustig aussehen. Beides werde ich verschenken.

Ein bunter Kristallaschenbecher aus einem Antiquitätenladen, den ich irgendwie hübsch fand, aber nie benutzt habe, weil ich kurz darauf das Rauchen aufgab. Neben ihm stehen einige Schallplatten, obwohl ich schon seit meinem Auszug aus dem Elternhaus keinen Plattenspieler mehr besitze. In direkter Nachbarschaft entdecke ich eine externe noch unbefüllte Festplatte, die ich ganz vergessen hatte. Inzwischen habe ich eine andere besorgt, die leichter und schneller ist. All das kommt nachher in meine Verkaufskiste.

Ich räume das Regal aus, und je leerer es wird, desto leichter fühle ich mich. Jeden Gegenstand in meinem Korb schaue ich mir noch einmal genau an, bevor ich ihn in einen der Kartons lege. Von manchen Sachen wie dem Messingelefanten mache ich ein Foto, um mich später vielleicht mal dran zu erinnern. Es ist zwar noch mehr Zeug in der Kommode – in der oberen Schublade sind Tischdecken, in einem Fach liegen Geschenkpapiere und Schleifenbänder –, aber denen muss ich mich später gründlicher widmen. Beim Rückwärtsshopping, so stelle ich fest, zählt die spontane Empfindung. Sobald ich anfange, mich mit dem Inhalt einer Schublade näher zu beschäftigen, ist die Luft raus.

Als Nächstes ist die Küche dran. Die Popcornmaschine muss weichen genau wie alles, wovon ich eindeutig zu viel besitze, unter anderem Tupperboxen und Feuerzeuge. Dann ist die Kühlschranktür dran. Viele der Magneten habe ich im Urlaub in einem Zustand akuter Geschmacksverirrung gekauft oder als Werbemittel geschenkt bekommen. Ich behalte nur eine Handvoll, die mir wirklich gefällt. Mehr brauche ich auch nicht, denn die aus Zeitschriften ausgeschnittenen Rezepte, die Coupons und Samentütchen, die ich an meinen Kühlschrank ranmagnetisiert hatte, sind zum größten Teil sonnengebleicht und fleckig, nicht mehr gültig oder lange nicht mehr keimfähig. *Ab ins Körbchen.*

Überraschend tauchen am Fuß des Kühlschranks Restbestände von Złotyscheinen auf, die ich auf die Polenreise letztes Jahr hätte mitnehmen sollen. Im polnischen Zug konnte ich mir wegen meiner Baseligkeit, obwohl theoretisch solvent, nicht mal einen Kaffee leisten. Ich mache sie mit einem der kräftigeren Magneten wieder am Kühlschrank fest und hänge gleich noch den Fünfpfundschein dazu, der bisher an der Pinnwand über dem Arbeitstisch ein einsames Dasein fristete.

Während ich weiter durch meine Wohnung schlendere wie ein Kunde durchs Kaufhaus, sammle ich mal hier, mal dort etwas ein. Im Schlafzimmer die gerahmten Postkarten auf dem Nachttisch. Im Flur die Muscheln und die Zettelwirtschaft auf der Ablage. An vielen dieser Dinge hängt mein Herz nicht, sie sind nur flüchtige Erinnerung, ich schaue sie selten wirklich an. Warum habe ich diesem Kram so viel Raum gegeben?

Aus Gewohnheit – wie bei den Schallplatten.

Weil ich sie geschenkt bekommen habe – wie das Kinderbild.

Weil sie teuer waren – wie der Kristallaschenbecher.

Weil sie mir vor langer Zeit etwas bedeutet haben – wie die Rose.

Und weil ich eine Sammlerin bin.

Ja, das muss ich mir eingestehen – ich habe bis jetzt gehortet und bewahrt, was das Zeug hält. Briefe hebe ich sorgfältig auf und binde ein Schleifchen um jedes abgeschlossene Jahr. An besonders schöne Ausflüge oder Abende erinnere ich mich mit einem Gegenstand – Eintrittskarten, Servietten, Bierdeckel. Manchmal weiß ich hinterher nicht mehr, wo das Zeug herkommt und woran es mich eigentlich erinnern sollte. Und ich habe einen Pappkarton voller unbeschriebener Postkarten, weil ich an keinem Postkartenständer vorbeigehen kann. Vor mir selbst behaupte ich, dass man sie ja immer irgendwann brauchen könnte. Dabei werden es einfach stetig mehr. Und so habe ich viele schöne Dinge, nutzlose Dinge, unbenutzte Dinge, von denen ich denke, dass ich sie eines Tages verwende.

Geboren wurde meine Sammelleidenschaft im Keller des Mietshauses, in dem ich als Kind lebte. Dort hatte mein Vater, der Lehrer an einem Gymnasium war, einen Bastelraum eingerichtet, wo er immer werkelte, wenn er gerade nicht in der Schule war oder nachmittags Klassenarbeiten korrigierte. In den Kellern der anderen Mieter stand Gerümpel, das ein oder andere Fahrrad oder auch mal ein Faltboot. Unser Keller war meist der einzige, in dem Licht brannte, wenn ich auf Strümpfen die mit blassgrünem Teppich aus den Siebzigerjahren belegte Treppe hinunterlief, um meinen Vater zum Abendbrot zu rufen.

Der Kellerverschlag war sein Refugium, und auf mich wirkte er immer ein wenig wie die Werkstatt von Q aus den alten *James-Bond*-Wiederholungen, die wir am Wochenende gucken durften. Es standen grüne Metallregale darin, fein säuberlich in Schächtelchen nach Größen geordnete Schrauben, Dübel, Nägel. An der Wand hingen ordentlich aufgereiht Hammer, Zange und Schraubenschlüssel. Das Herzstück und der besondere Stolz meines Vaters aber war die Werkbank, an der ein Gewinde mit einer großen silbernen Kurbel angebracht war. Dort wurde das Holz eingespannt, wenn er daran hobelte, sägte oder schmirgelte. Aus Kokosnussschalen wurden kleine Puppenwagen, aus einem Brett und zwei dicken Haushaltsgummis ein aufziehbares Motorboot. Und aus zwei dunkel lackierten Sperrholzstücken mit glatt geschmirgelten Seiten entstand ein ganz besonderes Stück, das mich bis ins Teeniealter begleiten sollte.

Meine Krimskramskiste.

Sie fasste sich glatt und wertig an. Einen Deckel hatte sie nicht, aber einen Holzknauf, an dem ich sie jederzeit aus dem Regal hervorziehen konnte, um etwas hineinzulegen. In der Kiste sammelte ich alles, was mir wert schien, aufgehoben zu werden. Einen Hühnergott, den ich am Strand in Dänemark gefunden hatte, Überraschungsei-Figuren, schön gemusterte Vogelfedern, ein

Miniaturklappmesser, das ich bei einer Reise durch Österreich erstanden hatte und auf dem die Festung Hohensalzburg abgebildet war, Bilder und Briefchen meiner Schwestern, Kastanien, Steine, Tannenzapfen. Niemals hätte ich mir vorstellen können, einen meiner Schätze wegzugeben.

Sammeln und Bewahren war mir damals wichtig, ich hatte auch ein Herbarium, ein Briefmarkenalbum, einen Setzkasten und ein in braunes Lederimitat eingeschlagenes Tagebuch mit Goldschnitt und Schloss, in dem ich anfangs akribisch jeden Tag dokumentierte. Ich hatte Fotoalben, ein Regal voller Bücher und später eine Plattensammlung. Sorgfältig klebte ich Ausschnitte aus Zeitschriften in rautierte Hefte ein, die außen braun und glänzend waren. Ich lernte schon vor der ersten Klasse, darin zu schreiben, und malte mit meinem Vater Komischkumpel hinein – Wesen, bei denen jede anatomische Merkwürdigkeit erlaubt war. Sie durften drei Hände haben, einen Fuß als Nase, ihre Ohren konnten eckig, ihre Augen übers ganze Gesicht verteilt sein.

Setzkasten, Herbarium und Briefmarkenalbum sind schon vor langer Zeit den Weg alles Irdischen gegangen – in den Müll. Die Krimskramskiste steht bei meinen Eltern auf dem Dachboden, und ich frage mich, ob noch Sachen von mir darin sind. Ich habe nicht an ihr festgehalten. Nur die Zögerlichkeit, Dinge mit ideellem Wert wegzuschmeißen, habe ich mir bewahrt. Aber sie hat sich überlebt, sie macht mich nicht mehr froh.

Ich besitze außerdem viele Dinge, die nie zum Einsatz kommen, weil ich sie in mehrfacher Ausführung habe. Im Schrank sind Handtücher und Bettwäsche für eine ganze Kompanie, sorgfältig gestapelt. Ich habe zwei Leitern und einen Tritt. Von den drei Geschirrsets ganz zu schweigen.

Aber damit ist jetzt Schluss. Es ist Zeit, das Anhäufen aufzugeben und nur noch Dinge zu behalten, die mir wirklich am Herzen liegen oder die ich brauche.

In einem Anflug von Übermut beschließe ich, zuallererst die Kisten im Keller einfach wegzugeben, ohne noch mal hineinzusehen. Mit der Handykamera mache ich schnell ein Foto von dem Stapel im Inneren meines Verschlags, um sie mit einer ungefähren Beschreibung des Inhalts via eBay Kleinanzeigen als Flohmarktware zu verschenken.

Als ich wieder oben in meiner Wohnung bin, sehe ich mich um auf der Jagd nach der nächsten Rückwärtsshoppingware. Das Einsammeln ging zunächst erstaunlich leicht, wie im Rausch, aber jetzt merke ich, wie es immer komplizierter wird, Sachen zu finden, die ich in meinen Wäschekorb legen kann. Ich räume nur noch, um das Hochgefühl des Räumens zu behalten. Und dabei beginne ich auch Sachen wegzutun, die ich vielleicht doch noch brauche – meine Bohrmaschine, mein Bügeleisen.

Die Kartons sind ohnehin schon recht voll, vor allem der Müllkarton quillt bald über. Die getrockneten Blümchen kann ich in den Biomüll werfen, das Kinderbild ins Altpapier. Aber es ist auch viel Plastik zusammengekommen – von der zerknitterten Dokumentenhülle über die Plastikflasche vom Firmenlauf bis hin zur Namensschildchenhülle von der Buchmesse.

Der Plastikmüll ist mir schon seit Längerem ein Dorn im Auge. Alles ist in Plastik eingeschweißt, vor allem Hygieneprodukte. In meinem Bad stehen von A wie Abflussreiniger bis Z wie Zahnbürste lauter Dinge, die aus Plastik bestehen oder zumindest darin verpackt sind. Das muss anders werden. Ich werfe sie natürlich nicht weg, sondern brauche sie auf. Aber wenn sie alle oder kaputt sind, muss ich sie entsorgen. Ich beschließe, so wenig wie möglich nachzukaufen. Es muss verträglichere Reinigungsmittel und Hygieneprodukte geben. Ich könnte auch meine Oma nach Tricks fragen – immerhin stammt sie aus einer Zeit, als man noch mit Essig und Natron geputzt hat.

Zwar meinen viele, das Recyclingsystem in Deutschland sei so fortschrittlich, dass ich mir über meinen Müll keine Gedanken machen muss. Ich könnte also einfach alles wegwerfen und darauf vertrauen, dass es irgendwie weiterverwertet wird, wenn ich es nur in die richtige Tonne schmeiße. Recycling ist aber kein natürlicher Kreislauf und auch kein Allheilmittel. Sicher, Rohstoffe und Treibhausgase werden eingespart, aber die Qualität wird dabei immer schlechter, und so eignet sich das entstandene Material nicht für jeden Zweck. Die Industrie setzt Recyclate ungern ein. Also wird viel zu wenig weiterverarbeitet – Abfallexperte Henning Wilts vom Wuppertal Institut für Klima, Umwelt und Energie schätzt, dass nur 5,6 Prozent tatsächlich wieder in die Plastikproduktion eingebracht werden.

Ich betrachte den Plastikabfall, der in meiner Kiste liegt. All das ist mal unter hohem Energieeinsatz hergestellt worden, und es dauert Jahrhunderte, bis es sich zersetzt hat. Wenn ich es wegwerfe und es nicht klimaschädlich verbrannt wird, landet es vielleicht auf einer Deponie in Vietnam, Malaysia, Thailand oder neuerdings in Rumänien – seit China nämlich beschlossen hat, eine eigene Kreislaufwirtschaft aufzubauen, nimmt es nicht mehr wie bisher 87 Prozent der EU-Plastikabfälle. So oder so, es ist einfach zu viel Plastik in der Welt.

In Indien hatte ich Petra tagelang in den Ohren gelegen, weil ich unbedingt in einem unberührten Paradies tauchen gehen wollte. Schließlich hatte sie sich breitschlagen lassen, und wir waren mit dem Schiff auf die Lakkadiven gefahren, eine kleine Inselgruppe in der Arabischen See. Vor der Insel Kadmat ankerten wir, wurden mit Beibooten bis zum Steg gebracht. Mit uns war nur ein turtelndes indisches Hochzeitspaar unterwegs, ansonsten war nichts los. Der Strand sah von Ferne traumhaft aus. Je dichter wir jedoch herangeschippert wurden, desto deutlicher wurde es: Über den gleißend hellen, feinen Sand wehten die Plastikflaschen, Plastiktüten, Fetzen von Plastikfischernetzen …

Nachdem wir in unser Hotel eingecheckt hatten, sahen wir uns das Ganze aus der Nähe an. Wir liefen am Traumstrand entlang und hoben alle paar Meter ein Stück Müll auf. Am Ende des Spaziergangs hatte ich den Arm voller Plastikabfälle und kämpfte gegen die Tränen. Natürlich ging ich tauchen, wie ich es vorgehabt hatte. Unter Wasser sah ich fast mehr Plastik als Fische.

»Das hängt mit der Strömung zusammen, an manchen Tagen ist es einfach so viel, dann wieder nicht«, erklärte mir Kumar, der Tauchlehrer. »Fische gibt's auch nicht mehr so viele, seit es wärmer geworden ist.«

Fische benutzen keine Plastikwasserflaschen, so wie ich. Sie fliegen nicht in Dreckschleudern namens Flugzeug um den Globus, so wie ich. Die Katastrophe ist menschengemacht. Und ich bin ein Mensch. Langsam fühlte sich unsere Reise nach Kadmat für mich so an, als hätte ich mich neben einen Autounfall gestellt und ein Selfie davor gemacht, statt zu helfen oder wenigstens aus dem Weg zu gehen, damit jemand anders das tut.

Das Problem war, ich konnte es nicht mehr ungesehen machen. Ich konnte nicht mehr in den seligen Zustand zurück, in dem ich nichts gewusst hatte.

Und ich schämte mich. Jedes Mal, wenn mir eine Verkäuferin eine Plastikflasche mit Wasser über den Tresen reichte. Jedes Mal, wenn ich nicht daran gedacht hatte zu sagen, dass ich lieber direkt aus der Flasche trinke statt aus einem Plastikbecher. Im Grunde schämte ich mich für alles, was ich so konsumierte. Denn alles, was die Menschen dort brauchten, musste außerdem auf die Insel transportiert werden – per Flug oder Schiffsfracht.

Nein. Nicht »die Menschen«.

Ich.

Und ich kann mich entscheiden. Ich kann es mir leisten, die Welt kaputt zu machen, um Spaß zu haben. Oder ich kann entscheiden, das zu lassen.

Was, wenn ich ab sofort Plastik vermeide und wiederverwende, was möglich ist? Das Namensschildchen, das ich beim Rückwärtsshoppen eingesammelt habe, kann ich versuchen zu verschenken, es ist ja nicht kaputt – vielleicht mit anderen Bürosachen, wenn ich mal meinen Schreibtisch richtig ausmiste. Bei vielem anderen bleibt mir nichts übrig, als es wegzuwerfen. Wenn ich nicht mehr so viel Plastik in meinem Leben will, darf ich es erst gar nicht in mein Leben holen.

Auch der Karton mit Sachen, die ich verkaufen könnte, wird immer voller, und ich überlege kurz, wie ich Käufer für die Gegenstände finden soll. Flohmarkt? Kleinanzeigenportal? Ein Zettel im Supermarkt? Und es hat sich noch eine Kategorie aufgetan: Ein paar Dinge habe ich schon auf die Seite gelegt, bei denen ich unentschieden bin und die ich keinem der drei Kartons mit ganzem Herzen zuordnen kann. Ich mache also einen weiteren Karton auf, eine Maybe-Box für Sachen, bei denen ich mir noch nicht ganz sicher bin, ob ich sie wirklich loswerden will.

Zwar bemühe ich mich, für möglichst viele Dinge eine neue Heimat zu finden. Andererseits: Wer will die Packung abgelaufener Pastapenisse haben, die mir vor Jahren mal jemand aus Jux zum Geburtstag geschenkt hat? Ich wiege die Dödelnudeln in der Hand. Essen wirft man nicht weg. Jedenfalls nicht, ohne es vorher probiert zu haben. Immerhin steht »mindestens haltbar bis« drauf. Und nicht »sofort tödlich ab«.

Da die Fragezeichen über meinem Kopf immer größer werden und ich mich immer schwerer entscheiden kann, was weg soll, beschließe ich, mit dem Räumen aufzuhören, das Verfahren in ein paar Tagen zu wiederholen und die Nudeln zu kochen. Den Müllkarton trage ich runter und leere ihn in die jeweils passenden Tonnen, falte ihn wieder zusammen und stelle ihn in die Abstellkammer auf der halben Treppe. Bestimmt brauche ich ihn noch mal.

Die Maybe-Box kommt auf den Schrank – dahin, wo auch schon die Kleider liegen, die ich noch nicht freien Herzens weggeben konnte, aber auch nicht wirklich behalten wollte. Vielleicht kann ich das alles in einigen Wochen mit gutem Gefühl ganz entsorgen. Oder ist es sinnvoller, solche Sachen zu sammeln und in einer der Storage-Hallen unterzustellen, die in den vergangenen Jahren überall wie Pilze aus dem Boden geschossen sind? Wenn mich das Zeug irgendwann nicht mehr nervt, könnte ich es ja einfach wiederholen. Nee, denke ich dann, damit lege ich mir selbst ein Ei. Ich finanziere doch meinem überflüssigen

Kram nicht noch eine Bleibe wie einem dieser Hotel-Mama-Kids, die nicht freiwillig ausziehen wollen. Ohnehin irre: Es gibt so viel Krempel auf der Welt, dass sogar eigene Häuser dafür gebaut werden. Da muss ich nicht mitmachen. Sobald eine Zeit verstrichen ist, entscheide ich, ob ich die Sachen behalte. Und wenn nicht, dann geht das Zeug – zu jemandem, der's wirklich braucht.

Als ich wenig später am Herd stehe und die Penisnudeln dem köchelnden Wasser übergebe, klopft es, und ich mache auf.

»Und, ist die Wohnung schon leer?« Petra sieht sich um.

Ich zeige ihr die beiden vollen Kartons und erkläre, wie ich vorgegangen bin. Ein Zischen erklingt.

»Kochst du grad?«

»Oh *shit!*« Ich laufe in die Küche und nehme den Topf vom Herd, mache die Platte aus.

»Mmmmh, was gibt's denn?« Sie will den Deckel anheben.

»Nur Nudeln mit Tomatensoße.« Um sie vom Anblick der ungewöhnlichen Pasta abzulenken, deute ich hastig auf die Vitrine. »Möchtest du, äh … was mitessen? Dann hol doch schon mal zwei Teller raus.«

Sie lässt den Deckel wieder sinken und wendet sich dem Schrank zu. Ich nehme an, dass Petra mich bisher für recht seriös gehalten hat. Penisnudeln passen nicht ins Bild. Aber so oft, wie ich bei ihr und ihrem Freund oben esse, kann ich sie nicht *nicht* fragen.

Ich schnippele schnell ein paar Tomaten in die Pfanne und bereite eine Soße zu, dabei denke ich fieberhaft nach. Kann ich die Penisse in Tomatensoße ertränken und das Licht dimmen?

Petra schnuppert, während sie die Glastür öffnet. »Mmh, duftet gut!«

»Danke«, erwidere ich. »Allerdings sind die Nudeln schon abgelaufen, kann sein, dass sie nicht mehr schmecken.«

Meine Freundin holt die Teller aus der Vitrine. Ein bezaubernd schönes, aber auch unpraktisches Ding, das ich mal in Berlin gekauft habe, Kiefernholz aus der Gründerzeit mit holzgeschnitztem Aufsatz. *Das* muss ich dringend loswerden. Bei jedem Umzug fürchte ich wieder, dass die Glasscheiben kaputtgehen, und es passt nur sehr wenig hinein.

»Bist du eigentlich nervös wegen des Vorstellungsgesprächs?« Sie stellt zwei Gläser auf den Tisch.

»Nicht so sehr.« Ich zucke mit den Achseln. »Ist aber ein guter Verlag, und ich würde mich mit der Stelle noch mal verbessern.«

»Ich fände es schade, wenn du nach München gehst.« Sie grinst schief. »Warum ziehst du nicht nach Berlin? Da bin ich wenigstens öfter.«

Während die Tomatensoße köchelt, erscheint auf dem Display meines Smartphones eine Nachricht aus der Kleinanzeigen-App.

»Oh, das ist eine Frau, die meine Kartons aus dem Keller abholen möchte«, sage ich. »Sie schreibt, dass sie einer Initiative für Geflüchtete angehört. Moment, ich antworte ihr kurz.«

Dann ist der Moment der Wahrheit gekommen. Ich gebe die Nudeln auf die Teller, komme aber mit der Tomatensoße nicht schnell genug hinterher.

Petra guckt erst, dann grinst sie. »Al dente, nehme ich an.«

Ich werde so rot wie die Tomatensoße und erkläre, woher die Nudeln stammen. »Obacht, vielleicht sind sie nicht mehr gut, ich probier erst mal.«

Die Dödel sind durch. Und schmecken nur ganz leicht abgestanden.

Beim Essen loten wir aus, wie ich die Sachen, die ich aussortiert habe, loswerde. Antiquitätenläden für Wertvolleres wie die Voigtländer-Kamera und ein kleines Ölbild. Karton mit wetterfestem Trödel vor die Haustür stellen. Sozialläden wie die von Emmaus.

Das weltanschaulich unabhängige internationale Hilfswerk, 1949 von dem Armenpriester Abbé Pierre in einem Vorort von Paris gegründet, hat auch im Norden Kölns einen Sitz. Es nimmt Sachspenden an und beschäftigt Menschen, die durch das Raster der Gesellschaft gefallen sind – Obdachlose, Drogenabhängige,

Ex-Knackis. Die Emmaus-Gemeinschaft unterstützt sie in verschiedener Weise dabei, sich wieder eine Existenz aufzubauen. In meinen ersten Jahren in Köln, als ich noch nicht viel Geld verdiente, war ich sehr froh über die billigen Möbel aus ihrem Lager. Und …

»Wir könnten uns auch auf den Flohmarkt stellen, wenn die Saison wieder anfängt.« Petra schiebt sich den letzten Bissen in den Mund. »Ich hätte auch einige Sachen.«

Eine Stunde später kommt die Frau vorbei, die sich für die Kellerkartons interessiert. Ich helfe ihr beim Tragen, gemeinsam laden wir die Kisten auf die Ladefläche ihres kleinen Lieferwagens.

»Ich danke Ihnen sehr.« Sie reicht mir ein Tütchen mit selbst gebackenen Keksen.

»Ehrlich gesagt bin ich eher Ihnen dankbar«, platze ich heraus. »Durch Sie sind diese Dinge endlich zu was nütze.«

»Dann ist es ja gut für alle«, sagt sie. »Falls Sie mal wieder was loswerden möchten – wir brauchen immer Geschirr, Bettwäsche, Kleider, Handys.«

Mir kommt ein Gedanke. »Haben Sie Verwendung für Klappstühle? Ich hätte auch noch überzählige Handtücher und ein paar andere Sachen.«

Als ich wenig später die Tür meines Kellerverschlags zufallen lasse, stehen nur noch die Leiter, das Fahrrad und ein paar halb leere Farbeimer drin. Ein Regal, die Stühle, das Büroschränkchen und eine Leiter sind noch mit der Frau mitgefahren. Als ich die Kellertreppe raufsteige, wird mir bewusst, dass ich hier nie wieder Kartons hochschleppen werde, und das euphorisiert mich geradezu. Außer den Kellersachen habe ich der Frau noch ein paar Garnituren Bettwäsche und Handtücher mitgegeben, die ich wie eine Aussteuer im Schrank aufbewahrt hatte. Ein Handtuch mit großen blauen Karos drauf war besonders flauschig. Ich habe es nur einmal benutzt, ich fand es zu groß. War es richtig, das wegzugeben?

Meine Eltern haben mir vor Jahren mal von einem Markt in der Provence ein altes, aber tadelloses Nachthemd mit Monogramm mitgebracht. Der Baumwollstoff ist hochwertig, und das Monogramm ist wunderschön. Ich frage mich, warum die Frau mit meinen Initialen es nicht brauchte. Hat sie doch jemand anderen geheiratet und das Monogramm stimmte nicht mehr? Ist sie vor der Hochzeit gestorben, und die Aussteuer wurde nicht mehr angerührt? Oder brauchte sie es einfach nicht? Es ist gleichgültig, woran es lag, auch wenn es bei mir schon viele Fantasien ausgelöst hat. Das Wichtige ist: Ich finde es schön, es passt mir, ich trage es. Ich verwende es zu dem Zweck, für den es einmal gemacht worden ist. Und da es mein Monogramm trägt, ist es, als hätte es jemand vor hundert Jahren genau für mich hergestellt.

Vielleicht wird jetzt eine Frau aus Syrien ihr Kind nach dem Baden mit meinem blau karierten Flauschhandtuch abtrocknen und es darin einkuscheln, so wie meine Mutter das früher mit uns gemacht hat. So wie viele Gegenstände, die ich als Kind hatte, wird mein Ex-Handtuch ein Teil der Kindheitserinnerungen dieses Menschen werden. Es wird Teil einer Geschichte, statt nur in meinem Schrank herumzuliegen und dort Gefahr zu laufen, dass eine Motte es einmal superappetitlich findet. Und das zu wissen stimmt mich auf eine ganz neue Art froh.

Dinge sollten eine Bestimmung haben.

Sie sollten Sinn und Zweck haben und gut sein für eine Geschichte.

Und wenn es nicht meine Geschichte ist, dann ist es nicht mein Ding.

Gut untergebracht habe ich die Sachen nun, ihnen ein möglichst sinnvolles Nachleben organisiert. Aber wie vermeide ich, dass sich nicht wieder neue ansammeln? Ich muss mir nicht nur darüber Gedanken machen, was ich wie loswerde, sondern auch, wie ich die Quelle zum Versiegen bringe, durch die immer wieder neue Sachen auf meinem Friedhof der Dinge landen. Wenn ich meine Shoppingleidenschaft nicht in den Griff bekomme, wird die Quelle weitersprudeln, sobald ich wieder einen neuen Job habe. Und jedes Plätzchen, jede durch mühsames Ausmisten entstandene Lücke wird sich schneller wieder mit Zeug füllen, als ich gucken kann.

Es ist schwer für mich, dem Kaufrausch zu widerstehen, denn ich habe schon früh verinnerlicht, wie ein gutes Leben zu laufen hat. Und das hat mit vielen bunten Scheinchen zu tun – und mit einem Schälchen voller Treets.

Zero Waste Basics.
Wie ich Oscar aus der Tonne entfreundete

Es ist einfach, Müll zu vergessen, sobald der Deckel der Tonne zugefallen ist. Der amerikanische Aktivist Rob Greenfield hat diesen Müll sichtbar gemacht. Dreißig Tage lang lebte er als wandelnder Abfalleimer. Er trug alles, was er sonst weggeworfen hätte, den ganzen Tag über am Körper – vom Coffee-to-go-Becher über die Bananenschale bis zur Verpackung aus dem Supermarkt. In seinem selbst gebastelten Anzug aus durchsichtigen Beuteln am Körper lief er durch New York, quetschte sich durch U-Bahn-Schranken und Rolltreppen hinauf. »Ich war wirklich geschockt, welche Menge so viele kleine Einzelteile ergaben«, sagte er später.

Früher hatte ich ein ganzes Kosmetikarsenal – immerhin leben wir in einer Welt, in der man selbst für einen No-Make-up-Look immer noch fünf Tuben braucht. Um Müll einzusparen, habe ich mir angewöhnt, vor allem im Bad und bei den Putzmitteln ordentlich Produkte zu reduzieren. Seitdem muss ich wesentlich seltener den Müll runterbringen, so was wie Restmüll habe ich kaum noch. Produkte mit Mikroplastik und Putzzeug mit einem Totenschädel als Giftwarnung kommen mir nicht mehr ins Haus – ohne sie fühle ich mich deutlich wohler. »Wir brauchen nicht wenige Leute, die Zero Waste perfekt machen«, hat die Zero-Waste-Köchin Anne-Marie Bonneau gesagt, »wir brauchen Millionen von Leuten, die es unperfekt machen.« Mach ich, und das ist einfacher, als ich dachte.

Natron, Soda, Essigessenz, Alkohol, pflanzliche Kernseife und Zitronensäure habe ich immer im Haus, sie ersetzen in verschiedener Zusammensetzung alle Reinigungsmittel, die ich so brauche. Ich witzele oft, dass Natron das wäre, was ich auf eine einsame Insel mitnähme – es ist Zutat für wirksames Deo, Geruchskiller, reinigt Silber, wirkt gegen Sodbrennen, Übelkeit und Völlegefühl, hilft gegen Insektenstiche und Blasenentzündung, ist gut zum Gemüsereinigen, löst zusammen mit Öl besonders hartnäckige Etiketten ab und dient als Backpulver.

Apfelessig ist unverdünnt ein guter Weichspüler, entfernt als Putzmittel Kalk und Schimmel, ist ein Bakterienkiller für den Kühlschrank, Zutat im Salatdressing und im säuerlichen Erfrischungsdrink und ein kleiner Schuss auf einen halben Liter Wasser ergibt eine super Haarspülung – vor allem, seit ich Plastik einspare und nur noch Haarseife benutze. Nichts lässt die Haare danach so schön glänzen!

Foldback-Klammern. Besser als jede Büroklammer halten diese Clips nicht nur Papierstapel zusammen, sondern auch Teetüten und Lebensmittelpackungen. Ich kann damit auch Postkarten an die Wand hängen, Kabel ordnen, Tuben am Falz aufhängen oder sie ausdrücken, Klebeflächen zusammenhalten, scharfe Flächen schützen.

Schraubgläser. Ich liebe sie als Aufbewahrungsort für alles – für Waschsoda genau wie für Restessen oder Reiseproviant oder Buchweizen, den ich erst kürzlich als leckere, klimafreundliche

Alternative zu Reis entdeckt habe. Außerdem weiche ich Efeu und Kastanien darin ein (je zehn auf ein großes Einweckglas Wasser, die Kastanien werden zerhackt) – mit ihren natürlichen Saponinen kann man über Nacht selbst Waschmittel daraus herstellen.

Natürliches zur Körperpflege. Im Bad ersetzen wenige Zutaten meinen bisher überbordenden Fundus an Hygiene- und Verschönerungsartikeln: Kaffeesatz aus der Frenchpress vom Morgen bewahre ich als Zutat für eine Maske oder ein Peeling auf, mit einer Vierteltasse Öl und einem Teelöffel Zimt und Zucker duftet es nicht nur himmlisch, sondern tut auch der Haut gut. Ein Peeling aus Zucker und Olivenöl unter der Dusche ersetzt die Bodylotion, Gurkenscheiben die Augenmaske. Und auch bei Krankheiten vertraue ich auf natürliche Hausmittel, die schon meine Oma kannte: Dampfbäder, wenn ich erkältet bin, Wickel mit Stampf aus heißen Kartoffeln auf die Brust bei Bronchitis und Salzspülung für die Nase bei Schnupfen statt Nasenspray und Hustenmittel aus der Apotheke. Rohe Kartoffeln wirken auch gut gegen Insektenstiche – einfach aufschneiden und auf den Stich legen.

Inspiration. Es hilft, sich Bea Johnsons fünf R zu merken: Die Zero-Waste-Queen produziert mit ihrem Mann und Sohn zusammen im Jahr nur ein Einweckglas voll Abfall.

1. *Refuse.* Rundweg ablehnen, was einem an Verpackung so aufgedrängt wird: »Rasend nett, aber das Duschgelpröbchen brauche ich nicht.« Visitenkarten oder Flyer kann man abfotografieren, statt sie an sich zu nehmen.
2. *Reduce.* Reduzieren, um Ressourcen zu schonen. Mit wenigen Dingen auskommen, also etwa lieber Kernseife, Essigessenz und Natron statt tausend verschiedene Reinigungsprodukte – ist auch gesünder, weil weniger Chemie.

3. *Reuse.* Richtig wiederverwenden, wann immer es geht: Mehrweg statt Einweg. Zum Beispiel Putzlappen statt Feuchttücher, Travelmug statt Coffee-to-go-Becher, Gemüsebeutel statt Plastiktüten. Reparieren oder Upcyceln ist besser als entsorgen.
4. *Recycle.* Recyceln, was übrig bleibt, und zwar nach allen Regeln der Kunst. Vorher googeln, was auf den Wertstoffhof kommt – wie etwa die gute alte CD. Unbedingt beim Vermieter auf einer Biotonne bestehen. Schrott zum Schrotthändler – Metall kann viel wert sein, Kupfer, Zink, Altblei bringen pro Kilo zwischen 1 und 6 Euro.
5. *Rot.* Raus auf den Komposthaufen, in die Biotonne – oder drinnen im Bokashi-Eimer kompostieren. Manche schwören auf diese japanischen Bioeimer, die dank einer speziellen Mikroorganismen-Kleie selbst drinnen nur leicht säuerlich nach Fermentation riechen statt faulig. Stadtbewohner ohne Garten können den Inhalt ihres Bokashi-Eimers nur auf einem öffentlichen Grünstreifen verklappen, aber Gartenbesitzer werden das Ding lieben. Einen solchen Eimer muss man übrigens nicht kaufen, sondern kann ihn auch selbst herstellen – die Anleitung dazu gibt's zahlreich im Internet, zum Beispiel bei Smarticular.net.

Hamster Girl

It's a competetive world,
everything counts in large amounts.

Depeche Mode

Es ist 1984, ein ganz normaler Samstagabend. Ich steige in mein silberfarbenes Oldtimer-Cabrio, die Tür schnappt mit einem zufriedenen Schmatzen zu. Die Lederpolster fühlen sich edel an, meine Hände schließen sich um das mit Klarlack überzogene Lenkrad aus rotbraunem Holz. In den kommenden zwei Stunden geht es um Geld, viel Geld. Ich werde ganze Straßenzüge kaufen, Bahnhöfe, Versorgungswerke. Nichts ist vor mir sicher, bis mir alles gehört, alle Straßen, Häuser und Hotels, jedes bunte Scheinchen, das ich aus meinen Mietern herauspresse. Die nebenbei gesagt alle mit mir verwandt sind, aber das spielt an diesem Abend keine Rolle.

Ich werde sie alle in die Insolvenz treiben.

Vor mir breitet sich das Spielbrett aus glänzender, OP-grüner Pappe aus, auf dem in großen Lettern das Wort *Monopoly* prangt. Es liegt auf dem Esstisch, drum herum Schälchen mit Chips aus der orangefarbenen Tüte des Discounters, Eiskonfekt und Treets. Weil es Wochenende ist, gibt es ausnahmsweise Fanta und Sprite.

Meine ältere Schwester hat wie immer die Bank übernommen, sie stapelt die bunten Scheine ordentlich am Spielfeldrand. Meine Mutter trennt die Ereigniskarten von den Gemeinschaftskarten und legt sie auf die dafür vorgezeichneten Felder. Meine jüngere Schwester überlegt lautstark, auf welcher Straße sie am liebsten Hotels bauen will, um eine sichere Einnahmequelle zu haben. Wir spielen nicht mit Hypotheken, dafür ist sie noch zu klein, und so lange dürfen wir auch nicht aufbleiben. Mein Vater sichert sich das Schüsselchen mit den Treets und lehnt sich zurück wie ein Tycoon, der davon ausgeht, dass er sein Glück schon machen wird.

Der Oldtimer aus Metall ist meine bevorzugte Spielfigur, ich habe sie mir sofort unter den Nagel gerissen und pule jetzt erst einmal in aller Ruhe das Eiskonfekt aus dem babyblauen Metallhütchen. *Monopoly* besitzt für mich eine unvergleichliche Anziehungskraft – Runde um Runde kreisen meine Gedanken um nichts als die vier Bahnhöfe, die Versorgungswerke, die Parkstraße und die Schlossallee, die ich unbedingt haben muss, und um das Los-Feld, durch das ich bei jeder Spielrunde 2000 DM auftanke, mit denen ich dann neue bunte Straßenkarten kaufen kann. Dieses Spiel ist mit dafür verantwortlich, dass in mir der Wunsch nach wirtschaftlichem Erfolg angefacht wird.

Es ist ein seltsames Kontrastprogramm zu den sonstigen Gepflogenheiten in meiner Familie. Wir sprechen nämlich nie über Geld und sind zur Höflichkeit erzogen – selbst bei drei Kindern bleibt immer ein Stückchen übrig. Futterneid kennen wir nicht und schieben normalerweise selbst den letzten Keks hin und her. »Nimm du!« – »Nein, du!« Nur in diesen zwei Stunden am Samstag geht es um nichts anderes als um den schnöden Zaster, da gönnt der eine dem anderen nicht den Dreck unterm Fingernagel. Wir lassen im Spiel die Großkapitalisten raushängen und sichern uns die besten Straßen notfalls durch Abzocke.

Mit unserer Familie trainieren viele das Rennen um den großen Reibach: rund 250 Millionen Mal ging *Monopoly* weltweit bereits über die Ladentheken. Schon kurz nach dem Verkaufsstart 1933 wurde es zum erfolgreichsten Spiel in Amerika und rettete die Firma Parker Brothers vor dem Bankrott, weil im ersten Jahr mitten in der Weltwirtschaftskrise 35 000 Stück verkauft wurden – pro Woche. Seit 1973 gibt es Weltmeisterschaften im *Monopoly,* in 114 Ländern ist das Spiel erhältlich, 300 lizenzierte Sondereditionen sind auf dem Markt.

Irgendetwas reizt uns also offenbar alle daran – möglicherweise die Tatsache, dass wir einmal hemmungslos raffgierig sein dürfen.

Gut ist das allerdings nicht. Der Sozialpsychologe Paul Piff hat mithilfe von *Monopoly* herausgefunden, dass Reichtum tatsächlich den Charakter verdirbt oder zumindest einen blinden Fleck für den eigenen Wohlstand verursacht. Bei einem Experiment an der Universität Berkeley bestimmte er anfangs durch das Werfen einer Münze Spieler, die mehr Geld, mehr Möglichkeiten und mehr Zugang zu Ressourcen bekamen als ihr jeweiliger Kontrahent: Sie erhielten am Anfang doppelt so viel Geld, wurden stärker entlohnt, wenn sie über Los gingen, und durften zwei Würfel benutzen statt wie alle anderen nur einen. Durch das Filmen mit versteckter Kamera fand Piff heraus, wie sich die Selbstwahrnehmung der reichen Spieler durch das Spiel veränderte: Sie gaben immer mehr mit ihrem Erfolg an, wurden unhöflicher und selbstbewusster, hämmerten mit ihren Spielfiguren beim Vorwärtsmarschieren geradezu auf das Spielbrett ein und zeigten öfter Siegesgesten – geballte Fäuste, hochgerissene Arme.

Danach befragt, wie sie zu ihrem Sieg gekommen waren, erklärten die reich gestarteten Spieler ihre Spielzüge und ließen klar erkennen, dass sie den Erfolg allein sich selbst zuschrieben. Sie schienen sich auf einmal überhaupt nicht mehr daran zu erinnern, dass sie durch Zufall mit einer viel besseren Ausgangslage gestartet waren und auch während des Spiels Vorteile gehabt hatten. Kaum einer von ihnen hatte Mitleid mit seinem unterlegenen Gegner. »Wir haben herausgefunden, dass Menschen mit steigendem Wohlstand immer mehr glauben, diesen auch verdient zu haben. Je reicher sie werden, umso mehr stellen sie ihre eigenen Interessen über die anderer Menschen«, erklärte der Sozialpsychologe in einem TED Talk.

Monopoly ist natürlich nur ein Spiel, aber es gibt keinen Grund anzunehmen, dass wir uns im echten Leben anders verhalten.

Die Urmutter des Brettspiels, Elizabeth Magie, wäre wohl zutiefst schockiert, wenn sie wüsste, welches Hochgefühl ich beim Abzocken meiner Familie empfinde – und dass es vielen Menschen offenbar genauso geht wie mir. Lizzie Magie war eine kluge und mutige Frau. Als Tochter eines Zeitungsverlegers aufgewachsen, wusste sie das ihr vom Vater mitgegebene Wissen und Können zu nutzen. Sie forderte Gleichberechtigung für Frauen in einer Zeit, als diese zwar Steuern zahlen mussten, aber nicht mal wählen durften. Und sie träumte von einer gerechten Gesellschaft. Lizzie Magie hing den Gedanken des Politikers und Ökonomen Henry George an, der forderte, dass nur das unser Besitz sein sollte, was wir uns selbst erarbeitet haben. Natürliche Ressourcen, die dafür genutzt wurden, Land etwa, sollten alle gemeinschaftlich besitzen.

Die Urversion von *Monopoly* namens »The Landlord's Game«, das Vermieterspiel, wurde bereits 1904 zum Patent angemeldet. Es sollte auf spielerische Weise lehren, was durch Grundstücksspekulation und Monopole droht, es sollte den Sinn junger Menschen für Ungerechtigkeit und die Folgen ökonomischer Gier schärfen. »Ich hoffe, dass Männer und Frauen sehr schnell begreifen, dass ihre Armut daher rührt, dass Carnegie und Rockefeller mehr Geld haben, als sie ausgeben können«, sagte Magie 1906 in einem Interview.

Dummerweise spielten das Spiel nur ein paar Linksintellektuelle und Collegestudenten. *The Landlord's Game* galt als zu belehrend, zu kompliziert. Was andere nicht davon abhielt, es zu kopieren, abzuändern und weiterzuverbreiten, als wäre es ihre eigene Idee – so auch Charles Darrow, ein arbeitsloser Heizungsingenieur aus Philadelphia, der das Spiel für seine Familie nachbaute und ein wenig aufpeppte. Es ging nun darum, möglichst viel Geld zu machen und alle anderen Spieler auszustechen. 1935 verkaufte er die Rechte an die Firma Parker und wurde damit zum Millionär.

Anstatt zu lernen, was es am kapitalistischen Finanzsystem

alles zu bemängeln gibt, lerne ich also schon als Kind durch die Parker-Spiele-Version, mich besonders skrupellos zu verhalten. Das macht Spaß, und das Einheimsen der bunten Scheinchen berührt etwas in mir, dem ich nicht widerstehen kann. Die Lust aufs Geld darf ich einmal so richtig ausleben, denn das Spiel erlaubt, nein, es fordert alles, was sonst eher reguliert ist: gierig zu sein, sich Dinge einfach so zu nehmen, wenn man das Geld dafür hat, sich zu freuen, wenn ein anderer verliert, und mit seinem Reichtum zu protzen.

Zwar werden meine Schwestern und ich weiterhin dahin erzogen, gerecht zu teilen, die Eltern nehmen uns mit zu Friedensmärschen und in den Weltladen, und ich gehe zu der Zeit auch folgsam in den Kommunionsunterricht und lerne was übers Brotbrechen und über Nächstenliebe. Aber eines Tages wird mir klar, dass *Monopoly* nicht einfach nur ein Spiel ist. Es steckt viel mehr vom echten Leben drin, als ich dachte. Irgendwie geht's in der Welt immer um Geld und Besitz, und oft gewinnen nicht die Guten, wie in meinen Lieblingsbüchern, sondern die, die am meisten Zaster haben. Gepanschter Wein, Hühnermist und zermalmte Küken in Eiernudeln, hormonverseuchtes Kalbfleisch – schon die großen Skandale der Achtziger zeigen mir, wie skrupellos die Gier nach den Penunzen macht.

Natürlich kommt so ein gemeiner Beschiss für mich nicht infrage. Aber wenn ich in dieser Welt etwas werden will, muss ich mich zumindest teilweise an die dort herrschenden Regeln halten. Ziemlich schwierig für mich, bin ich doch eher der Typ verträumter Bücherwurm denn eine knallharte Managerin. Aber ich habe keine Wahl. Ich brauche das Geld, wie im Spiel, denn ich habe immer mehr Wünsche.

Es ist mein Pech, dass ich gerade in den Achtzigern aufwachse, einem wahren Konsumjahrzehnt. Schon in der Grundschule lauten die Gewissensfragen: Scout oder Amigo? Pelikan oder Geha? Adidas oder Puma? Die Produkte unterscheiden sich dabei nicht wesentlich: das Logo, die Kügelchen in den Tintenpatronen, die Streifen am Schuh – keine gewichtigen Gründe für eine Kaufentscheidung, aber wichtig genug für mich, dass ich meinen Eltern deswegen wochenlang auf die Nerven ging.

Gefühlt jede Woche gibt es ein neues Gadget, das ich unbedingt haben muss, vom Zauberwürfel über das Minitelespiel und den Senso von MB bis zum Slime, und all die bunten Plastikspielzeuge sind immer erschwinglicher, weil sie in Fernost hergestellt werden. Geburtstage sind wahre Geschenkeschlachten, und die meisten Kinder in meiner Klasse lassen sich ein paar Jahre später vor allem deswegen konfirmieren, weil es dann die begehrte Stereoanlage, einen Atari oder C-64 gibt. Als erste Generation nach dem Krieg bekommen wir viel mehr, als wir benutzen können. Das Skateboard wünsche ich mir nur, weil Michael J. Fox in *Zurück in die Zukunft* auf einem fährt. Als ich es dann habe, verstaubt es in der Ecke.

Es sind die Jahre ungefilterten Konsums, und sie bringen Popper und Yuppies hervor. Jeder in meiner Klasse kann mindestens zwanzig Werbesprüche fehlerfrei am Stück zitieren – von »Die Sinalco schmeckt« über »Mit dem grünen Band der Sympathie«, »Auf diese Steine können Sie bauen« und »Komm ich morgens ins Bad, ist die Welt noch fad, ich brauch mein Credo« bis zu »Persil. Da weiß man, was man hat« und »Nogger dir einen!«. Viele werden zu stehenden Wendungen in Gesprächen, wie »Neu? Nein, mit Perwoll gewaschen!«, »Es gibt viel zu tun, packen wir's an« oder: »Man gönnt sich ja sonst nichts«. Auf einmal ist alles Hightech, wie Wilkinson mit der Weltneuheit Doppelschwingachse, die zur Seite, vor und zurück schwingen kann, oder es ist angeblich mit Materialien hergestellt, die aus der Raumfahrttechnologie stammen.

Der Soziologe Gerhard Schulze diagnostiziert schon damals eine Erlebnisgesellschaft, die immer weniger Geduld hat und immer mehr auf Genuss ausgerichtet ist – die Werbung zeigt das besonders deutlich. Was ist besser als Schokolade? Spannung, Spiel *und* Schokolade! Und ohne Nutella kann man doch keine glückliche Kindheit haben! Mir leuchtet das ein, immerhin prasselt die Werbung wie aus der Tenniskanone auf mich ein: Zwei Prozent des Bruttosozialprodukts werden in jener Zeit in Deutschland für Werbung ausgegeben, mehr sind es nur in den USA, nämlich 2,8 Prozent. Und so bade ich mein Hirn genauso unbewusst in Werbung wie Tilly ihre Hände in Palmolive. Ich sehe die weißlächelnde Zahnarztgattin Empfehlungen aussprechen – alles ist abgesegnet von jemandem, der sich damit auszukennen scheint: vom Schweizer Institut für Hauswirtschaft (Miniwaschmaschine Calor Waschboy) über die Blend-a-med-Forschung (Munddusche Broxo Jet) bis hin zu Schauspieler Manfred Krug (unter anderem Flüge mit PANAM). Ich vertraue ihren Empfehlungen.

Nur meine Eltern lassen sich davon nicht so leicht beeindrucken.

Und das ist ein Problem.

Noch treffe nämlich nicht ich die meisten Kaufentscheidungen, sondern meine Erziehungsberechtigten. Und die stehen nicht nur übersüßer Schokocreme skeptisch gegenüber, sondern haben auch was gegen Technik, so kommt es mir jedenfalls vor. Ich hangele mich von einer Bequatschung zur nächsten. Eben noch habe ich mich dabei verausgabt, meine Eltern zum Kauf eines Videorekorders zu überreden, da erscheint schon die nächste Herausforderung am Horizont: Nachdem ich erst vor zwei Jahren eine Stereokompaktanlage mit Doppelkassettendeck und Plattenspieler zum Geburtstag bekommen habe, wird es Zeit, sie durch dieses Ding namens CD-Spieler zu ergänzen, von dem jetzt alle reden. Bald wird es sicher nur noch Compact Discs geben – sie sollen so viel besser klingen als die knisternden Langspielplatten und die rauschenden Kassetten.

Ich schwöre meinem erwachsenen Ich, dass wir das in Zukunft besser regeln: Wann immer es eine neue technische Spielerei gibt, wird nicht lang rumdiskutiert. Mein Leben wird Unterhaltung und Spaß rund um die Uhr sein, und ich bin schon gespannt auf die Produktrevolutionen, die sich meine Lieblingshersteller einfallen lassen werden – immerhin wirft das Internet bereits seine Schatten voraus, genau wie das Mobiltelefon. All das will ich später mal mein Eigen nennen, sobald es auf den Markt kommt. Andere haben's doch auch: Mit *Dallas* und *Denver Clan* flimmern Ölmagnaten über unseren Fernsehbildschirm und machen mir mit ihren Luxusranches, Jachten und Cabrios das Leben der Superreichen schmackhaft. Außerdem wird nur noch Fast Food gegessen, sobald ich ausziehe – gegen Burger und Pommes sind meine Eltern nämlich auch.

Bescheidenheit macht doch keinen Spaß. Ich will alles sofort haben, will auf nichts verzichten. Und als ich 1989 im Kino dann noch einen besonders verheißungsvollen Blick in die Zukunft werfe, bin ich sicher, dass dort noch viel mehr tolle Dinge auf mich warten, für die ich dann ein strammes Gehalt brauche, um sie mir leisten zu können.

Die Füße mit den Chucks in den Sitz vor mir gestemmt, halte ich die Schachtel mit dem letzten Würfel Eiskonfekt meiner besten Freundin hin, dann kuschele ich mich gemütlich in den Kinosessel und sehe zu, wie der Wissenschaftler mit den wirren weißen Haaren das schnittige Auto durch den stark verregneten Himmel über das Städtchen Hill Valley des Jahres 2015 steuert.

Auf diesen Film habe ich hingefiebert, seit ich sah, wie Doc Emmett Brown den DeLorean am Ende des ersten Teils mit einer zerknautschten Dose *Miller* Bier und einer alten Bananenschale aufgetankt hat: Es ist der zweite Teil von *Zurück in die Zukunft*.

Und der besondere Gag dieser Zukunft liegt darin, dass sie voller unterhaltsamer … Produkte ist. Selbstschnürende Nike-Turnschuhe, ein Hoverboard von Mattel, Hydratoren von Black & Decker, die auf Stimmkommando in Sekunden aus einer Minipizza – von einer Firma namens Pizza Hut, die ich aus anderen Serien schon kenne – ein Familienessen zaubern. Auf dem Faxgerät, mit dem Marty gefeuert wird, ist AT&T zu lesen. Was anderes als Pepsi und Cola trinken die Menschen nicht mehr, und die fliegenden Autos werden an Texaco-Tankstellen mit Kraftstoff versorgt. Die Marken ändern sich nicht, genau wie die Menschen. Und dass irgendwie alles aus Plastik ist, auch nicht.

Genauso toll wie den Filmhelden Marty McFly finde ich die Welt, in der all das spielt. Und um die zu erobern, brauche ich einen ordentlichen Job. Es ist mir natürlich klar, wie ich den bekomme, genau wie all den anderen jungen Menschen, mit denen ich zusammen von der Schule abgehe. Wir haben schließlich oft genug das *Spiel des Lebens* gespielt. Und so machen nur ein paar versprengte Abiturientinnen aus Ökoelternhäusern ein Freiwilliges Soziales Jahr. Alle anderen lernen »was Solides«, das einen lukrativen Job in Aussicht stellt – sie absolvieren eine kaufmännische Ausbildung, ein Studium der Wirtschaftswissenschaften oder Ähnliches.

Sollte ich auch machen, aber ich will nicht nur viel Geld verdienen, sondern habe auch noch einen versponnenen Traum: Ich will Schriftstellerin werden. Notfalls nebenbei, denn das ist bekanntlich eine brotlose Kunst. Studieren muss ich außerdem, denn wie ich aus dem *Spiel des Lebens* weiß, habe ich die größten Chancen auf ein Leben in Wohlstand, wenn ich mich nach der Schule erst mal mit noch mehr Lernstoff abquäle. Ich überlege also, wie ich meinen Traum vom Schreiben mit dem Studium koppeln kann. Das Beste aus zwei Welten. Vielleicht schreibe ich eine Dissertation, werde Professorin, das klingt nicht nur gut, sondern ist sicher auch lukrativ. Oder ich gehe in eine Werbeagentur – wer sich die Sprüche ausdenkt, die mir ständig um die Ohren fliegen, muss ja viel verdienen. Oder ich mache einfach irgendwas mit Medien, das wollen gerade alle, auch wenn mir keiner so richtig erklären kann, was das dann sein soll.

In den nächsten Jahren studiere ich an zwei Unis und placke mich tapfer durch die Sprachwissenschaftskurse, die ausgerechnet freitags um acht Uhr beginnen, weshalb ich regelmäßig einzuschlafen drohe. Aber wenn ich nur wach bleibe, klappt es sicher mit dem Abschluss und dem anschließenden Topjob.

Nebenbei jobbe ich mal in der Schokoladenfabrik, mal im Kaufhaus. Leidenschaft verspüre ich in dieser Zeit nur bei zwei Sachen. Und beide bringen kein Geld: Schreiben und etwas Gemeinnütziges tun.

Auf die Schreibkurse an der Uni fiebere ich regelrecht hin. Nie bin ich so stolz gewesen wie an dem Tag, als ich das erste Heft in der Hand halte, in dem zwei Gedichte von mir abgedruckt sind. Und die Abende, an denen wir öffentliche Lesungen veranstalten, sind die Highlights meiner Studienzeit. In einer idealen Welt würde ich einfach Gedichte schreiben. Doch damit kann ich meinen Lebensunterhalt nicht bestreiten und mir schon gar nicht die Dinge leisten, die ich mir versprochen habe. Schreiben und alles andere dafür hintanstellen, das können andere. Mein Kommilitone Jens zum Beispiel, dessen Geschichten und Gedichte ich sehr bewundere, der aber immer mit abgerissenen Klamotten in die Uni kommt. Er kann gar nicht anders, er hat sich hundertprozentig der Literatur verschrieben. Leider auch verschiedenen Drogen.

Meine andere Leidenschaft ist es, in unserem Studentenwohnheim einen Treffpunkt für alle zu schaffen. Unser kleines Café ist schnell eingerichtet dank eines findigen Freundes, der gratis gebrauchte Möbel auftreibt. Einer legt bei Partys auf, und gemeinsam überlegen wir uns Aktionen wie Spieleabende, Semesterpartys oder Weihnachtsfeiern, die allen Freude bereiten. Was mir am meisten gefällt: Wir sind ein Team, treffen uns regelmäßig, um neue Ideen zu besprechen und gemeinsam etwas auf die Beine zu stellen.

Das sind die Neunziger, ich brauche nicht viel, und alles ist ein bisschen provisorisch. Es ist einfach schön, zu einer eingeschworenen Truppe zu gehören. Wir lassen diesen Ort entstehen, ohne etwas dafür zu erwarten, und das macht den Reiz der ganzen Sache aus. Gegen Ende meines Studiums übernimmt dann eine neue Gruppe unser Café. Sie führen ein, dass ein Stundenlohn gezahlt wird, wenn jemand die Theke übernimmt. Schnell haben sie sich in den Haaren, wie viel angemessen ist, die Preise für die Getränke werden raufgesetzt, neue Anschaffungen nicht mehr getätigt, und Semesterpartys finden nicht mehr statt, weil jeder feiern will, aber keiner veranstalten. Unser Projekt schläft ein.

Ich habe keine Zeit, darüber nachzudenken, denn ich erklimme bereits das, was ich für die ersten, sehr hohen Sprossen einer vielversprechenden Karriereleiter halte. Den Plan, Professorin zu werden, habe ich zwar zwischenzeitlich geknickt – zu viel Wissenschaft, zu viele unbefristete Stellen als Sprungbrett, ungewisse Aussichten. Mich treibt der Gedanke, möglichst schnell was zu werden. Keine Poetin, keine unbezahlte Thekenkraft. Sondern Medienmogulin, Topjournalistin, Werbetalent.

Mein Erfolgsdrang rührt von all den amerikanischen Filmen her, die ich gesehen habe. *Das Geheimnis meines Erfolges* ist einer davon: Wenn ich mich nur ordentlich ins Zeug lege, dann muss ich doch irgendwann einen Job haben, mit dem ich mir nicht nur den erträumten Lebensstil leisten kann, sondern der mir auch Ansehen einbringt. Das Dumme ist nur: Weder die Werbeagenturen noch das Fernsehen scheinen auf mich gewartet zu haben.

Ich mache also erst mal ein Praktikum im Buchverlag, und dafür ziehe ich sogar in eine Metropole am Main, die ein bisschen so aussieht wie Manhattan. Gerne stellen mich die Verlage als Praktikantin ein. Meine Liebe zu Büchern siegt – und wenn ich mir die Programmleiterin in meinem Büro so anschaue, kommt mir ihr Job sehr verlockend vor. Da will ich auch hin, und von da aus wird man vielleicht auch mal Verlegerin.

Allerdings muss ich unten anfangen, und es ist schwieriger als gedacht, ein Volontariat zu ergattern. Zu jener Zeit bin ich nur eine von vielen Branchenaspirantinnen, sodass die Verlage sich ihre Volontäre aussuchen können – nicht selten werden neben ersten Erfahrungen auch eine langjährige freiberufliche Tätigkeit und ein Doktortitel gefordert. Wo soll ich den denn jetzt hernehmen? Natürlich könnte ich noch mal jahrelang eine Dissertation erarbeiten und Kolloquien besuchen. Aber dann dauert es ja noch länger, bis ich mal Geld sehe. Ich fühle mich wie jemand, der immer einen Schritt hinter dem Hasen her ist, der vor ihm Haken schlägt. Der Hase ist der tolle Job, der Erfolg, das Gehalt.

Schließlich habe ich Glück, weil jemand mit Doktortitel kurzfristig absagt, und ich ziehe der Jobchance hinterher. Dort darf ich für einen Hungerlohn als Volontärin eine volle Stelle im Verlag ausfüllen, bei der ich täglich etwa neun bis zehn Stunden arbeite. Was ich lerne, schnappe ich so nebenbei auf, für große Erklärungen ist keine Zeit im hektischen Verlagsalltag, in dem jeder immer zu viel Arbeit auf dem Tisch liegen hat. Und damit ich mir das teure WG-Zimmer in der Großstadt überhaupt leisten kann, vertrete ich – vom Gesetzgeber unerlaubt – in der Mittagspause die Empfangsdame. Abends sitze ich meist weiter über Manuskripte gebeugt, bis meine Mitbewohner mich am Schlafittchen packen, damit ich mit ihnen feiern gehe. Und vor einer besonders dringenden Abgabe eines Manuskripts in die Herstellung bleibe ich so lange im Verlag, dass ich die Sonne wieder aufgehen sehe.

»Du bist aber früh aufgestanden«, meint meine Kollegin aus der Presseabteilung, die sonst immer als Erste da ist.

»Ja-ha«, stammele ich verlegen. »Ich, ähm, das Manuskript muss um neun in die Herstellung. Da bin ich … äh, ein Stündchen früher gekommen.«

»Wohl eher zwei Stündchen«, meint sie mit einem Blick auf die Uhr. Es ist halb sieben.

Ich boxe mich durch. Als das Volontariat zu Ende ist, haben sich trotz Pausenvertretung so viele Schulden angesammelt, dass ich erst mal einen Job annehmen muss, den ich gar nicht machen will. Nebenbei übernehme ich mit Genehmigung meines Arbeitgebers Aufträge, die mich dahin bringen sollen, wo ich hin will: ins Lektorat eines großen Publikumsverlags.

Als ich schließlich mit einem jungen Mann namens Stefan

Bonner in ein Büro gesetzt werde, der damals Volontär ist, ahne ich nicht: Das ist nicht der Anfang eines Jobs, sondern von mehreren. Schon bald haben wir gemeinsam die erste Buchidee, es wird überraschend ein Bestseller, und neben dem Schreiben, der Pressearbeit fürs Buch und dem Lektorat stehen wir plötzlich auch noch auf kleineren und größeren Bühnen der Republik.

Natürlich bin ich froh darüber, auch wenn ich mir wünschte, dass nicht alles so geballt käme. Denn mein Freund, der es schon suboptimal fand, dass ich die Abende in der gemeinsamen Wohnung mit Manuskripten statt mit ihm verbrachte, findet nun endgültig, dass das alles keinen Sinn mehr mit uns ergibt. Er verlässt mich.

Ich komme schnell darüber hinweg, weil ich mich in die Arbeit stürze. Und werde befördert – die ganze Ackerei hat sich gelohnt. Es ist, als hätte ich nach einem langen, mühsamen Anstieg ein kleines Plateau erreicht, und ich würde es gerne für eine kurze Rast nutzen.

Nun kann ich mir viele Dinge leisten.

Ein schickes Auto. Für Spritztouren, weil ich es in der Stadt gar nicht brauche.

Einen neuen Smoothiemaker, der fast so viel PS hat wie ein Moped.

Eine Stereoanlage mit exzellentem Klang.

Einen Riesenbildschirm für Filmabende.

Wirklich genießen kann ich all das nicht. Die Stereoanlage drehe ich nie auf, und wenn ich jetzt allein Filme schaue, komme ich mir ein bisschen vor wie die einzige Zuschauerin im Multiplex. Also lasse ich es, ich habe ja auch gar nicht die Zeit dazu.

Und so werde ich zum Musterexemplar des Homo oeconomicus. Alles ordne ich meinem wirtschaftlichen Erfolg unter. Wenn möglich, kaufe ich von allem Guten auch noch das Günstigste, die Suche danach erleichtert mir inzwischen das Internet. Ich hänge am Tropf der Konsummaschine, halte mich aber für vollkommen unabhängig. Denn ich treffe meiner Meinung nach immer rationale Entscheidungen, was meinen Wohnort, die nächste Karrierestufe, die Auswahl meiner Besitztümer angeht.

Das soll meinen Erfolg absichern. Wenn ich mich umblicke in dem, was ich mir aufgebaut habe, dann bin ich so geworden, wie ich niemals sein wollte – die Zweitausendzehner-Version eines Yuppies. Ich habe alles, was ich brauche, sogar mehr als das.

Glück aber geht anders. Der amerikanische Wirtschaftswissenschaftler Richard Easterlin veröffentlichte schon in meinem Geburtsjahr einen Aufsatz mit dem Titel *Does Economic Growth Improve the Human Lot?*. Er hatte über einen Zeitraum von 24 Jahren den Zusammenhang von Glück und Einkommen untersucht. Wie glücklich waren reiche Menschen im Vergleich mit armen innerhalb eines Landes? Waren die Menschen in reicheren Ländern glücklicher als in ärmeren? Brachte mehr Wohlstand also mehr Glück? Während die Menschen der höheren Einkommensklassen sich innerhalb eines Landes glücklicher fühlten als diejenigen, die weniger zum Leben hatten, waren Einwohner reicherer Länder nicht automatisch glücklicher als die von ärmeren. Und wenn der Wohlstand eines Landes wuchs, blieb das Glück gleich – das Easterlin-Paradox.

Auch wenn ich also von Jahr zu Jahr besser verdiene und mich also stetig glücklicher schätzen könnte, trete ich auf der Stelle. Und das ist nicht alles: Weder habe ich in meinem tollen Job genügend Zeit für mich, noch habe ich das Gefühl, ich könnte über mein Leben selbst bestimmen. Und nebenbei macht mir die Ungleichheit innerhalb unserer Gesellschaft seit geraumer Zeit stetig mehr zu schaffen – es scheint immer mehr Menschen zu geben, die darauf angewiesen sind, dass ich sie von meinem Sauerverdienten mit alimentiere. Eigentlich ist der Sozialstaatsgedanke im Grundgesetz verankert, in Artikel 20, Absatz 1. In den vergangenen Jahrzehnten nahm die wirtschaftliche Ungleichheit jedoch immer mehr zu. Die unlängst erschienene Studie »Wohlstand für alle – Wie inklusiv ist die soziale Marktwirtschaft?« zeigt, wie wir in Deutschland immer mehr in eine soziale Schieflage steuern. Seit Anfang der Neunzigerjahre kommt der materielle Wohlstand nicht mehr gleichmäßig in allen Schichten an, das Armutsrisiko steigt, Chancenungerechtigkeit verstärkt sich vor allem zwischen Ost und West. Und dadurch schwindet die bindende Kraft der sozialen Marktwirtschaft. Die Schere zwischen Arm und Reich geht immer weiter auf – aktuell besitzen die reichsten zehn Prozent in Deutschland 55 Prozent des Nettovermögens, immer mehr Menschen, nämlich inzwischen fast 13 Millionen, verfügen laut dem letzten Armutsbericht hingegen über weniger als 60 Prozent des mittleren Einkommens, gelten also hierzulande als arm.

Der Gini-Index, der deutlich macht, wie ungleich Einkommen und Vermögen in einer Gesellschaft verteilt sind, ist in Deutschland, was die Vermögen angeht, relativ hoch. Bei den Nettoeinkommen stehen wir immerhin besser da als viele andere Industrienationen. In den USA, China und Russland sieht es weit schlechter aus. »Die Ungleichheit hat weltweit seit 1980 stark zugenommen«, konstatiert der World Inequality Report 2018, den der Ökonom Thomas Piketty mit anderen Wissenschaftlern herausgegeben hat. Und Oxfam stellte jüngst fest, dass 42 Milliardäre so viel besitzen wie die ärmere Hälfte der Weltbevölkerung zusammen. Viele Untersuchungen zeigen, wie gefährlich ein solches System der Ungleichheit ist: Sie besagen, dass soziale Ungerechtigkeit Gesundheit und soziales Vertrauen mindert, während sie das Risiko für Übergewicht, Gewalt, Straffälligkeit erhöht.

Und was die globale Ungerechtigkeit und Armut angeht, muss ich gar nicht lange überlegen – mir ist klar, wie sehr der Wohlstand und Lebensstil der Industrienationen auf Kosten ärmerer Länder geht. Weil unser Markt billige Arbeitskräfte braucht, verelenden Menschen woanders. Es werden Kriege um Ressourcen geführt. Und die Menschen, die keine hohen Emissionen verursachen können, weil sie gar nicht die Mittel dazu haben, leiden schon jetzt unter den Folgen des Klimawandels, den wir mit unserem Industrieland-Lifestyle angezettelt haben.

Anders als in früheren Zeiten bleibt das Problem aber nicht brav da, wo wir es erzeugt haben. Vielleicht weil, wie Easterlin vermutet, das Glücksempfinden relativ ist. Wenn es um den Wohlstand geht, vergleichen wir uns am ehesten mit unseren Nachbarn. Durch die Globalisierung und die Verbreitung von Smartphones rückt die Welt enger zusammen. Und wenn Menschen in Nigeria Eindrücke vom Leben im virtuellen Nachbarsgarten der Industrieländer bekommen und dann ihr eigenes Leben und ihre Perspektiven damit vergleichen, erzeugt das den Wunsch, sein Glück woanders zu suchen – in einer Stadt in Deutschland vielleicht. Im bekanntesten Märchen meiner Heimatstadt heißt es ja: »Zieh lieber mit uns fort, wir gehen nach Bremen, etwas Besseres als den Tod finden wir überall.«

Gerne rege ich mich über die schlechten Produktionsbedingungen in anderen Ländern auf und darüber, dass Deutschland Waffen in Krisengebiete verkauft. Ich bin besorgt über Klimawandel und Umweltzerstörung. Die Investmentbanker, die sich die Taschen voll machen und erklären, ihnen sei der eigene Wohlstand wichtiger als der Bau von Schulen und Kindergärten oder die Sanierung von Straßen, machen mich wütend. Dabei bin ich ein Teil dessen.

Denn ich spiele mit. Ich fliege in meiner Urlaubszeit für eine Reisezeitschrift an exotische Orte und verdiene Geld damit, sie anderen schmackhaft zu machen. Ich bringe mein Geld zu einer Bank, die damit Rüstungsgeschäfte, Kohleförderung und industrielle Lebensmittelproduktion finanziert. Ich hole mir morgens einen Coffee-to-go-Becher und werfe ihn im Büro achtlos in den Abfalleimer. Ich sehe den Black Friday bei den Elektronikgroßmärkten und werde kribbelig. Ich mache Listen, welche Sachen ich mir noch leisten möchte. Bei der Quelle bin ich nicht wählerisch: Zu Beginn der Saison in teuren Boutiquen zu stöbern, finde ich genauso spannend wie die Schnäppchenjagd im Schlussverkauf. Und neben den neuesten technischen Gadgets nehme ich auch aus der wöchentlich neuen Welt eines beliebten Kaffeedealers allerlei Klimbim mit. Gegen Internetshopping neuer Sachen habe ich nichts einzuwenden, kaufe aber gern auch mal Vintage-Teile gebraucht. Mein Ex-Freund beklagte während unserer Beziehung oft, ich sei eBay-süchtig, denn dauernd kamen Pakete für mich an. Wenn mich jemand mitten in der Nacht geweckt hätte, um meine Lieblingsläden in Köln abzufragen, hätte ich, ohne zu zögern, meine Top Ten heruntergebetet.

Hätte ich mich weniger um das gekümmert, was ich haben wollte, und lieber meine Träume verfolgt, wer wäre ich dann heute?

Ich sehe zu dem Ordner ohne Aufschrift im Regal, in dem Gedichte und Geschichten sind, die ich vor langer Zeit geschrieben habe. Wenn etwas nahe an meinen Träumen ist, dann das.

Ich ziehe den Ordner heraus, schlage ihn auf und blättere durch die Ausdrucke und handschriftlichen Dokumente darin – es sind eine Menge Kurzgeschichten, Textfragmente und Gedichte. Teils datieren sie sehr weit zurück, manche sind noch aus dem Studium, sogar ein Schulaufsatz ist dabei. Ich erinnere mich gar nicht, *so viel* geschrieben zu haben, und es kommt mir vor, als hätte ich eine Tür aufgestoßen, hinter der eine ganz andere Anne zum Vorschein kommt. Der Bücherwurm. Das Mädchen mit den vielen Idealen. Träumerle, nannte mich meine Oma immer.

Oben ist der dicke Umschlag abgeheftet.

Ich öffne den Hefter und lasse den Inhalt des Umschlags auf den Tisch gleiten. Schwarz-Weiß-Fotos fallen raus, Notizzettel und eine Menge eng beschrifteter Seiten.

Oh. Das hatte ich ganz vergessen.

Es sind Notizen von Gesprächen mit Oma. Oft, wenn wir telefonierten und sie ins Erzählen kam, hatte ich den Eindruck, ich wüsste rein gar nichts über meine Familie. Und so löcherte ich Oma mit einer Menge Fragen – und machte mir Notizen, wofür, das wusste ich da noch gar nicht so genau. Ich hörte alles über ihr Elternhaus in Oberschlesien und den Unfall ihres Vaters mit dem Familienauto, einem Brennabor, dem ersten schicken motorisierten Wagen in der Kleinstadt. Wie sie erst Jahre später von ihrer Schwester erfuhr, dass der Vater, ein jovialer Rheinländer, wahrscheinlich wegen seiner tyrannischen Frau und einer Liaison mit dem Hausmädchen Selbstmord begangen hatte.

Die Offenheit meiner Großmutter, die trotz ihres hohen Alters über ein exzellentes Gedächtnis verfügt und sehr lebendig erzählen kann, kam mir vor wie ein riesiges Geschenk. Ich beschriftete etliche Seiten eng mit ihren Erinnerungen. So sammelte ich viele Informationen über meine Familie, und mir wurde immer klarer, dass ich all das unbedingt mal richtig in einem längeren Text festhalten wollte, sobald ich dazu Zeit hätte.

Der Moment kam nie.

Weil ich keine Zeit hatte, stopfte ich alles, was ich aufgeschrieben und über ihr Leben gesammelt hatte, einfach in diesen Umschlag, lochte ihn auf einer Seite und heftete ihn ab – zu meinen anderen unerfüllten Träumen.

Lange habe ich nicht mit ihr telefoniert. Ich muss sie unbedingt mal wieder anrufen. Ich lege die Unterlagen raus und stecke sie in eine rote Mappe, um sie zu ergänzen.

Vielleicht kann sie mir nicht dabei helfen, zu meinen Träumen zurückzufinden. Aber wenn jemand sich mit dem einfachen Leben auskennt, dann sie. Ich wähle ihre Nummer.

»Anne!«

Ich höre, wie sie sich freut. Wieso habe ich es so lange aufgeschoben, sie anzurufen?

»Oma!«, erwidere ich.

Sie lacht.

Nachdem wir ein bisschen über die Familie gesprochen haben, entscheide ich mich, sie direkt zu fragen.

»Wie bist du eigentlich als junge Frau so über die Runden gekommen?«

»Wir haben viel selbst gemacht«, meint sie. »Marmelade und Sirup hab ich eingekocht, und überall hab ich geerntet, wo ich konnte, Äpfel und Birnen vom Wegesrand, Holunderbeeren.«

»Und hast du nichts vermisst?«, will ich wissen. »Hättest du dir gerne was gekauft?«

»Ach, das hab ich mich gar nicht gefragt«, sagt sie. »Wir hatten nicht viele Wünsche. Wir haben viel selbst genäht und ausgebessert, Pullis und Socken immer gestopft. Aber die Dinge hielten auch länger.« Sie räuspert sich. »Heute ist das alles billiges Zeug, das taugt ja nix.«

Ich habe ebenfalls den Eindruck, dass Sachen nicht mehr so lange überdauern, dabei reicht meine Erinnerung längst nicht so weit zurück wie Omas.

Glenn Adamson, der am Yale Center for British Art lehrt, hat ein Buch darüber geschrieben, dass wir uns mit Dingen umgeben, von denen das einzelne uns wenig bedeutet. Und während wir uns in virtuellen Welten immer besser auskennen, sinkt unsere Fähigkeit, mit der physischen Welt umzugehen, immer weiter. Aber nur, wenn wir uns in der realen Welt auskennen, fühlen wir uns mit ihr verbunden, sagt er. Materielle Intelligenz sei wichtig, um Entscheidungen treffen zu können, wie wir leben wollten. Wir brauchen Objekte, aber nicht irgendwelche, sondern Dinge, bei deren Herstellung sich Klugheit, gutes Material und Handwerkskunst vereinigen. »Die meisten Dinge, die heute hergestellt werden«, schreibt Adamson, »sind die kostbaren Ressourcen, die Mühe, den Platz nicht wert, die wir ihnen opfern.«

Als meine Oma jung war, musste alles gut sein und lange halten, weil es nicht einfach zu ersetzen war. Und sie wusste noch, wie sie Dinge reparieren musste.

»Aber du hast dich doch auch daran gewöhnt, als dann alles so bequem und billig wurde«, sage ich.

»Ja«, meint sie. »Aber wenn ich müsste, würd ich das wohl schnell wieder lernen, wie ich mit weniger auskomme.«

Wenn meine Oma das sagt, die stark auf die Hundert zugeht, warum sollte mir das dann nicht auch gelingen? Nicht weil ich muss, sondern weil ich will. Vielleicht macht es mich sogar freier, weil ich auf das ganze Konsumspiel verzichten kann, bei dem der Würfel entscheidet, was ich kaufe.

Am liebsten wäre mir, wenn alle Dinge, die ich habe, im Sinne Adamsons wirklich *gut* sind.

So gut, dass sie mir richtig und lange gefallen.

Dass sie mir auf die beste Weise nützen.

Dass sie die Chance haben, mich zu überleben.

Sie sollten so haltbar sein wie irgend möglich. Ich will keine Sachen mehr haben, die ich nicht benutze. Und auch keine, die auseinanderfallen, wenn ich sie nur scharf angucke. Ich möchte weniger und bessere Dinge haben. Sie sollen zweckmäßig sein, dauerhaft und schön.

Plötzlich bin ich froh über die Kündigung. Nur durch sie wurde ich überhaupt in die Lage versetzt, mir solche Gedanken zu machen. Statt immer nur mithalten zu wollen und eingeflüsterten Wünschen zu folgen, entscheide ich endlich so, wie es sich für mich stimmig anfühlt. Ob das im nächsten Jahr so bleibt?

Wie du das material girl vor die Tür setzt – alte Gewohnheiten loswerden, Platz schaffen für das, was zählt

Der Weg ist leichter, wenn du weißt, wo du hinwillst. Warum möchtest du ausmisten? Was ist dein Ziel? Hast du einen Traum, für den du besser auf kleinem Fuß lebst, um ihn dir zu erfüllen? Möchtest du Geld sparen oder einfach mehr Überblick in deiner Bude? Wenn du das im Blick behältst, dann geht es beim Minimalismus nicht um Verzicht. Sondern um dein Leben.

Zeit haben ist eine Entscheidung. Wir verbringen durchschnittlich acht Stunden die Woche mit Putzen, viel mehr noch mit elektronischer Ablenkung – wie viel, lässt sich aber mit Apps wie

Bildschirmzeit auf iOs oder *Digital Wellbeing* bei Android, beides in den Einstellungen – messen. Wenn du deine digitalen Zeitfresser minimalisierst, hast du plötzlich mehr Zeit für dich. Und so ist es mit allem: Schau genau, was dich abhält, Zeit für das zu finden, was dir wichtig ist. Und entscheide, ob das, was dich abhält, wichtiger ist.

Egal wo, fang einfach an. Jede Ecke ist eine gute Ecke, um mit dem Aufräumen und Ausmisten zu beginnen. Und wenn es dir guttut, fällt dir bestimmt gleich der nächste Einsatzort für deine Sachenschlankheitskur ein.

Think! Eine Liste zu machen, was du gerne aufräumen oder ändern möchtest, kann dir helfen, dich zu fokussieren und die Sache auch wirklich anzugehen.

Ordnung ist nicht alles. Und schon gar nicht das halbe Leben. Schaffe lieber klare Verhältnisse und entledige dich der Dinge, die du nicht brauchst. Wenn du alles in hübsche kleine Boxen ordnest und es dann in hübsche größere Boxen verstaust, die wiederum in hübsche noch größere Boxen kommen, dann mag das ordentlich wirken – aber du findest trotzdem nichts. Und der Prötel bleibt.

Was du heute kannst entsorgen, das verschiebe nicht auf morgen. Erledige kleine Dinge, die nur wenige Minuten dauern, umgehend. Weise Sachen einen festen Platz zu und lege sie immer an diesen zurück. Öffne Briefe sofort und sortiere sie nach Kategorien. Lege nur Unterlagen beiseite, die mehr Zeit kosten, und hefte alles andere sofort ab.

Viel hilft nicht viel. Mach dir lieber bewusst, was du wirklich benutzt. Meist hat man viel mehr Handtücher, Tassen, Tomatenmesser, als man jemals wirklich in die Hand nimmt. Es hilft auch, wenn du die Dinge, die du während eines Monats aus deinen Schränken geholt hast, um sie zu benutzen, einfach mal in einer Kiste sammelst. Mehr brauchst du meist nicht. Was im Schrank bleibt, vor allem das, was ganz hinten steht, kann gespendet werden. Es gibt da draußen Menschen, die sich drüber freuen.

Kauf nicht ein, als würde morgen die Welt untergehen. Von Badezimmerutensilien bis zu Nahrungsmitteln – Sonderangebote und Aktionen sind tückisch und verstopfen deinen Lebensraum mit Sachen, die du irgendwann in ferner Zukunft brauchst, wenn überhaupt. Falls die Welt wirklich untergeht, also im möglichen Katastrophenfall, brauchst du vielleicht tatsächlich einen Vorrat. Wenn du dich dafür wappnen willst, dann besser mit Plan, etwa auf www.smarticular.net – weil Lebensmittel sonst auch ablaufen, wenn du keinen Überblick hast.

Vertrau auf deine Fantasie. Stell dir das, was du gerade unbedingt kaufen willst, in deiner Wohnung vor. Wann benutzt du es und wie? Brauchst du es wirklich?

Brand new toy? Wenn etwas Neues dazukommt, verschenke etwas Altes. So wächst dein Krempel nicht wieder an. Und wenn du etwas gekauft hast, überprüfe nach einer festgelegten Zeit, ob du es wirklich verwendet hast. Wenn nicht, dann trenn dich wieder davon.

Traue keinem, lerne von jedem. Nimm Tipps als das, was sie sind. Weil etwas für jemand anderen funktioniert hat, muss es nicht bedeuten, dass es dir genauso geht.

Gib dir Zeit. Das mit dem Reduzieren klappt nicht von einem auf den anderen Tag. Entspann dich. Regelmäßig ein bisschen was zu tun bringt dich ebenso ans Ziel.

Das ham wir uns verdient! Mit weniger Sachen und einem nachhaltigen Lebensstil brauchst du zwangsläufig weniger Geld. Gönn dir was – und zwar Zeit. Vielleicht kannst du mit deinem Arbeitgeber ein Sabbatical aushandeln oder etwas tun, das du schon lange vorhattest: die Tangoprobestunde in der Bar um die Ecke, eine Baumwipfeltour, Muße, um mit jemandem zu reden, der dir am Herzen liegt, einen Fotospaziergang durchs Nachbarviertel, ein Essen, zu dem du deine besten Freunde einlädst – etwas, von dem du bisher nur im Konjunktiv gesprochen hast. Mehr sein statt haben!

Mehr leben,
weniger placken

Sinn des Lebens: etwas, das keiner genau weiß.
Jedenfalls hat es wenig Sinn,
der reichste Mann auf dem Friedhof zu sein.

Sir Peter Ustinov

Die Tür fällt hinter mir ins Schloss.

Ich mache das Licht im Flur an, kicke die Schuhe weg. Hänge die Handtasche an die Garderobe. Ins Bad, aufs Klo, Händewaschen.

Draußen ist es schon stockduster, obwohl es erst halb neun ist. Ich muss unbedingt mit jemandem über das Vorstellungsgespräch reden, denn ich weiß nicht, was ich machen soll.

Dirk? Eher nicht – wer weiß, ob ihm das recht ist, wenn ich nach München ziehe. Im schlimmsten Fall hätte ich nicht nur das Problem, ob ich den Job annehmen soll, sondern würde auch noch eine Beziehungsdiskussion lostreten. Außerdem hat es seit meiner Rückkehr schon ein paarmal ordentlich im Getriebe geknirscht, so wie an dem Morgen, als er sich über meine Kaffeepresse beschwert und sich über mein Aufräumen lustig gemacht hat.

Lieber probiere ich es bei Stefan, denn der kennt nicht nur die Verlagsbranche ebenso gut wie ich, er kennt auch mich manchmal besser als ich mich selbst.

Als ich seine Nummer wähle, tutet es lang und ausgiebig.

Gerade als ich auflegen will, geht Stefan endlich ans Telefon. »Wasn los?«

»Warst du schon im Bett?« Seit mein Lieblingskollege Vater ist, geht er abends früher schlafen.

»Bin aufm Sofa eingepennt.« Er gähnt vernehmlich. »Das Kind war heute schon so früh an. Wie war dein Vorstellungsgespräch, was sagen die Kollegen in München?«

»Ich glaube, die wollen mich.« Ich höre selbst, dass ich dabei nicht so begeistert klinge wie jemand, der den Job wirklich will. »Der Chef hat mich allen wichtigen Leuten gleich als künftige neue Programmleiterin vorgestellt.«

»Oh.« Stefan macht eine Pause, und ich ahne, dass er jetzt genau überlegt, was er mir sagen soll. »Und wie findest du das?«

Seine Frage ist genau die richtige Reaktion.

»Weiß nicht.«

Nach der Anstrengung der Reise, der Anspannung im Gespräch und mit dem Gefühl, dass er das Beste für mich will, kommen mir die Tränen.

Ich muss schlucken, bevor ich antworte. »Nicht so gut.«

Wir sprechen ein wenig darüber, was für den Job spricht, dann gestehe ich ihm, dass ich nicht wieder ins Hamsterrad zurückwill. Und nicht weiß, ob das nur so ein Gefühl ist. Und dass ich keine Ahnung habe, was ich sonst machen soll, wenn ich den Job nicht annehme. Dass ich Angst habe, ich käme nicht über die Runden, wenn ich mich selbstständig mache. Und dann fange ich richtig zu heulen an. Weil ich gar nicht genau weiß, warum mich das alles so fertigmacht.

Stefan räuspert sich, um mich sanft zu unterbrechen. »Was ist Regel Nummer eins?«

Kenne ich, wir sind oft genug zusammen Segeln gewesen, da hat er mir jedes Mal die Regeln für das Verhalten im Notfall vorgebetet.

»Ruhe bewahren«, sage ich kläglich.

»Okay«, meint er. »Schlaf 'ne Nacht drüber. Und morgen reden wir noch mal.«

Ein wenig besser fühle ich mich schon, als ich auflege. Morgen sieht sicher alles ganz anders aus, und mit klarem Kopf kann ich besser entscheiden.

Natürlich weiß ich, dass ich am ehesten zur Ruhe komme, wenn ich jetzt einen Kräutertee trinke und danach einfach ins Bett gehe. Das ist die vernünftige Variante, die erwachsene. Aber ich bin wie ein störrisches kleines Kind, das aufbleiben will, obwohl ihm schon die Augen zufallen. Ich mache in der Küche Festbeleuchtung an, schnappe mir eine Dose Bohnen und Mais, außerdem Tomatensoße, Oliven und Seitan, um ein Chili zu kochen – *comfort food*. Und oh, da sind noch eingelegte Tomaten und Hafersahne, die sind zwar nicht unbedingt notwendig, schmecken aber gut. Der Topf füllt sich wie ohne mein Zutun mit hochkalorischen Zutaten, bald sieht es so aus, als würde ich Chili für eine Kompanie der Bundeswehr kochen.

Und, ähm … was noch. Schokopudding als Nachtisch. Und Chips. Und Gummibärchen. Ich habe das Gefühl, ich müsste ein bodenloses Loch in mir stopfen, statt nur meinen Hunger zu stillen. Ich kenne diese Laune, sie überfällt mich immer dann, wenn ich bis ins Mark unzufrieden mit mir und dem Leben bin.

Während das Chili vor sich hin köchelt, mache ich den Streamingsender an. Meine neue Suchtserie ist *Grace und Frankie*, und ich lasse sie laufen, während ich in der Tomatensoße rühre und zwischen Wohnzimmer und Küche hin und her laufe. Schließlich steht alles auf dem Tisch.

Während Grace und Frankie damit ringen, wie sie sich im fortgeschrittenen Alter von siebzig plus ein neues Leben aufbauen, weil ihre Männer ihnen nach vierzigjähriger Ehe offenbart haben, dass sie schwul sind und fortan zusammenleben wollen, mampfe ich mein Chili. Ich esse mehr, als gut für mich ist, bis ich pappsatt bin, und dann esse ich noch ein bisschen weiter. Währenddessen bekommen die älteren Damen immer alle Probleme auf die Reihe, Frankie mit den seltsamsten schamanischen Ritualen und Grace, indem sie alle paar Minuten Martini ext, als wäre es Vitaminsaft. Unterdessen sackt das Chili in meinem

Bauch immer tiefer, ich fühle mich schwer und kann mich kaum rühren. Das flackernde Licht des Bildschirms macht mich zusätzlich matt.

Ich will die Beine auf die Couch ziehen, aber weil mein Bauch so spannt, lege ich sie doch lieber auf einem Hocker ab. Schnell ist meine Wolldecke voller Krümel von den Chips, ein paar Schokoflecken hat sie auch. Irgendwann fühle ich mich wie Mr. Creosote aus *Der Sinn des Lebens* – wenn ich noch ein Minzplätzchen esse, platze ich.

Nebenbei schaue ich auf dem Handy in meine Social-Media-Kanäle. Kurz muss ich die Serie zurückspulen, weil ich die letzte halbe Stunde verpasst habe, aber ich gucke immer weiter, viel länger, als gut für mich ist. Meine Augen werden schon trocken, ich blinzle. Schließlich zeigt die Uhr halb eins, und ich stelle die Serie mittendrin aus, weil das leichter ist, als die Folge zu Ende zu schauen, denn jedes Ende ist ein neuer Anfang.

Mühsam hieve ich mich von der Couch hoch. Schlecht ist mir zwar nicht, aber ich fühle mich unwohl. Ob ich gleich gut schlafen kann, mit all dem Essen in meinem Bauch? Hätte ich doch Stefans Rat befolgt und wäre sofort ins Bett gegangen.

Ich drücke etwas Zahnpasta auf die Bürste und beginne zu putzen. Soll ich den Job jetzt annehmen oder nicht? Um das Gedankenkarussell nicht wieder in Gang zu setzen, putze ich einfach energischer weiter. Ziehe mit fahrigen Händen meinen Schlafanzug an, lasse mich ins Bett sinken und lösche das Licht mit einem Schlag auf den Schalter.

Obwohl mir eine bleierne Müdigkeit in den Knochen steckt, rumort das schwere Essen im Bauch, und mein Kopf ist hellwach. Nachdem die Minuten in der Dunkelheit zäh dahingeflossen sind, zieht mich dann doch der Schlaf in einen dunklen Strudel. Ich irre durch enge Traumgänge, in denen Tausende kleine Flitterflocken mir die Sicht nehmen, da und dort brennen Scheinwerfer, und wenn ich an einem vorbeikomme, werde ich jedes Mal geblendet. Ich umschließe einen Stapel Arbeitsunterlagen fest mit beiden Armen vor der Brust wie einen Schild. Da muss irgendwo der Konferenzraum sein, da hinten, wo die Blitzlichter aufleuchten.

Alle paar Meter hält mich ein Hamster im Anzug an und stellt mir eine Frage. In welchem Katalog findet sich das Buch mit dem Teddybären im karierten Sakko? Welche Cornflakessorte eignet sich als Marketingtool? Haben Sie Herrn Rossi schon gefragt, ob er die große Verlagsgala auf der Dachterrasse mit seinem Hund Gaston moderiert?

Jede Frage beantworte ich gewissenhaft, und mit jeder Antwort klopft mein Herz schneller. Du meine Güte, ich bin spät dran, wissen das die Hamster denn nicht? Die große Konferenz, das wichtigste Event des Jahres, hat schon angefangen, und ich laufe noch durch die Gegend und beantworte Fragen!

Endlich bin ich am Ende des Ganges angelangt, die Tür zum Konferenzraum ist einen Spaltbreit offen, es stehen mehrere Personen davor, weil es nicht für alle einen Platz gibt. Meine Unterlagen an mich gepresst, dränge ich mich möglichst unauffällig zwischen den Wartenden durch. Ich hoffe, jemand hat mir was freigehalten.

Die wichtigen Leute sitzen an einem runden Küchentisch, darum herum gibt es eine weitere Runde Tische, dann wieder eine, und so fort – die Konferenz ist in konzentrischen Kreisen angeordnet. Und ich finde meinen Stuhl nicht!

Schließlich winkt mir eine Kollegin aus einem der inneren Kreise. Ich krieche unter den Tischen hindurch, dann schließlich, endlich bin ich da. Und auch schon dran.

»Und was haben Sie uns mitgebracht, Frau Weiss?«, fragt mich der Vorsitzende, ein besonders hektischer Hamster.

Ich lege meine Notizen und Unterlagen vor mir auf den Tisch und schlage die erste Seite auf. Sie ist leer!

Die zweite – leer!

Und die dritte!

Von dem, was ich mitgebracht habe, ist nichts mehr da. Alle

Blicke ruhen auf mir. Was mache ich nur? An der Seite bringen sich schon zwei Sicherheitshamster in dunklen Uniformen in Stellung. Wenn mir nicht schnell ein Ausweg einfällt, dann …

Ich schrecke hoch, starre mit offenen Augen in die Dunkelheit. Mein Herz klopft, mein Bauch gluckert. Um mich zu beruhigen, stehe ich auf und hole mir ein Glas Wasser. Wenn es stimmt, was Carl Gustav Jung behauptet, dann hat mir der Traum einen Spiegel vorgehalten. Die emsigen Hamster, die Suche nach meinem Platz und vor allem die Angst zu versagen – all das ist ein Bild meiner Erfahrungen, vergangener Erlebnisse und meiner aktuellen Lebenssituation.

Soll ich den Job annehmen? Weil ich nicht einschlafen kann, beschließe ich, schon mal im Kopf eine Pro-und-Kontra-Liste zu machen. Wie Schäfchen zähle ich die Dinge, die für den Job sprechen.

Schäfchen eins. Die tollen neuen Kolleginnen und Kollegen, die Buchwelt ist voll von ihnen.

Schäfchen zwei. Meine Leidenschaft fürs Lesen – Bücher sind der schönste Zeitvertreib und die beste Art, ein Thema zu vermitteln, die ich mir vorstellen kann.

Schäfchen drei. Der kreative Prozess – das Arbeiten am Exposé und Entwickeln von Ideen machen mir Spaß.

Schäfchen vier. Ein frisch gedrucktes Buch in der Hand zu halten, das ich mit viel Herzblut betreut habe, ist ein sehr befriedigendes Gefühl.

Schäfchen fünf. In der Branche kennen mich inzwischen viele – Kontakte, die ich wahrscheinlich verliere, wenn ich nicht mehr im Verlag arbeite.

Schäfchen sechs. Die finanzielle Sicherheit – ich müsste mir keine Sorgen machen, wie ich meine Rechnungen bezahle. Und dadurch, dass es eine Leitungsposition ist, habe ich sogar noch ein größeres Polster.

Als ich das halbe Dutzend voll habe, beginnen die Schäfchen sich zu sträuben, es will keins mehr über den Zaun in meinem

Kopf springen. Mehr von ihnen zusammenzutreiben wird schwer. Und je schwerer es mir fällt, desto müder werde ich. Und bevor ich überlegen kann, was auf der Kontra-Seite steht, schlafe ich schließlich ein.

Als ich am Morgen aufwache, sind der Abend zuvor und der wilde Traum verblasst. Wovor habe ich mich eigentlich so gefürchtet? Das ist genau der Job, auf den ich seit dem Studium hingearbeitet habe. Programmleiterin, was für ein Erfolg! Mehr Geld, mehr Anerkennung, mehr Einfluss. Ich müsste mich tierisch freuen.

Bisher habe ich ja auch immer eine rationale Entscheidung getroffen, was meine berufliche Entwicklung anging. Ich will jetzt noch mal mit klarem Kopf eine Pro-und-Kontra-Liste machen und springe direkt aus dem Bett.

Vor mir in der Tasse auf dem Tisch dampft der Kaffee, ich ziehe die Beine an, greife zu Block und Stift. Bald stehen sehr viele Gründe auf der Pro-Seite – »regelmäßiges Gehalt«, »Karrierechance« und »spannender Job« stehen ganz oben. Und nur drei bei Kontra: »München«, »Stress« und »wenig Zeit zum Schreiben«.

Schon oft bin ich dem Job hinterhergezogen, und meist hat es mir dann in der Stadt doch ganz gut gefallen. Natürlich steht im Raum, dass ich mit Dirk eine Fernbeziehung hätte. Auf der neuen Position verdiene ich allerdings mehr, könnte mir die Reiserei also leisten. Und er ist als Berater ja auch nicht sesshaft, sondern dauernd für mehrere Wochen unterwegs, ohne dass das jemals Thema zwischen uns gewesen wäre. Ich streiche München von der Liste.

Habe ich nicht auch Einfluss darauf, ob ich mir Stress mache? Vielleicht hat der Minimalismus schon jetzt dazu geführt, dass ich mich besser fokussieren kann. Mit klarerem Blick kriege ich den neuen Job bestimmt auch einfacher gebügelt, weil ich mich nicht mehr verzettele. Ich klammere Stress ein.

Und das mit dem Schreiben hat doch bisher auch funktioniert. Vielleicht kann ich notfalls noch mal über meine Arbeitszeit verhandeln?

Ich rufe Stefan an.

»Na siehste, dann ist doch alles klar«, sagt er, nachdem ich ihm meine fertige Überlegung präsentiert habe. »Glückwunsch zum neuen Job. Auch wenn die Menschen von Köln dich vermissen werden.«

Ich weiß, dass zumindest wir beide uns nicht aus den Augen verlieren werden, dazu sind wir inzwischen zu gut befreundet. Es wird dann zwar etwas schwieriger, sich mit ihm zwecks Ideenfindung für ein neues Buchprojekt zusammenzusetzen, aber zur Not gibt es ja Skype, und München ist in etwas über vier Stunden mit dem Zug erreichbar, das ist schneller als mit dem Auto.

Brauche ich für den Job als Programmleiterin nicht auch die entsprechende Einrichtung und schicke Klamotten? Vielleicht will ich meine neuen Kollegen mal zu mir einladen – oder in meiner neuen Wohnung mit einer Autorin ihr Manuskript besprechen? Ich merke sofort, dass ich unwillig bin, meine neu gewonnene Sachenlosigkeit aufzugeben. Es fühlt sich inzwischen so gut an, Überflüssiges loszuwerden, dass ich unbedingt damit weitermachen möchte – egal, ob ich nun einen neuen Job habe.

Aber ich muss zurück ins System, zurück in die Reihe. In meinem Lebenslauf steht schwarz auf weiß geschrieben, wie viel Mühe mein Werdegang mich gekostet hat. Konsumverzicht und Minimalismus hin oder her, es gibt immerhin gewisse finanzielle Verbindlichkeiten: Miete, Nebenkosten, Sozialversicherung, Telefon, Essen, um nur mal die existenziellen zu nennen. Ich habe Angst, nicht über die Runden zu kommen, wenn ich mein Leben grundlegend verändere. Eine Freundin, die ihrer Passion folgt, tingelt als Kleinkünstlerin durch die Lande. Geld hat sie nie, und sie wohnt in einer zehn Quadratmeter großen Souterrain-Wohnung. Ständig muss sie alles bis auf den Cent ausrechnen. Ich bewundere sie für die Art, wie sie lebt, aber möchte ich an ihrer Stelle sein?

Nicht wirklich, ehrlich gesagt.

Natürlich wäre ich gerne selbstständig, als Redakteurin, Übersetzerin, Autorin. Träumt insgeheim nicht jeder Mensch davon? Selbst über seine Zeit zu bestimmen, arbeiten zu können, wo immer man will, niemandem gegenüber Rechenschaft ablegen zu müssen außer sich selbst. Ich würde nicht mehr für den Papierkorb arbeiten, sondern nur noch tun, was ich für sinnvoll halte. Ich wäre auf einen Schlag die Konferenzen los, die mir noch nie Spaß gemacht haben. Müsste nicht mehr den Trends hinterherhecheln, nicht mehr ständig neue Bücher produzieren, obwohl sich die Tische in den Buchhandlungen schon biegen.

Mir gefällt die Idee des Ökonomen Niko Paech – er findet ein Wirtschaftssystem sinnvoll, das nicht mehr auf Wachstum baut. In dem müssten wir nur noch die Hälfte arbeiten. Nicht, wie bei den berufstätigen Müttern, die ich kenne, die in der Hälfte der Zeit meist das Pensum einer ganzen Stelle schaffen. Es geht nur, so Paech, wenn die Industrieproduktion zurückgefahren und die Arbeitszeit umverteilt wird. Und wenn jeder und jede Einzelne von uns unseren Hunger nach dem schnellen Konsum eindämmen. Wenn wir wieder anfangen, die Dinge so schätzen zu lernen, dass wir sie reparieren, statt sie wegzuwerfen. Wenn wir bewusst reisen und Nahziele erkunden, statt um die Welt zu jetten. Wenn wir Sachen öfter gemeinschaftlich nutzen und das, was wir brauchen, teils selbst erzeugen. »Die Zeit hätten wir dann«, sagte Paech einmal bei *Deutsche Welle,* »weil wir nicht mehr im Hamsterrad stecken. Zeit ist die wichtigste und knappste Ressource, über die ein Mensch verfügt. Wenn Menschen nur noch zwanzig Stunden arbeiten, haben sie genau die Zeit, die zur Selbstversorgung in lokalen Netzwerken nötig ist.«

Mehr Zeit haben, selbstbestimmter leben, das klingt toll – aber die Welt ist nicht so. Und mir fehlt schlicht und ergreifend der Mut, einfach auszusteigen. Würde ich mich wohler fühlen, wenn ich selbstständig wäre? In der Zeit im Verlag habe ich mich immer schon gefragt, wie die freien Textredakteurinnen und

Übersetzer mit ihrer Situation klarkommen. Bin ich der Typ dafür, ständig Aufträge zu suchen, mein Honorar zu verhandeln, den ganzen Papierkram selbst zu erledigen? Wer so etwas wagt, muss sich doch wirklich sicher sein.

Mir fällt eine Bekannte ein, die ihren Job in der Marketingabteilung einer großen Handelsfirma gekündigt hat, um ein Jahr lang mit ihrem Freund um die Welt zu reisen. Eine Weile arbeitete sie danach als freie Grafikdesignerin, hatte aber Probleme, sich die Zeit richtig einzuteilen, und brauchte für die Aufträge zu lange, sodass sie sich nicht über Wasser halten konnte. Inzwischen hat sie wieder in einem Unternehmen angeheuert und ist unglücklicher als je zuvor, weil sie nun wiederum mit den festen Zeiten und den Abläufen nicht mehr zurechtkommt. Es ist, als hätte sie verlernt, im System zu leben.

Was, wenn es mir genauso geht? Wenn ich mir als Selbstständige bei einer Auftragsflaute meine Wohnung nicht mehr leisten kann? Bin ich flexibel genug, um dann eine Lösung zu finden? Könnte ich wieder so bescheiden leben wie zu Studienzeiten, wenn ich müsste?

Die einfache Lösung ist der neue Job. Um letzte Zweifel auszuräumen, funke ich meine ehemalige Kollegin Jenny an und frage sie, ob sie Zeit hat für einen Abend in unserer Lieblings-Tapasbar. Wir haben eine Zeit lang zusammen im Büro gesessen, und es ist sicher gut, noch ein paar Branchennews von ihr zu erfahren, bevor ich dem Münchner Verlag zusage. Sie schreibt, dass sie mich sehr gern trifft und auch Neuigkeiten hat.

Der Tag vergeht damit, dass ich in der Küche mein Arsenal an Nahrungsergänzungsmitteln sortiere. Eine ganze Schublade voll habe ich – von Magnesium über Eisenpräparate, Johanniskraut und Baldriandragees bis hin zu Augenvitaminen, was auch immer das sein soll, Kieselerde für Haut, Haare und Nägel. Ich wundere mich über mich selbst.

Warum hatte ich ein solches Gefühl von Vitamindefizit? Ich kann es mir nur so erklären, dass ich in dem ganzen Stress keinen Überblick behalten habe, wie ich mich richtig ernähre. Mich darauf zu verlassen, dass ich mitbekomme, wenn mir etwas fehlt, kam mir lebensmüde vor, ich hatte ja leider keine Zeit, richtig auf meinen Körper zu hören. Und da ich stets zwischendurch, unregelmäßig und ungesund aß, hatte ich vor dem Regal mit den Zusatzprodukten im Drogeriemarkt immer das Gefühl, zuschlagen zu müssen, als sei mein Körper ein Entwicklungsland, das nur mit Care-Paketen aus der Blisterverpackung zu retten war.

Was nicht zu giftig oder abgelaufen wirkt, lege ich raus, um es nach und nach aufzubrauchen. Selbst die letzte Calcium-Brausetablette löse ich noch in Wasser auf, auch wenn ich mich etwas davor ekele, die Chemiebrühe zu trinken. Nachkaufen werde ich so was nicht – die Dinger sind in einem Plastikröhrchen verpackt, und auf Plastik möchte ich ja zukünftig so weit wie möglich verzichten. Außerdem werde ich in meinem neuen Job endlich darauf achten, dass ich alle Vitamine und Mineralstoffe über gesunde Nahrung aufnehme, mehr Sport treibe und so oft wie möglich draußen bin – München soll doch so ein schönes Umland haben.

Als es draußen schummrig geworden ist, nehme ich die Straßenbahn zum Verlag, um die Kollegin abzuholen. Wie wird es sich anfühlen, wenn ich ihr erzähle, dass ich bald Programmleiterin bin? Zum ersten Mal haste ich meinen alten Arbeitsweg nicht entlang, ich gehe gemessenen Schrittes.

Im Foyer muss ich einige Minuten warten, bis die Kollegin kommt, und ich plaudere ein wenig mit der Empfangsdame, die ich gerne mag, während die Ex-Kollegen und auch mein ehemaliger Chef auf dem Heimweg an mir vorbeidefilieren. Weil ich ja einen neuen Job antreten werde, beantworte ich die kurzen Fragen, wie es mir geht, gut gelaunt.

»Mensch, Anne!« Jenny kommt die letzten paar Schritte auf mich zugelaufen und umarmt mich zur Begrüßung. »Wie geht's dir?«

»Super.« Ich hake sie unter. »Ich muss dir unbedingt was erzählen.«

»Wart mal eben«, sagt sie und löst sich von mir, holt dann ihr Smartphone heraus und tippt drauf rum. »Ich guck noch mal kurz in meine Mails, hab grad ein *Preempt* abgegeben und warte, was die Agentur sagt.«

Preempt, das ist Fachchinesisch, es bezeichnet ein zeitlich befristetes Vorabangebot für eine Buchlizenz. Ich weiß genau, wie aufregend so was sein kann. Der Literaturagent hat noch nicht geantwortet, und Jenny erzählt mir kurz, warum sie das Buch so dringend haben will – es passt genau in eine Reihe, die bei uns, nein, bei *denen,* bei meinem Ex-Arbeitgeber, so richtig gut läuft. Wenig später sind wir durch die Drehtür, und sie atmet sichtlich auf.

»Der totale Wahnsinn heute«, meint sie dann. »Endlose Marketingkonferenz, sofort danach Autorinnenbesuch, dann der Hersteller, der nach dem satzfertigen Manuskript eines Midlist-Titels fragt, den ich einfach noch nicht kollationieren konnte, das volle Programm. Ich weiß gar nicht, wo mir der Kopf steht. Jetzt brauch ich erst mal ein gutes Glas Wein.«

Auf dem Weg zu der Tapasbar spricht sie fast ausschließlich über Projekte und stöhnt über den »Workload« auf ihrem Schreibtisch und die »Manpower«, die eigentlich gebraucht würde, damit die Arbeit nicht über ihr zusammenschlägt. Und sie guckt ständig auf ihr Handy, weil sie wissen möchte, ob der Literaturagent, der vermutlich längst im Feierabend ist, noch geantwortet hat.

Während ich neben ihr hergehe, überlege ich krampfhaft, an wen sie mich erinnert, aber ich komm einfach nicht drauf.

Als wir schließlich im Lokal an unserem reservierten Tisch sitzen, erkundige ich mich, was ihre großen Neuigkeiten sind, in der Hoffnung, dass sie nach meinen fragt. Sie schwärmt mir davon vor, dass der Titel ihrer neuen Autorin von allen, die die Leseprobe gelesen haben, so gelobt worden ist, dass das Buch im nächsten Programm zum Spitzentitel wird und sein Cover die erste Seite des Verlagskatalogs ziert.

»Sechs Seiten in der Vorschau, sechs Seiten!« Jenny strahlt. »Das wird der neue Bestseller!«

Sie erzählt, dass der Erscheinungstermin vorgezogen wurde und wie viele Stunden sie an dem Manuskript gearbeitet hat, weil der Text, den diese Dame – natürlich viel zu spät – abgegeben hatte, grammatikalisch wie stilistisch ein Trümmerfeld war. Natürlich hat Jenny das alles in ihrer Freizeit gemacht. Ich versuche mich gebührend mit ihr zu freuen, obwohl mir fast die *patatas bravas* aus dem Gesicht fallen, als sie von ihrer Textarbeit erzählt. Es führt mir vor Augen, wie sehr auch ich mich in dem Job abgerackert habe und wie viele Stunden meiner Freizeit allein wegen des Termindrucks draufgingen, der entstand, ganz ohne dass ich einen Einfluss darauf gehabt hätte – wegen zu spät abgegebener Manuskripte, vorgezogener Erscheinungstermine und Texten, die wie Kraut und Rüben waren und größere Umbauarbeiten erforderten. Es steht zu vermuten, dass das auch im neuen Job so sein wird. Und dass ich ganz und gar nichts daran ändern kann, weil ich es nicht in der Hand habe.

»Noch die Fortbildung nächstes Wochenende zum Thema Projektmanagement, dann bin ich echt urlaubsreif«, sagt Jenny. »Freu mich schon auf Bali – Meditationsretreat. Eine Woche lang nur Sonne, Strand und: Om!« Sie checkt erneut ihr Handy. »Immer noch nix. Echt unverschämt.« Sie lächelt schief, dann erzählt sie mir von ihrem neuen Pilateskurs, der bestimmt total gut für die Fitness ist. Wenn sie nur hinginge – ständig halten sie irgendwelche Projekte davon ab, pünktlich Feierabend zu machen.

Es ist sehr schwer, in dem Job eine Balance zwischen Arbeit und Freizeit herzustellen – vor allem, wenn alles perfekt laufen soll. Und halbe Sachen machen mich unzufrieden, das weiß ich aus Erfahrung. Im oberen Fach des Kleiderschranks lagern viele Dinge, die ich gekauft habe, um den Stress auszugleichen: eine bunte Auswahl an Yogaklamotten. Ein Meditationskissen. Neue Hallensportschuhe. Sogar ein E-Schlagzeug stellte ich mir in die Wohnung, weil ich irgendwo gelesen hatte, dass es gut für die Konzentration sei, Kopf und Extremitäten gleichzeitig zu beschäftigen. Klar hatte mir das Spielen auch Spaß gemacht, aber letztlich war es eins meiner vielen Selbstoptimierungstools, so wie die Ernährungsratgeber und die Sprachlernsoftware, wie die CD, um im Schlaf meine innere Stärke zu trainieren, und die Apps, um mein Zeitmanagement finezutunen, oder wie die Kiste mit Ölmalfarben, Kreide und Bastelutensilien zum Ankurbeln meiner Kreativität.

Ich hatte versucht, aus mir einen anderen Menschen zu machen, einen, der interessierter war, offener, kreativer, fitter – und regelmäßig war die Stresswelle wieder über mir zusammengeschlagen, also ließ ich es sein. Rollte die Yogamatte zusammen. Räumte die Malstifte in die hinterste Ecke des Rollschränkchens. Gab das Schlagzeug weg. Denn der Anspruch an mich selbst, auch »was für mich zu tun«, hatte mich nur zusätzlich gestresst und unzufrieden gemacht.

Und auf einmal weiß ich, an wen mich die Kollegin erinnert.

An mich selbst. Die Übereifrigkeit, die Angestrengtheit, die Unaufmerksamkeit. Die Konferenz, die nahtlos in einen Termin übergeht. Das Checken des Terminkalenders in der Pause, die Nachfragen aus anderen Abteilungen, wenn Manuskripte oder Marketingtexte noch nicht fertig waren. Das Handyzücken, um noch kurz eine E-Mail zu beantworten. Der Belohnungswein für einen anstrengenden Tag. Die teuren Urlaube und teuren Klamotten, das teure Hobbyequipment. Wenn mich all das nicht glücklich machte, lag es wohl an mir selbst. Ich musste mich mehr anstrengen.

Ich denke an meinen verlorenen Arbeitsplatz zurück. An die Packung Koffeintabletten in der Schreibtischschublade. Daran, dass ich dem Nachtportier so regelmäßig begegnet bin, dass er mir das Du angeboten hat. Daran, dass ich den letzten Geburtstag meines Patenkindes verpasst habe, weil ich mit einem megawichtigen Manuskript fertig werden musste. So wie den vorletzten.

Ich erinnere mich an Abende, an denen ich mir den Kopf darüber zermarterte, was ich tagsüber vergessen hatte zu erledigen, wenn ich abends im Bus nach Hause saß. Wie genervt mein Freund oft vom Klagelied des Ungenügens war, das ich allabendlich auf mein Tagwerk sang.

Es gab Zeiten, da trank ich tatsächlich fast jeden Tag abends zur Entspannung ein oder zwei Gläser Wein. Ich schlief schlecht. Ich hatte keine Lust auszugehen, war permanent erschöpft und müde. Ich sah nichts mehr außer der Arbeit. Und kämpfte mich durch die Tage, Wochen, Konferenzen, Messen.

Ein Totalausfall war mir zwar erspart geblieben, aber möglicherweise war ich nur knapp am Burn-out vorbeigesegelt. Mir schwant auf einmal, warum mein Freund irgendwann einen Ausweg suchte. Es hatte sich ja alles immer nur um meine Arbeit gedreht und darum, den Stress wieder loszuwerden. Darum, dass der Berg an Manuskripten niemals abnahm, egal, wie viel ich las. Für die Vorbereitung auf eine Konferenz brauchte ich immer genau so viel Zeit, wie ich maximal hatte – und mindestens eine halbe Stunde mehr. An jedem einzelnen Tag im Jahr plagte mich das schlechte Gewissen, so viele Dinge nicht erledigt zu haben. Nie fuhr ich mit einem guten Gefühl in den Urlaub, telefonierte auch in der Freizeit mit Autorinnen und Autoren, um an ihren Werken zu arbeiten. Selbst als ich einmal einen Autounfall hatte, war mein erster Gedanke nach dem Aufwachen im Krankenhaus der an die aktuellen Manuskriptabgaben.

Hochgefühle erlebte ich nicht am Wochenende, sondern wenn ich Manuskriptauktionen, Vorträge und Programmtagungen hinter mir hatte. Sie hielten maximal eine Minute an. Bis mir nämlich einfiel, was ich noch hätte sagen können, um die Bücher, die ich betreute, in ein besseres Licht zu rücken.

Es war kräftezehrend, niemals wirklich Leerlauf und Zeit zur

Erholung zu haben und auch in den Abendstunden noch ständig verfügbar zu sein. Seit meinem Eintritt ins Berufsleben gab es zwar immer mehr technische Gerätschaften, die mir die Arbeit erleichtern sollten – erst Handys, dann Smartphones, Mailprogramme und damit verknüpfte Kalender, ein Intranet, auf das ich sogar von extern über einen Token Zugriff hatte, und schließlich eine Verlagsdatenbank, die Cover, Werbetexte und Terminpläne an einem Ort versammeln sollte –, aber seltsamerweise schien die Arbeit mit ihnen mehr zu werden, nicht weniger. Wie viel Zeit mich das Befüllen der Datenbank immer gekostet hatte, welch unflätige Flüche ich ausstieß, wenn das Programm mal wieder abstürzte, nachdem alle Felder ausgefüllt waren! Wie ich mich am Wochenende vor der Programmkonferenz ins Intranet einzuloggen versuchte, um an meiner Präsentation zu arbeiten – und immer panischer wurde, wenn das System gerade mal wieder upgedated wurde. Wie ich manchmal nach der Arbeit meinen beruflichen Mailaccount checkte, weil ich fürchtete, eine Mail sei bei einer Autorin nicht angekommen.

Oft sind es tatsächlich die digitalen Medien, die Stress auslösen, wie eine aktuelle Studie der Universität Augsburg nachweist. Viele Menschen sind offenbar unfähig, angemessen mit ihnen umzugehen. In allen Bereichen unseres Lebens müssen wir ständig neue Technologien anwenden, das verunsichert uns, zumal sie nicht immer machen, was wir von ihnen wollen. Vor allem, wenn wir viel zu tun haben.

Eine Untersuchung der Techniker Krankenkasse besagt, dass zwei Drittel der Menschen in Deutschland ihr Arbeitspensum zu hoch finden. Immer mehr Arbeitnehmer haben außerdem das Gefühl, auch nach Arbeitsschluss weiter im Stand-by-Modus für die Firma da sein zu müssen, wie die Bundesanstalt für Arbeitsschutz und Arbeitsmedizin ermittelte. Und das *Ärzteblatt* berichtete, dass neun von zehn Deutschen von ihrer Arbeit gestresst sind und jeder zweite sich vom Burn-out bedroht fühlt.

Die gängige Selbstmedikation ist oft ein Feierabendbierchen

oder ein Glas Wein zu viel. Auf den Hilfeseiten verschiedener Krankenkassen steht, dass Alkohol sozusagen als Kur gegen die schlechten Gefühle eingesetzt werde, weil er sie dämpft und durch den Konsum Endorphine freigesetzt werden – mit diesem Tranquilizer und Stimmungsaufheller wirkt gleich alles viel freundlicher und leichter, er löst Spannungen und Angst. Alkohol ist allerdings zugleich auch eine »depressiogene Substanz«, führt also ihrerseits wiederum zu depressiven Verstimmungen. Das *Jahrbuch für Sucht,* das die Deutsche Hauptstelle für Suchtfragen herausgibt, zeigt auf, dass ein Erwachsener in Deutschland 2017 im Schnitt rund 131 Liter Alkoholika trank – in etwa der Inhalt einer handelsüblichen Badewanne. Und das Deutsche Krebsforschungszentrum Heidelberg stellte fest: Je höher der soziale Status, umso mehr Alkohol wird getrunken. Vor allem von Frauen. Etwa die Hälfte der Frauen mit hohem Sozialstatus trinkt mindestens wöchentlich Alkohol, 21 Prozent trinken sogar eine bedenkliche Menge. Bei Frauen mit niedrigem Sozialstatus sind es bedeutend weniger: Rund ein Viertel trinkt wöchentlich, neun Prozent so viel, dass es Anlass zur Sorge gibt.

Ich schaue auf die Karaffe Wein, die Jenny und ich uns geteilt haben. Es ist der erste Alkohol, den ich trinke seit dem Abend, als ich von der Reise nach Hause kam und in meiner kalten, überfüllten Wohnung aus Frust meine ersten Aufräumversuche unternahm. Je mehr ich mich mit dem beschäftige, was mein Leben wirklich ausmacht, und je mehr ich entscheide, welche Gegenstände mir guttun, statt nur abzulenken, umso zufriedener fühle ich mich. Ich brauche nichts, was meine Unruhe dämpft, denn ich verspüre keine. Wenn ich bald in einen stressigen Job zurückkehre – werde ich mir dann wieder wie früher allein in meiner Wohnung eine Flasche Wein aufmachen?

Hier in der Tapasbar passt der Wein gut zu den Oliven, den eingelegten Tomaten und den Kartoffelecken mit der scharfen Soße. Vielleicht aber hätte ich auf den Aperitif verzichten sollen, und als wir bezahlen, stellt uns der Kellner noch einen süßlichen

Kräuterlikör hin. Auf dem Weg zur Straßenbahnhaltestelle fühle ich mich wie in Watte gehüllt. Wenn ich ehrlich bin: Klar im Kopf zu sein ist besser.

»Was war eigentlich deine große Neuigkeit?«, fragt Jenny, als wir an der Haltestelle stehen und die Bahn gerade einfährt.

Mein Blick wandert zu einem Spruch, den jemand mit dickem schwarzem Stift auf das Glas des Wartehäuschens geschrieben hat: *Wenn Arbeit so geil ist, warum spielen dann alle Lotto?*

»Ach, nicht so wichtig«, sage ich. »Erzähl ich dir ein andermal.«

Sie nickt, steigt in die Zwölf und winkt mir noch mal, bevor die Bahn sich in Bewegung setzt.

Die Gedanken in meinem Kopf schießen hin und her wie die Bälle in einem Flipperautomaten. Will ich den neuen Job wirklich?

Ja, all die Pro-Argumente, über die ich mit Stefan lange beratschlagt habe, sind wasserdicht. Die leitende Funktion ist verlockend. Es ist die Chance auf einen guten Job, eine schicke Personalmeldung in der Branchenpresse. Finanzielle Sorglosigkeit, Sicherheit – sogar ein gewisser Luxus. Von jetzt bis zur Rente.

Von *nine to five*.

Oder bis *six*.

Oder bis 23:59 Uhr.

Will ich wirklich wieder zurück ins Hamsterrad, in den Kreislauf aus Arbeiten, Kaputtsein und Belohnung? Schon lange vor der Kündigung hatte ich das Gefühl, wie Kirsten Dunst in dem Film *Melancholia* auf einem Planeten mit vielfach verstärkter Gravitation herumzuwaten. Aus meinem Arbeitsvertrag war eine Flatrate geworden, die mich dem Arbeitgeber ständig verfügbar hielt, alles fühlte sich mühsam an.

Auf einmal habe ich Angst davor, irgendwann aufzuwachen und festzustellen, dass mein Leben vorbei ist, ohne dass ich genügend Freude verspürt habe. Weil die schönen Momente zwischen den Arbeitsphasen steckten wie der spärliche Belag eines pappigen Sandwichs. »Ich weiß, du hast viel zu tun, aber …«, so begann meine Schwester immer, wenn sie mich zu ihrem Geburtstag oder zu Weihnachten einlud. Wenn ich in einem anderen Verlag so weitermache wie bisher, werden sie dann irgendwann »Out of office« in meinen Grabstein meißeln und darunter eine E-Mail-Adresse, an die sich meine Autoren künftig wenden können?

Wenn ich ehrlich bin, hätte ich in all diesen arbeitsreichen Jahren gern einfach mehr Zeit gehabt. Zeit, um öfter Radausflüge zu unternehmen und meine Yogamatte ab und zu auch zu benutzen. Zeit, um mit meiner kleinen Nichte zu spielen – statt mir nur Fotos von ihr schicken zu lassen. Zeit, um für mehr Klimaschutz auf die Straße zu gehen und mich tatkräftig für die Integration von Geflüchteten einzusetzen, statt nur auf Facebook darüber zu posten. Zeit, um meine Oma im Altenheim zu besuchen oder zumindest häufiger mit ihr zu telefonieren. Oder endlich Zeit, um ein Buch nicht nur deswegen zu lesen, weil es das Manuskript meines Erfolgsautors oder Vergleichsliteratur ist, sondern weil ich schlicht und einfach Lust darauf habe.

Ich wüsste zu gern, wie eine Parallelwelt aussieht, in der ich nicht gestresst bin. In der ich klug arbeite statt hart. Ich wüsste gern, wer ich wäre, wenn ich so lebte.

Die drei Punkte auf der Kontra-Liste erscheinen auf einmal wie fett gedruckt vor meinem inneren Auge.

Der *Stress*, den der Job einfach mit sich bringt, ob ich will oder nicht.

München. Ich kenne da niemanden, und ehrlich gesagt, zieht es mich eher nach Berlin, wo ich vor Jahren schon einmal gelebt habe.

Wenig Zeit zum Schreiben. Wie viele Bücher könnte ich schon geschrieben haben, vielleicht sogar den Roman über meine Oma, wenn ich mehr Zeit dafür gehabt hätte?

Meine Entscheidung, nach der Reise anders zu leben, hat mich für einen kurzen Moment von der Spur abweichen lassen, der ich bisher gefolgt bin. Als hätte ich mir für einen Augenblick Schuhe und Socken ausgezogen und würde barfuß im Gras neben den Gleisen entlanggehen. Und das fühlt sich gut an.

Kann mal jemand den Konjunktiv abschalten? Ich bin über vierzig. Das ist kein Alter, in dem *hätte, würde, könnte* noch was zur Sache tun. Weil ich dann nie was ausprobiere. Mir fällt ein Spontispruch aus den Achtzigern ein: »Wo kämen wir denn hin, wenn alle sagten, wo kämen wir denn hin und niemand ginge, um mal nachzuschauen, wohin man käme, wenn man wirklich ginge?«

Wann, wenn nicht jetzt ist der Zeitpunkt, um herauszufinden, wohin ich komme, wenn ich mich endlich traue, meinem Herzen zu folgen und mein Leben zu ändern?

Ich denke an meine Freundin Natalie, die mit ihrem Mann ein Café im Prenzlauer Berg aufgemacht hat. Es hat nicht funktioniert, die beiden hatten große Träume und steckten ihre ganze Energie in den Laden. Sie mussten wieder aufgeben, weil die Konkurrenz zu groß, das Kapital zu klein und die Arbeit zu viel war. An dem Tag, als Natalie mir das sagte, war ich sehr betroffen. Was für eine niederschmetternde Erkenntnis.

»Klar ist es schade, dass es nicht geklappt hat, aber jetzt habe ich den Blick frei für einen neuen Weg«, sagte Natalie. »Denn ich hab's probiert. Sonst wäre ich ewig unzufrieden gewesen und hätte nur davon geträumt.«

Wie wichtig das ist, davon zeugt Randy Pauschs bewegender Vortrag an der Carnegie Mellon University in Pittsburgh. Als dem Informatikprofessor klar war, dass er an Bauchspeicheldrüsenkrebs sterben würde, wollte er seinen damals noch kleinen Kindern ein Vermächtnis hinterlassen, etwas, das ihnen helfen würde, ihr Leben zu meistern und glücklich zu werden. Er hielt eine letzte Vorlesung. Nicht über sein Fachgebiet, sondern über das, was das Leben in seinen Augen lebenswert macht. Er gab weiter, was ihm selbst geholfen hatte, ein glücklicher Mensch zu sein.

Eine der wichtigsten Lehren ist, eine Verbindung zu seinen Kindheitsträumen zu behalten und sie sich, so gut es irgend geht, zu erfüllen. Pausch spricht auch davon, wie befriedigend es ist, andere dabei zu unterstützen, ihre Träume zu verwirklichen. Und er sagt, dass wir nicht entscheiden können, welche Karten uns das Schicksal austeilt, nur, wie wir sie ausspielen.

Und genau das werde ich jetzt machen.

Ich weiß, was mein Traum seit meiner Kindheit war: Schriftstellerin sein.

Ich weiß, dass in der Kündigung, die mein Leben erschüttert hat, eine Chance liegt.

Ich habe erkannt, dass ich nicht gleich den nächsten Job annehmen sollte, der mich wieder weiter wegführt von dem, was ich eigentlich will.

Ich nehme meinen ganzen Mut zusammen.

Ab jetzt folge ich meinen Träumen. Ich will lieber ein erfülltes Leben als ein Leben, das von Dingen erfüllt ist. Wenn ich weniger brauche, muss ich gar nicht so viel verdienen. Ich habe mehr Zeit für das, was mir wichtig ist im Leben.

Weniger kaufen, was in der Tonne landet –
was gar nicht mehr oder nur noch ganz selten
bei mir zu finden ist

Haushaltsgummis. Fast an jedem Bund Rosmarin ist eins dran, und in meinem Haushalt haben sich inzwischen ohnehin so viele angesammelt, weil ich sie nicht mehr, wie vorher, wegwerfe.

Teebeutel. Viel sinnvoller ist ein perfektes Teesieb. Ich benutze eins, das becherförmig und sehr fein ist, sodass ich es in die Tasse hängen kann – weniger Müll, besserer Geschmack.

Sachen, die ich in einem bestimmten Moment brauche – etwa ein spezielles Blech, weil ich mir spontan überlegt habe, Muffins zu einer Party mitzubringen. Früher habe ich mir das einfach im Supermarkt besorgt, und dann stand es rum, weil ich es nur für diese eine Aktion brauchte. So was leihe ich mir inzwischen lieber, oder ich bringe von vornherein etwas mit, für das ich alle Utensilien bereits zu Hause habe.

Mineralwasser in Flaschen. Ich trinke Leitungswasser, das wird in Deutschland penibel getestet, wird nicht per Lkw durchs Land gekarrt und ist um ein Vielfaches günstiger. Dafür habe ich einmal in eine leichte Flasche mit gutem Verschluss investiert, die mich überallhin begleitet.

Zeitschriften, Zeitungen. Wenn ich welche lesen will, dann gehe ich in ein Café. Oder in die Bibliothek, denn auch dort gibt es Zeitungen – übrigens auch Hörbücher und Filme. Einen großen Überblick über die Printlandschaft geben mir auch Onlinedienste wie Blendle oder Piqd.

Taschentücher. Ich habe ein paar aus Stoff, vom Flohmarkt. Und statt Küchenrolle wie früher benutze ich einen Lappen oder ein kleines Gästehandtuch. Ist genauso wirksam und spart Geld.

Strohhalme. Es gibt Ausnahmen wie meine Freundin Christine, die an rheumatischer Arthritis leidet, aber normalerweise braucht kein Mensch einen Strohhalm. Ähnlich geht's mir mit Papptellern oder Plastikbechern. Nein, nicht mal bei einer Party.

Alufolie und Frischhaltefolie. Ein Teller als Abdeckung tut's meistens auch.

Abflussreiniger – kann man doch nur bei geöffnetem Fenster verwenden. Es gibt genügend ungiftige Alternativen. Nur ein Stichwort: Pümpel.

Reinigungstücher. Weder für mein Gesicht noch für Oberflächen. Ich benutze Handtücher. Und nähe mir Pads aus alten T-Shirts selbst, wenn der Stoff weich genug ist.

Schnickschnack und Souvenirs. Muss ich hinterher sowieso nur wieder loswerden, weil sie mich spätestens nach ein paar Wochen nerven.

Notizbücher. Als Papeterie-Fan habe ich über die Jahre etwa zwanzig Notizbücher gekauft oder geschenkt bekommen, die dann einfach so herumlagen. Den Großteil habe ich weggegeben, Notizen mache ich mir sowieso inzwischen oft digital.

Sonderangebote. Die größte Falle früher für mich waren Kauf-zwei-zahl-eins-Angebote oder Angebotspreise für Produkte, die neu auf dem Markt sind – online wie offline. Inzwischen kaufe ich nur noch, was ich brauche, wenn ich es brauche. Auch das spart Geld. Und erspart mir viel Müll.

Fertigprodukte. Ich verzichte zwar nicht ganz drauf, aber ich mag einfach lieber das, was ich selbst zubereite. Sojaschnitzel oder Fertigsoße kicken mich viel weniger als meine selbst gemachte Gemüsepfanne, natürlich regional und bio. Ich horte auch kein Essen mehr, was dazu führt, dass ich kaum noch Lebensmittel wegwerfen muss, weil sie schlecht geworden sind.

Der Weg macht glücklich, nicht das Ziel

Mut ist der Preis, den das Leben verlangt,
wenn es Frieden mit dir schließen soll.

Amelia Earhart

Mein Herz schlägt bis zum Hals, als ich die Nummer des Münchner Verlags wähle. Wenn ich das jetzt durchziehe, gibt es kein Zurück mehr. Eine solche Jobchance kommt bestimmt nicht so schnell wieder. Kann ich das aushalten? Ich denke an Christopher, der sich seinen Traum erfüllt, indem er sparsam lebt und harte Arbeit in Kauf nimmt. Er hat nicht das Gefühl, auf etwas zu verzichten, weil es ihm wichtiger ist, sein Ziel zu erreichen. Das will ich auch.

Als der Verlagschef drangeht, stolpere ich etwas über meine ersten Worte. Als ich jedoch erkläre, warum ich den Job leider absagen muss, werde ich ganz ruhig. Denn meine Entscheidung steht fest, und es gibt nichts daran zu deuteln. Ich versuche es mit der Freiberuflichkeit. Und ich werde alles dafür tun, damit es klappt.

»Das ist natürlich schade, ich hätte Sie gern hier im Haus gehabt«, sagt der Chef freundlich. »Aber ich kann natürlich auch nachvollziehen, dass Sie sich mehr aufs Schreiben konzentrieren möchten. Melden Sie sich, wenn Sie eine Idee für ein neues Buch haben. Und ich gebe Ihre Daten ans Lektorat weiter, damit die Kollegen Sie bei Redaktionsaufträgen berücksichtigen.«

Zum ersten Mal seit der Entlassung fühle ich mich nicht mehr wie ein Opfer der Umstände, sondern selbstbestimmt. Ich will das hier für mich gut regeln. Entweder es gelingt, oder ich mache eine Bruchlandung. Wenn ich nicht bestehe, dann ist das so. Plötzlich erinnere ich mich an viele Momente in meinem Berufsleben, in denen ich mir gewünscht hatte, selbstständig zu sein.

Jetzt probiere ich es einfach aus.

Ich beantrage einen Gründerzuschuss, der mir ermöglicht, eine Weile nicht über laufende Kosten nachdenken zu müssen. Zu meinen neu sortierten Papieren kommt ein Ordner hinzu, auf dessen Etikett ich »Selbstständigkeit« schreibe. Von denen, die nun dort stehen, schlage ich ihn mit Abstand am liebsten auf.

Um schon mal eine große Position der laufenden Kosten von meiner Liste zu eliminieren und mir ein kleines finanzielles Polster zu verschaffen, habe ich mein Auto ins Internet gestellt. Dirk bot mir die Hälfte von dem, was ich haben wollte, aber schon in den ersten Tagen hat sich ein Interessent gemeldet. Daraufhin hat Dirk sein Angebot erhöht, um mir, wie er sagt, den Ärger mit den Besichtigungsterminen zu ersparen. Aber er hat noch eine ganze Zeit rumgemault, dass ich ihn ausnehme.

Vermissen werde ich das Auto nicht, vor allem nicht die Parkplatzsuche und die Termine beim TÜV. Längere Strecken fahre ich ohnehin lieber mit dem Zug. Auf dem Land bräuchte ich es vielleicht, aber in der Großstadt bin ich mit dem Fahrrad sogar oft schneller, weil ich an den Blechlawinen in den Straßen vorbeirolle. Es gibt öffentlichen Nahverkehr, und für den Fall, dass ich doch mal ein Auto brauchen sollte, gibt's Carsharing.

Mit Petra habe ich mich einen Tag lang auf den ersten Flohmarkt des Jahres gestellt, der auf einem großen Platz in unserem Veedel stattfindet. Dort steht in der Mitte eine klotzige Betontribüne, die von den Kölnern Tadsch Mahal genannt wird. An deren Seite hat vor einiger Zeit eine Kaffeebude aufgemacht, die stets umlagert ist. Dort schmeckt der Kaffee gleich noch mal so gut, weil die drei Frauen, die sie betreiben, gute Laune verbreiten. Die zaghafte Frühlingssonne wärmt uns schon ein wenig und macht gute Laune, nicht nur Petra und mir an unserem

Stand, sondern auch den anderen Menschen im Viertel, die plötzlich aus dem Winterschlaf erwacht zu sein scheinen und von denen der Platz nur so wimmelt. Je mehr Verhandlungsgespräche ich führe, umso mehr Spaß machen sie mir, und es tut mir gut, so unter Leuten zu sein. Am Ende des Tages bin ich fast alle Sachen aus meiner Verkaufskiste los und habe ein paar Hundert Euro eingenommen.

Seit sich in der Buchbranche herumspricht, dass ich mich selbstständig mache, haben mich zwei Lektorinnen angerufen und mir einen Auftrag angeboten – eine ist über den Verlagschef auf mich gekommen, dessen Jobangebot ich abgesagt habe. Beides liegt noch etwas in der Zukunft, und Textredaktionen sind nicht wirklich gut bezahlt, von daher brauche ich dringend noch andere Aufträge. Und eigentlich will ich ja auch mehr schreiben, wenngleich ich gerne Texte auf Hochglanz poliere.

Im Posteingang ist eines Morgens eine Mail mit dem Absender des Reisemagazins, für das ich schreibe. Der Chefredakteur fragt: *Carsten ist kurzfristig abgesprungen, hast du Zeit, für eine Woche in die Karibik zu fahren? Besonderes Highlight: Buckelwale.*

Carsten, der abgesagt hat, ein guter Freund, ist Journalist und schreibt auch Spannungsromane. Auf den ersten Blick klingt es ideal: Ich habe Zeit, der Auftrag ist gut bezahlt, ich kann reisen und dabei schreiben – das hat mir doch in Indien solchen Spaß gemacht. Trotzdem zögere ich zu antworten. Nicht wegen des Termins oder weil ich Buckelwale unsympathisch fände. Sondern weil es Nachrichten über den Klimawandel in letzter Zeit geradezu hagelt. Die Prognosen und Studien sehen übel aus – von der Gletscherschmelze über den Methananstieg bis zum Permafrosttauwetter geht alles, was die Forscher ermitteln, schneller als vorhergesehen, und es kommt immer wieder heftiger als im letzten Bericht des Weltklimarats.

Weil ich da nicht mehr länger tatenlos zusehen will, habe ich mit anderen eine Klimaschutzinitiative gegründet. Unser erster Termin: ein Gespräch mit Klimaforscher Mojib Latif. »Viele denken, es würde noch lange dauern, bis die Klimabedingungen sich auch für uns so richtig verschlechtern, in anderen Ländern wie Indien und in vielen Teilen Afrikas sind sie ja zum Teil schon verheerend«, sagte er. »Aber wir werden das wahrscheinlich alle noch erleben. Und die nächste Generation bekommt erst recht Probleme, wenn wir unsere Emissionen jetzt nicht drastisch runterschrauben: soziale Unruhen, Schäden durch Extremwetter, Migration. Trotzdem sägen wir Menschen kräftig an dem Ast, auf dem wir sitzen. Ich kann Leute nicht verstehen, die einfach so in der Welt umherfliegen und damit gleichzeitig die Zukunft der kommenden Generationen zerstören.« Tagelang haben mir seine Worte in den Ohren nachgehallt. Um es nicht noch schlimmer zu machen, will ich eigentlich nicht mehr fliegen.

Dummerweise sitzt in meinem Ohr auch eine lästige kleine Schönrednerin, die anderer Meinung ist.

Du willst schreiben, also kneif jetzt nicht, sagt sie. *Als Selbstständige kannst du es dir nicht leisten, Jobangebote auszuschlagen. Beruflich reisen zählt auch nicht. Und überhaupt: Als Einzelperson richtest du sowieso nichts gegen den Klimawandel aus. So ein kleiner Flug macht den Kohl jetzt auch nicht fett.*

Zu gerne möchte ich auf sie hören. Denn ich möchte so gerne in die Karibik.

Ich möchte so gerne im warmen Wasser tauchen. Ich möchte so gerne Buckelwale sehen.

Ich starre am Computerbildschirm vorbei auf die Raufasertapete, als wäre ihr unregelmäßiges Muster ein Stereogramm wie in der beliebten Buchserie *Das Magische Auge* aus den Neunzigern. Man musste schielen oder hindurchstieren, dann formte sich irgendwann ein Delfin aus den bunten Zickzacklinien, eine Insel, eine Sonne.

Ich schüttele den Kopf, um das Trugbild zu vertreiben. Wenn ich fahre, dann behalte ich in gewisser Weise den Lebensstil bei, den ich bisher hatte, selbst wenn es mich in diesem Fall nicht mal was kostet.

Je mehr ich darüber lese, umso stärker habe ich das Gefühl, mich bei allen, die jünger sind als ich, für das, was ich bisher verursacht habe, entschuldigen zu müssen. Wenn das so weitergeht, werde ich ihnen nämlich wahrscheinlich einen Planeten hinterlassen, auf dem es sich schlechter leben lässt als jetzt – oder gar nicht mehr.

Du hast den Planeten doch nicht allein in die Grütze geritten, sagt die Schönrednerin nun. *Ein globales Problem wie den Klimawandel können die Regierungen des Planeten nur gemeinsam lösen. Du kannst nichts dafür, dass Präsidenten und Kanzlerinnen darauf bestehen, ihr Land müsse das größte Stück vom kapitalistischen Kuchen bekommen, und dass dann trotz der vielen Klimakonferenzen noch keine richtige Lösung in Sicht ist.*

Am liebsten würde ich ihr glauben. Würde auf die allein selig machende Wirkung von Emissionshandel und die Rettung in letzter Sekunde durch eine fantastische neue Erfindung vertrauen. Ich würde gerne glauben, dass es mich weltoffener macht, wenn ich in andere Länder fliege, dass es gut für meinen geistigen Horizont ist. Und dass das wichtiger ist.

Aber offenbar habe ich schon etwas aussortiert, das mir das erschwert: die Fähigkeit, mich selbst zu bescheißen. Dass andere verantwortlich sind, ist nur ein Teil der Wahrheit, ich selbst bin es auch. Und bildet Reisen wirklich?

»Was machen Sie denn, wenn ich Ihnen mehr über Afrika erzählen kann als jemand, der zehn Mal pro Jahr in Afrika ist, einfach weil ich lese?«, hat Postwachstumsökonom Niko Paech in einem Vortrag gesagt und in Abrede gestellt, dass Kerosinverbrauch und Weltoffenheit miteinander verknüpft sind. »Und es ist leider so, dass ein einzelner Mensch nicht mehr Klimaschaden verursachen kann als dadurch, dass er sich in ein Flugzeug setzt.«

Natürlich geht es nicht ohne eine globale Aktion aller politischen Kräfte. Aber der Planet besteht zum größten Teil nicht aus Politikern, sondern aus stinknormalen Menschen wie mir.

Klar, ich trenne meinen Müll und spende für den Umweltschutz. Aber wenn es nieselte, fuhr ich auch zum Bäcker mal eben kurz mit dem Auto. Ich heizte im Winter meine Wohnung auf T-Shirt-Temperatur. Kaufte mir alle paar Jahre das neueste Handy. Avocados für meine Sandwiches und Südfrüchte für meine Smoothies. Je mehr ich verdiente, desto weiter flog ich in den Urlaub, weil ich es konnte und weil ich nicht hinter allen anderen zurückstehen wollte, die sich das gönnten.

Ich muss dringend eine Vollbremsung machen – *gerade weil* mir das keiner vorschreibt. Auf die Regierungen habe ich keinen Einfluss. Auf das, was ich selbst tue, schon. Ich kann das sich abzeichnende Unglück nicht allein aufhalten, aber ich darf es auch nicht schlimmer machen, als es ohnehin schon ist. Sonst kann ich nicht mehr in den Spiegel schauen.

Ich will nicht mehr Teil des Problems sein, sondern Teil der Lösung. Und ich kann doch nicht in einer Klimaschutzinitiative aktiv sein und trotzdem um die Welt jetten.

Das bedeutet, ich kann den Auftrag nicht annehmen, selbst wenn er Geld bringt. Ich würde ja auch keinen Auftrag von einer rechten Partei übernehmen, nur weil ich damit Geld verdienen kann.

Minimalismus bedeutet für mich auch, keinen so großen ökologischen Fußabdruck zu haben. Und das spricht gegen diese Reise. Also antworte ich der Redaktion, dass ich das Angebot leider nicht annehmen könne.

Ein paar Tage später bin ich mit Freunden im Brauhaus verabredet. Carsten, der auch für das Reisemagazin schreibt, ist ebenfalls dort.

»Hab gehört, du willst nicht nach Kuba«, sagt er, nachdem wir bestellt haben – die andern essen noch eine Kleinigkeit, ich habe schon zu Hause etwas gekocht. »Kapier ich nicht. Wenn du deine Sachen weggeben willst, okay, aber eine Reise ist doch keine Sache, sondern ein Erlebnis.«

Gerade will ich ihm erklären, warum ich das so entschieden

habe, da schaltet sich Katrin ein, die eine psychotherapeutische Praxis betreibt.

»Ernsthaft, Anne?« Sie sieht mich an, als schätze sie ab, ob sie die Männer mit der weißen Jacke holen soll. »Das ist doch nicht mehr normal – dir schenkt jemand einen Urlaub für einen Tausi, und du lehnst ab? Komm gern mal zu mir in die Therapie, die erste Stunde ist für dich gratis.«

Alle lachen.

»Und wo willst du noch hin, wenn du nicht mehr fliegen kannst?«, fragt ein anderer Freund, als das Gelächter abgeebbt ist. »Bleibst du ab jetzt zu Hause?«

So wie er es sagt, klingt es, als breitete sich Hunderte Bahnkilometer um meinen Wohnort herum nur öde Steppe aus.

»Muss ich doch gar nicht«, sage ich. »Und ich *kann* schon noch fliegen. Ich *will* mich nur nicht mehr für ein weit entferntes Ziel in den Flieger zwängen.«

Und tatsächlich will ich das nicht. Wegen der Umwelt, aber auch, weil mir plötzlich klar wird, dass ich erleichtert bin, nie mehr in einer dieser Blechkisten hocken zu müssen. Das ist der Benefit, nach dem ich gesucht habe.

»Ich fliege sowieso nicht gern«, sage ich. Und das stimmt, einen Triebwerksausfall habe ich schon erlebt, seitdem hatte ich immer ein mulmiges Gefühl, wenn die Anschnallzeichen aufleuchten. »Wenn ich nach Kuba fliege, sitze ich für eine Reise, die eine Woche dauert, hin und zurück mindestens 24 Stunden im Flieger, davon krieg ich Krampfadern und schlechte Laune. Vor Ort bleiben mir dann noch fünf Tage übrig. Und was soll ich in Matanzas, wenn ich noch nicht mal auf dem Monte Troodelöh war?«

»Ich flieg ja auch nicht so gern«, gesteht Katrin. »Letztes Mal habe ich mir einen Drink nach dem anderen bestellt, damit ich nicht so viel von Start und Landung mitkriege.«

»Oh, Mann, ja. Und wir waren mit den Kids letztes Jahr in Thailand«, erzählt Carsten. »Die Kleinste hat die ganze Zeit genölt, und ich hatte ein schlechtes Gewissen, weil sie von dem Urlaub in dem Alter ja eh noch nichts mitkriegt. Und der Große hat das Essen nicht vertragen und hatte die ganze Zeit Dünnpfiff.«

»Und der Jetlag«, meint eine andere Freundin. »Jedes Mal bin ich für zwei Tage so richtig hinüber.«

Vor Jahren habe ich eine Radtour nach Rügen gemacht, und ich erinnere mich, dass ich darüber verwundert war, wie schnell sämtlicher Stress dabei von mir abfiel. In dem Moment, als mein Hintern den Fahrradsattel berührte, war Urlaub.

»Wenn ich fliege, werde ich ja immer so von einer Klimazone in die nächste geworfen«, sage ich. »Das ist zusätzlicher Stress.«

Als ich von der Radtour erzähle, wird mir klar, wie gerne ich das noch mal machen würde. Ich schwärme auch von der letzten Zugreise durch Polen, auf der ich es genoss, einfach das Fenster aufzuschieben, mir den Fahrtwind um die Nase wehen zu lassen und auf die Weizenfelder zu blicken, an denen wir vorbeizogen. Der Weg war Teil der Reise, und nur durch dieses gemäßigte Tempo spürte ich wirklich, welche Distanz wir zurücklegten.

Mir fällt ein, dass es jede Menge Ziele gibt, die ich gut mit der Bahn erreichen kann. Schon lange will ich nach Warschau. Nach Budapest. Wieder nach Paris. Zum ersten Mal nach Rom. Und ich will unbedingt noch mal nach England, an den Ort, wo ich in den Semesterferien gejobbt hatte, um meine Sprachkenntnisse zu verbessern. Ich erinnere mich an die langen Sommerabende vor dem alten Farmhaus, in dem ich wohnte. Dort war es, als sei die Zeit stehen geblieben. Rund um uns summte und zwitscherte es, es duftete nach Erde und den grünen Hainen. Abends gingen wir manchmal über die Felder in den Pub. Und schon nach ein paar Wochen träumte ich in der Sprache, die ich studieren wollte. Seit dieser Zeit bin ich nie wieder dort gewesen, weil mir immer irgendwelche Fernreisen in die Quere kamen.

Zu jedem Ort, den ich raushaue, fallen meinen Freunden gleich zwei, drei andere Destinationen ein, die ebenfalls mit dem

Zug erreichbar sind. Es zeigt sich schnell, dass es genügend Möglichkeiten für mich gibt, und selbst Carsten überlegt laut, dass er im nächsten Urlaub mit seiner Familie ins Elbsandsteingebirge fahren könnte.

»Günstiger als Thailand«, sagt er. »Und irgendwie … exotischer.«

Es ist wohl eher eine Frage der Gewohnheit als des Verzichts. Weil alle um mich herum drei Mal im Jahr in Urlaub flogen, kam es mir normal vor. Kurzzeitig hatte ich sogar eine Kreuzfahrt erwogen, weil eine gute Freundin so davon schwärmte, dabei sind das schwimmende Schadstoffschleudern. Ein wenig ist es wie bei meinem Entschluss, auf Fleisch zu verzichten, als ich sechzehn war. Der Grund war Banana Joe. Nicht der Film mit Bud Spencer, sondern das Gänseküken, das ich so getauft hatte, als wir es vom Hamburger Fischmarkt nach Hause brachten. Joe war nun mein Haustier, er lief mir hinterher, gluckste mich an, ließ sich die Bauchdaunen kraulen und knabberte dabei behutsam an den Leberflecken auf meinen Armen. Ich las *Hier bin ich, wo bist du?* von Konrad Lorenz, worin der Verhaltensforscher verständlich erklärt, wie Gössel und ausgewachsene Gänse ticken. Und eines Tages machte es klick, als meine Mutter ein Hühnerfrikassee auf den Tisch stellte. Ich konnte doch nicht den einen Vogel lieben und den anderen essen. Banana Joe war ein eigensinniges und einfühlsames Wesen, und das war vermutlich auch dieses Huhn gewesen, dessen Überreste da in der hellen Soße schwammen.

Zuerst dachte ich, niemals ohne Hamburger auskommen zu können. Bestellungen in Restaurants wurden zum Spießrutenlauf, vor allem in ländlichen Gegenden – noch weit bis ins neue Jahrtausend. Und Fertigprodukte enthielten alle möglichen tierischen Bestandteile, ohne dass das auf den ersten Blick erkennbar war. Je weniger tierische Lebensmittel ich konsumieren wollte, umso häufiger kochte ich also selbst. Ich wollte schließlich wissen, was in meinem Topf wirklich drin ist. Die Überraschung war, dass ich nebenbei eine komplett neue Welt entdeckte: Agretti, Topinambur, Postelein – das waren Gemüsesorten, die ich noch nie zuvor gekostet hatte. Was ich mir eroberte, ist lecker, gesund und bei Weitem abwechslungsreicher als das, was ich früher gegessen habe, außerdem liegt es nicht so schwer im Magen. Der Bonus: Kein Tier ist dafür in Fabriken gequält, im Viehwagen lange Strecken gekarrt oder in Schlachthäusern fehlbetäubt worden, keine Kuh hat für mein Essen das Klimagas Methan ausgepupst oder ist mit Soja gefüttert worden, für das der Regenwald abgeholzt wurde.

Ich werfe einen Blick auf die Teller meiner Freunde, die während unserer Urlaubsdiskussion ihr Essen bekommen haben und es nun verzehren. Himmel und Ääd, also gebratene Blutwurst mit Kartoffel-Apfel-Püree, Wiener Schnitzel und Spiegeleier mit Speck. All das ist zweifelhafter Herkunft – auf der Karte stand nicht mal was von Bioqualität, also gehe ich davon aus, dass es aus Tierfabriken stammt. Mit Antibiotika versetzt ist. Und mit Angsthormonen. Ich habe es aufgegeben, über die Gründe zu reden, warum ich vegan lebe. Die meisten Menschen fühlen sich davon eher angegriffen, aber viele meiner Freunde sagen mir, dass sie über ihren Fleischkonsum nachdenken, weil sie sehen, dass ich das so durchziehe.

Dabei muss ich mich nicht dazu zwingen, es bedeutet schon lange keine Mühe mehr. Ich vermisse auch nichts, denn ich finde mein Essen viel appetitlicher. Und nun lege ich eine stille Gedenkminute ein – nicht nur für die Tiere, die für die Gerichte gestorben sind, sondern eher für meine Freunde, die nicht so eine leckere Gemüselasagne genossen haben wie ich zu Hause vor dem Brauhausbesuch. Die wissen gar nicht, was sie verpassen – und essen hier so einen ungesunden Dreck, die Armen.

Wenn es mir mit den Gerichten, die ich selbst koche, so geht, dann wird das mit den Urlaubsorten, die ich mir ausdenke, nicht anders sein. Sobald ich zu Hause bin, mache ich mir eine Liste, die mich keinen der gemeinsam in den Raum geworfenen Lieblingsorte mehr vergessen lässt. Eine Liste, die mir mit einem Blick zeigt, was ich alles Tolles anstellen kann, ohne mich in einen Flieger zwängen zu müssen. Diese Ziele reichen dicke für die nächsten Urlaube. Und an einigen kann man sogar sehr gut tauchen.

Mehr als 100 Orte, wegen denen ich gar keine Zeit habe, um die Welt zu fliegen

Natürlich ist das meine ganz eigene, persönliche Liste, und ich habe immer noch nicht alle diese Orte besucht, kann also nicht sagen, ob's da wirklich so schön ist. Das konnte ich aber vorher bei den exotischen Zielen auch nie.

Mir hilft die Liste, um Pläne zu schmieden und lohnende Orte, von denen ich gelesen habe, nicht wieder aus dem Auge zu verlieren. Sie hilft mir, den Blick auf das zu richten, was ich gewinne, statt darauf, was ich aufgeben muss. Und sie wächst ständig an. Meine Liste macht mir immer aufs Neue bewusst, wie viele Möglichkeiten ich habe. Und statt eng gedrängt ganz viel zu sehen, nehme ich mir Zeit beim Reisen. Ich mache keine zehn Städte in zwölf Tagen mehr, sondern lieber eine oder zwei richtig. Mit Zug, Boot oder Rad lasse ich mich auf das Tempo der Reise ein, mit der Dauer des Aufenthalts auf das Tempo des Ortes. Auf die Kultur, die Natur und die Menschen dort. Es hat mehr Würde, so zu reisen, und mir macht es Spaß – die Zeit dazu habe ich, weil weder die Reise selbst noch mein sonstiges Leben teuer ist.

Kajakfahren im Donautal. Wandern in der Schwäbischen Alb, den Blautopf sehen, einen See von spektakulär blauer Farbe. Den Harzer Hexenstieg laufen. Einmal über die Geierlay-Hängeseilbrücke im Hunsrück. Das Morsum-Kliff auf Sylt sehen. Im Walchensee tauchen. Den Teufelstisch in der Pfalz sehen, durchs Hohe Venn streifen. Die Eifel erkunden. Das Venner Moor. Elbsandsteingebirge, mit der Bastei-Brücke. Altmühltal. Moseltal. Übernachten in einem Cloefhanger, so etwas wie ein Zelt im Baum, an der Saarschleife. Das Saarpolygon sehen. Reetdachhäuser und Museen im Gebiet Eider-Treene-Sorge erkunden. In die mittelalterliche Altstadt von Ladenburg. Im Sternenpark Rhön ein paar Schnuppen beobachten. Glamping – also komfortableres Camping – im Biosphärenreservat Bliesgau. Naturpark Kellerwald-Edersee mit seinen ursprünglichen Buchenwäldern. Die märchenhaft wirkende Rakotzbrücke in Sachsen besuchen. Bei Garmisch-Partenkirchen durch die Partnachklamm, eine enge Schlucht. Hiddensee. Havelland. Darß, Zingst. Rügen, wo das Licht unvergleichlich ist, und Usedom. Eine Führung über die Insel Vilm, wo früher nur hohe DDR-Funktionäre Urlaub machten. Norderney und Helgoland und Juist. Föhr und Amrum. Den höchsten Wasserfall Deutschlands in Triberg im Schwarzwald sehen. Der von grünen Hängen umschlossene Schrecksee in Bayern. Der Königssee. Eine Seebrückentour an der Ostsee. Den Baumkronenpfad im Nationalpark Hainich in Thüringen ausprobieren. Das Lausitzer Seenland, der Werbellinsee in der Schorfheide. Gurken essen im Spreewald. Die Saalfelder Feengrotten im Thüringer Schiefergebirge. Fahrradfahren im Odenwald. Kanufahren auf der Mecklenburgischen Seenplatte. Paragliding am Bodensee. Der Radweg-zur-Kunst im Leinebergland. Die Apfelblüte im Alten Land sehen. Uckerseentour in Brandenburg. Radfernwege von der Berlin-Kopenhagen-Route über die 100-Schlösser-Tour, den Ostseeküstenradweg, die Deutsche Fährstraße und den Oste-Radweg, den Bahnradweg in Hessen, den Bodensee-Königssee-Radweg, den Main-Radweg und die Europaroute Eiserner Vorhang/Grünes Band. Wandern mit meiner Mutter auf dem Jakobsweg, einen Teil der Strecke in Frankreich. Verdonschlucht. Zum Apfelfest nach Ebeltoft in Dänemark. Mit dem Paddelboot entlang der Küste Bornholms. In Amsterdam *auf einem Hausboot wohnen. Endlose Sandstrände auf Texel. Graubünden. Das Donaudelta mit seinen Pelikanschwärmen. Wien. Tauchen vor der Küste von Sardinien. Eine Alpentour, vielleicht die Drei Zinnen in den Dolomiten sehen. Sizilien. Urbino südlich der Toskana. Scilla in Kalabrien. Algarve, die Höhle von Benagil. Die Hohe Tatra. Masuren. Baden in Łeba am Słowiński-Nationalpark. Auf dem Fernradweg durch Polens Osten. Krakau, Breslau. Ein Abstecher ins Riesengebirge zu Rübezahl. Warschau. Budapest. Bratislava, Roadtrip durch die Slowakei. Prag. Riga. Vilnius. Die norwegischen Fjorde. Madrid, Sevilla. Die römischen Ruinen und Welterbestätten in der Extremadura. Edinburgh, Glasgow. Sofia. St. Petersburg. Dubrovnik. Die kroatische Riviera. Plitvicer Seen. Über Belgrad in den Biogradska Gora Urwald, um zu campen. Im Südwesten Serbiens an der Uvac wandern und in den Canyon hinabblicken. Kopenhagen. Stockholm. Florenz. Venedig. Lecce. Das Pindosgebirge in Griechenland. Korsika. Montenegro. Bisons sehen im Nationpark Bialowieza, dem letzten Tiefland-Urwald Europas. Nussbaumplantagen, mittelalterliche Städtchen und Schlösser in der Dordogne. Marseille. Die Ockerbrücke von Roussillon in der Provence. Ein Festival in Lwiw in der Ukraine. Die Strände von Cornwall, den Geburtsort von Shakespeare in Warwickshire besuchen. Yorkshire. Punkva-Höhlen und Macochva-Schlucht im Moravian Karst in der Tschechischen Republik besuchen. Durch die Highlands von Schottland fahren.*

Wahrscheinlich nur schaffe ich all das nicht, weil allein Berlin und sein Umland so unerschöpflich sind.

Mach de Oogen zu,
dann weeßte, wat dir jehört!

Ab heut, nur noch die wichtigen Dinge
Ab heut, nur noch leichtes Gepäck.

Silbermond

Berlin! Meine Laune hebt sich, als der Zug aus der Station Spandau über die Havel gemächlich in Richtung Hauptbahnhof rollt, vorbei an Funkturm und Messe, an den kerzengeraden Altbauten Charlottenburgs, am Zoo. Was hat diese Stadt, das mich so aufleben lässt?

Mich ärgert nur, dass ich immer noch nicht gelernt habe, meinen Minimalismus auch auf das Reisegepäck auszuweiten. Schwitzend hatte ich meine wie üblich randvoll gepackten Taschen am Morgen zum Zug geschleppt, und als er nun auf dem tiefen Gleis in den Bahnhof einfährt, denke ich schon mit etwas Beklemmung daran, dass ich mein Gepäck jetzt erst zur U-Bahn und dann in die fünfte Etage im Altbau tragen muss.

Ich stopfe meinen Coffee-to-go-Becher in den bereits überquellenden Tischmülleimer. Die Salatschale, die ich mir am Bahnhof in Köln gekauft hatte, und meine Wasserflasche werfe ich beim Aussteigen auf dem Gang in den Recyclingmüll. Dass ich solche Produkte gekauft habe, ist mir unangenehm, denn ich meide ja schon seit einer Weile Plastik zu Hause, ich habe nur nicht daran gedacht, mir ein Brot mitzunehmen, und erst jetzt fällt mir ein, dass irgendwo im Küchenschrank noch ein wiederbefüllbarer Thermobecher stehen muss, den ich mal geschenkt bekommen habe. Den stelle ich mir auf jeden Fall für die nächste Reise raus.

Als ich auf den Bahnsteig trete, schnüren mir die Träger meines Weekenders unangenehm in die Schulter. Man sollte meinen, nach Indien hätte ich Erfahrung mit dem Taschenpacken. Man sollte meinen, für zwei Tage reiche eine halb so große Tasche. Man sollte meinen, ich nähme neben der Jeans und dem Pulli, die ich am Reisetag trage, maximal zwei zur Jeans passende Shirts, Pyjama, Unterwäsche und Socken und meinen Waschbeutel mit.

Aber Indien ist jetzt schon ein paar Monate her. Und ich befürchte jedes Mal, nicht für alle Eventualitäten gerüstet zu sein – vom überraschenden Wintereinbruch über den Beginn der Monsunzeit bis hin zum schicken Partyevent. Ich habe meinen Laptop eingepackt, zwei Zeitschriften und ein Buch ins Seitenfach der Tasche gesteckt. Ein Geschenk für die Freundin, meinen Lockenstab, ein Kleid und elegantere Schuhe, falls wir am Abend ausgehen. Mein Waschbeutel enthält neben einer Tagescreme auch eine Nachtcreme, Bodylotion und Sonnencreme, das macht vier Tuben. Shampoo, Conditioner und Duschgel, macht drei Travel-Size-Fläschchen. Und so habe ich neben dem Weekender auch noch eine kleinere Tragetasche mit, die überquillt. Und meine Handtasche.

Um zu der Freundin zu kommen, die ich besuchen will, muss ich zum Alexanderplatz und ab dort mit der U-Bahn fahren. Wie immer atme ich tief ein, als die gelben Waggons einfahren und einen Berlinuntergrund-getränkten Luftschwall vor sich herschieben. Wahrscheinlich bin ich der einzige Mensch, der das tut, während alle anderen die Luft anhalten.

Doch ich mag den Geruch der U-Bahn. Er ist wie eine Duftmarke der Stadt, ich würde ihn unter tausend anderen U-Bahngerüchen identifizieren. In den Achtzigern hätte ich damit bei *Wetten dass..?* auftreten können, ohne zu schummeln, denn ich erkenne viele Städte am Geruch ihrer U-Bahn. Kein Wunder, durch sie läuft der Puls der Stadt. Paris hat ein Bouquet, das die rostigen Eisenbauten des Grand Marché mit den teuren Parfums der Damen und den gestärkten blauen Hemdkragen der Herren verbindet, die Note ist abgerundet mit einem Hauch von Grandesse der Champs-Élysées. New Yorks Subway verströmt nachdrücklich den Ehrgeiz der Theaterluft vom Broadway, gemischt mit der lässigen Plauderei der Kioskverkäufer, die den Passanten die gerollte Zeitung und einen Bagel reichen, der Duftstoff ist durchsetzt mit dem trockenen Gebell der Hupen auf der Fifth Avenue. Es duftet so eigen und ganz anders als die Londoner *Tube,* die in ihrer Effizienz und schnellen Taktung so viel Luft verschiebt wie Passagiere, die, eine Hand an der Haltestange, die andere am Businesskoffer, jeden Augenkontakt vermeiden. Ihr Aroma mischt sich mit einer Brise London Eye und einer Spur dunkelgrauen Themsewassers – ein weltstädtischer Duft aus vielen Komponenten, die sich deutlich voneinander abheben; eingeleitet mit der steifen Note von Bowler Hats, klingt er mit britischem Humor leise aus. Man muss genau hinriechen und dafür empfänglich sein. In Deutschland würde ich das Odeur der Frankfurter U-Bahn an ihrer Stahl-und-Glas-Akkuratesse erkennen, die sich mit dem Schlendern der Touristen auf dem Römerberg, dem Regen auf dem Glasdach der Schirn und der Luft des Mains an einem warmen Sommertag mischt. Köln dagegen riecht sympathischerweise wie ein Duft, den sich jeder leisten kann. Ein solides, erschwingliches Mittelklasseparfum aus jovialen, aber unnachgiebigen Fahrkartenkontrolleuren der KVB, dem Restalkohol vom letzten Karnevalsexzess und der Geschäftigkeit auf der schmuddeligen Domplatte an einem feuchtkalten Herbsttag.

Die Gerüche sind alle nicht übel, finde ich, im Gegenteil – und gemeinsam bilden sie ein Geruchstagebuch, das mir viele Erinnerungen an die Zeit beschert, die ich in dieser oder jener Stadt verbracht habe. Doch nur der Geruch der Berliner U-Bahn löst dieses seltsame Gefühl der Wehmut in mir aus. Als wäre es mit dem Geruch der U-Bahn wie mit dem Geruch, der vom Partner ausgeht: Er übermittelt das genetische Profil. Wir schnuppern, und je besser jemand für uns duftet, umso besser passt derjenige zu uns. Ein Geruch, der zu nah am eigenen genetischen Profil liegt, wird als unattraktiv empfunden, weil sich der Genpool hinsichtlich der Nachkommenschaft möglichst erweitern soll. Vielleicht ist es bei einer Stadt genauso – das, was Berlin ist, liegt so weit von dem entfernt, was ich bin, dass ich hier am meisten über mich erfahren kann, und das ist die fruchtbarste Verbindung.

Wie auch immer, seit dem Tag, an dem ich aus der Stadt weggezogen bin, vermisse ich sie. Ich wohne gern am Rhein, doch mein kurzes Techtelmechtel mit Berlin hat meiner Beziehung zu Köln schweren Schaden zugefügt. Ein Karrieresprung hatte mich in die Stadt geführt, und ich fühlte mich auf Anhieb heimisch. Mag sein, dass es am Bergmannkiez lag, dem bilderbuchschönen Viertel, wo ich eine Wohnung gefunden hatte. An den dicken Schneeflocken, die wie in einer Szene aus dem Kinderbuchklassiker *Nesthäkchen* im Schein der Gaslaternen zu Boden rieselten, als ich gerade eingezogen war. Daran, dass ich von den Gründerzeitbauten und den breiten Straßen wie bezaubert war. Ich hatte vom ersten Moment an das sichere Gefühl, der Takt der Stadt passe zu meinem eigenen Herzschlag.

Der jetzt etwas beschleunigt ist, weil ich mich mit den Taschen so abkämpfe.

Als meine Oma während des Kriegs für ein paar Jahre herzog, hatte sie selbst bei ihrem Umzug nur einen einzigen Koffer mit – darin war alles, was sie brauchte.

»Viel hatten wir ja damals nicht«, sagte sie immer.

Wäre sie im Alter nicht immer gesprächiger geworden, hätte ich wohl überhaupt nie von dieser Zeit erfahren. Wenn ich sie als Kind nach ihrem Leben fragte, dann schwärmte sie von der Natur in Oberschlesien, von Oppeln, wo sie aufgewachsen, und von Breslau, wo die Familie später hingezogen war, weil der Vater als Landrat Karriere machte. Davon, dass sie ein Hausmädchen und eine Köchin hatten, vom Schlittschuhlaufen auf dem Barlickiteich, wo das kleine Eishäuschen stand, und vom üppig leuchtenden Ginsterstrauch im weitläufigen Garten. Ihr Gedächtnis reichte bis etwa 1930, so schien es, und es setzte pünktlich zum Wirtschaftswunder wieder ein, als sie mit ihrer kleinen Tochter – meiner Mutter-in-spe – bereits in Bremen wohnte. Vielleicht will sich meine Oma an die schlimme Zeit gar nicht mehr erinnern, dachte ich.

Als wir dann zum ersten Mal über ihr Leben in Berlin während der Kriegsjahre sprachen, überraschte sie mich damit, dass gerade sie, die in einem wohlhabenden Elternhaus groß geworden war, sich an all die Entbehrungen und die schwere Zeit ganz anders erinnerte.

»Prima war's«, sagte sie versonnen.

Prima?! In einer Stadt, über der ab 1940 die Bomber der Alliierten brummten und die am 3. Februar 1945 den schwersten je da gewesenen Fliegerangriff erlebte? Als Berlin im Chaos versank, das Essen rationiert gewesen war, es an allem mangelte und die Rote Armee im Anmarsch war – da hatte es Oma hier *prima* gefunden?

Ich erfuhr von ihrer Lehre bei der Post in Breslau, ihrem überstürzten Umzug nach Berlin. Sie hatte gehört, dass dort Fräuleins vom Amt gesucht wurden, die ledig sein mussten. Das war perfekt, um ihrer Mutter eins auszuwischen, weil die ihr die Hochzeit mit dem Mann, den sie liebte, verboten hatte. Weil er ein einfacher Handwerker war.

»Ich bin gerade so über die Runden gekommen, hatte kein Geld für große Sprünge«, sagte sie. »Aber dann lernte ich in einem Ausflugslokal den Arno Paulsen kennen, der war Schauspieler, und mit seinen Freunden haben wir gemeinsam viel unternommen.«

Meine Oma kannte Arno Paulsen – den dicken Schauspieler aus *Die Mörder sind unter uns,* dem ersten deutschen Trümmerfilm der Nachkriegsgeschichte? Den hatten wir in der Schule gesehen. Je mehr ich erfuhr, desto leichter konnte ich mir vorstellen, wie sie als junge Frau durch die Straßen Berlins gelaufen war. In einem Rock, der bis knapp über die Knie reichte, hochgeschlossener Bluse und klobigen Schuhen, im eisigen Winter eingemummelt in einen schäbigen zweireihigen Mantel aus grobem Wollstoff, den sie sicher von einer ihrer zahlreichen Bekannten abgestaubt und aufgearbeitet hatte.

An Essensmarken und die gestopften Kleider erinnerte sie sich kaum, da musste ich ihr alles aus der Nase ziehen. Woran es ihr in Berlin gemangelt hatte, schien nicht von großer Bedeutung gewesen zu sein, sondern nur ihre Freunde und wie anregend der Austausch mit diesen Menschen gewesen war. Die Gespräche mit ihnen konnte sie zum Teil fast wörtlich wiedergeben.

Natürlich war meine Zeit in Berlin etwas ganz anderes, aber vielleicht bedeutet sie mir so viel, weil ich sie so intensiv erlebt habe. Nach viel zu kurzer Zeit verließ ich die Stadt jedoch wieder, weil ich einem Job hinterherzog – zurück nach Köln. Sorry, Domstadt, es liegt an mir, nicht an dir. Seit ich in Berlin gelebt habe, kann ich mich einfach nicht damit abfinden, dass mein Leben woanders stattfindet.

Ich klemme die große Tasche fester unter den Arm und sprinte die ausgetretenen Stufen zum fünften Stock hoch, einen Aufzug gibt es natürlich nicht, die Farbe blättert von der Wand. Luisa steht schon in der Tür, kommt mir die letzten Schritte auf der Treppe entgegen und nimmt mir die übervolle Tragetasche ab.

»Und, wie war die Reise?«

Erst denke ich, sie meint die Reise nach Indien, dann geht mir auf, dass sie von der Fahrt nach Berlin spricht.

»Gut, ich fühle mich nur immer wie ein Packesel, wenn ich hier die Treppen raufsteige.«

Sie grinst. »Vielleicht solltest du einfach weniger mitnehmen.«

Sie hat recht. Es ist wichtig, dass ich mich auf das Wesentliche konzentriere. Würde ich wie ein digitaler Nomade mal an diesem Ort, mal an jenem arbeiten wollen, müsste ich das anders organisieren. Der Laptop müsste leichter, meine Garderobe besser durchgeplant sein. Schuhe, die gleichzeitig chic und bequem sind, eine Sommerjacke, die auch Regen abhält. Nur die nötigsten Kosmetika. Ich mache mir eine mentale Notiz, um das Packen bei meiner Rückkehr zu optimieren.

Schnell stelle ich meine Sachen ab, dann setzen wir uns raus auf den Balkon.

Luisa gießt mir aus einer Karaffe Wasser ein, in der auch ein paar Minzblätter schwimmen, das sieht nicht nur dekorativ aus, sondern schmeckt auch frisch, Minze wächst gleich neben meinem Stuhl auf dem Balkon. »Du musst mir unbedingt erzählen, wie sich das Leben als Selbstständige anfühlt.«

»Erst dachte ich, dass ich niemals mit dem ganzen Papierkram zurechtkomme.« Ich ziehe ein Gesicht. »Ich habe ganz schön an dem Businessplan rumgefrickelt, weil ich nicht wusste, wonach sie entscheiden, ob sie mir den Gründungszuschuss geben.« Die Sachbearbeiterin im Arbeitsamt war nicht sehr auskunftsfreudig gewesen, aber eine gute Freundin, deren Antrag vor einiger Zeit durchgegangen war, schickte ihn mir als Vorlage. »Als dann der Zuschuss durch war, bin ich erst richtig hektisch geworden, habe alle möglichen Verlage abgeklappert, bis die ersten Aufträge standen. War auch ungewohnt, sich die Zeit selbst einzuteilen, aber inzwischen habe ich mir einen großen Plan mit allen Deadlines über den Schreibtisch gehängt. Und Textarbeit macht mir wieder mehr Spaß als früher. Im Moment redigiere ich ein Buch übers Vogelbeobachten, das ist einfach klasse.«

Vögel mochte ich schon immer, aber bei meinem stressigen Job habe ich mir nur selten Zeit genommen, sie zu betrachten und mich an ihnen zu erfreuen. Das ist seit einiger Zeit anders, und dank der App *Naturblick*, die das Museum für Naturkunde kostenfrei zur Verfügung stellt, kann ich nicht nur das Aussehen, sondern sogar den Gesang von immer mehr Arten unterscheiden. Die Autorin des Buches schreibt für ein bekanntes Naturmagazin, und so lerne ich noch mehr über die Eigenheiten verschiedener Vögel – es kommt mir vor wie ein echter Gewinn, weil ich mich im Verlag zuletzt immer seltener so gründlich mit einem Buchthema auseinandersetzen konnte. Und ich beneide die Autorin darum, wie konsequent sie ihre Leidenschaft verfolgt hat – so sehr, dass sie jetzt ein Buch daraus machen konnte.

»Wolltest du nicht selbst mal wieder was schreiben?«

Ich verziehe den Mund. »Wenn das abgeschlossen ist, muss ich mich erst mal mit dem ganzen Steuerkram rumschlagen.« Das ist definitiv einer der weniger erfreulichen Aspekte meiner neuen Selbstständigkeit. Nichts langweilt mich mehr als Zahlen, und mich tröstet angesichts des Papierstapels nur ein einziges Mantra: *Das geht auch vorbei.*

Ich bin selbst unzufrieden, dass ich nicht schon an neuen Ideen für eigene Bücher sitze. Damit Luisa nicht weiter nachbohrt, frage ich, ob wir gleich zum Straßenfest in ihrem Kiez gehen und am Sonntag wieder ins Café Morgenrot fahren wollen, wo es diesen megaleckeren Brunch gibt. Mir fällt die Ausstellung über Typografie ein, die ich unbedingt sehen will, und dann eskaliert meine Schwärmerei ein wenig, ich rede vom Thaipark, vom Maybachufer und den Cafés in Kreuzkölln, vom großen Trödelmarkt an der Straße des 17. Juni, wo ich natürlich überall hinmu…

»Hast du wieder U-Bahn-Luft eingeatmet?«, unterbricht Luisa meinen Redefluss.

Ich zucke mit den Schultern.

»Alter! Jeder andere findet, das riecht nach Pisse. Und du würdest dir am liebsten eine Geruchskonserve mitnehmen.« Sie legt mir die Hand auf den Arm. »Es wird Zeit, dass du endlich wieder herkommst. Warum genau geht das nicht?«

Ich versuche ihr zu erklären, welche Gründe das hat. Doch nach kurzer Zeit fange ich an herumzustottern. So ging mir das immer, wenn ich auf der Programmtagung ein Buch vorstellen musste, hinter dem ich nicht vollkommen stand. Weil ich wusste, dass der Autor Murks gemacht hatte oder weil ich das Thema öde fand und es mir vom Verleger aufgedrückt worden war.

»Ich mag mich ja irren«, meint Luisa und stützt das Kinn in die Hand. »Aber irgendwie hört sich das so an, als gäbe es keinen guten Grund.«

Kurz denke ich daran, was ich wollte. Das Leben mehr genießen, indem ich selbst bestimme, was mir wichtig ist – und indem ich dieses Ziel dann auch konsequent verfolge. Jahrelang wollte ich hierher zurückziehen, aber durch den Job war das nicht möglich. Und nun, da es geht – will ich da wirklich kneifen?

Jetzt habe ich keine Jahresgespräche mehr mit meinem Chef, in denen Zielvorgaben festgelegt und meine Arbeit bewertet werden, jetzt kann ich ganz eigene Zielvorgaben bestimmen. Ich wollte als freie Autorin arbeiten. Warum muss ich dazu in Köln bleiben? Berlin inspiriert mich.

Jede Minute können mir hier schräge Sachen passieren. Eines Nachts stieß ich in der ansonsten leeren U-Bahn-Station auf die Filmcrew von Shah Rukh Khan. An einem Abend landete ich durch Zufall mit Freunden plötzlich auf einer Swingtanzparty, und wir blieben, bis es wieder hell wurde. Hier gibt es die größten Demos, die meisten Events, die trashigsten Bars. Die Mischung aus prachtvollen Altbauten und imposanten Regierungsgebäuden, Musikerinnen, Jongleure und Zauberkünstler im Mauerpark, und irgendwo findet immer ein Fest oder ein Konzert statt. Wenn die Straßen vom Regen überschwemmt sind, holt jemand das Faltboot raus. Und im Winter fährt mit Sicherheit einer auf der Straße Ski. Sogar, wenn es nicht schneit.

Ich bin verliebt in diese Stadt, vor allem jetzt im Sommer, denn da ist sie am schönsten, es gibt Parks mittendrin und Seen in der Umgebung. Und es gibt viele Verlage, in denen ich Kolleginnen und Kollegen kenne, zahlreiche Bibliotheken und Archive, in denen ich für Artikel und Bücher recherchieren kann. Es gibt jede Menge Initiativen zum Klimaschutz und zu Tierrechten. Und ich kann hier zu allen Protestveranstaltungen und Vorträgen gehen, die mir von Köln aus immer zu weit sind, weswegen ich dann doch zu Haus bleibe. Nach veganem Essen, nach

Märkten, Biosupermärkten und Unverpackt-Läden muss ich nicht lange suchen. Ich kann meine Berliner Freunde treffen. Und zu so vielen Orten fahren, die ich noch sehen und über die ich schreiben möchte. Von den Beelitzer Heilstätten bis zur Seilbahn im Erholungspark Marzahn, von den vielen Museen bis zu den Berliner Unterwelten, einem Verein, der für ein interessiertes Publikum historische Anlagen aus dem Zweiten Weltkrieg und dem Kalten Krieg öffnet – in Berlin wird es mir sicher nicht langweilig. Das Leben spielt sich direkt vor der Tür ab, wenn ich allein daran denke, fallen mir etliche Dinge ein, die ich machen kann.

Nur, wie finde ich als Selbstständige in Berlin eine Wohnung, vor allem eine, die bezahlbar ist? Seit ich zuletzt hier gewohnt habe, hat sich auf dem Wohnungsmarkt viel verändert, die Preise sind explodiert, und auch Luisa hat genervt von Wohnungsbesichtigungen mit über hundert Leuten erzählt, als sie die Bleibe suchte, auf deren Balkon wir gerade sitzen. Sie hat sie schließlich nur bekommen, weil sie einen festen Job vorweisen konnte und die Vermieterin um drei Ecken kannte.

»Such dir doch erst mal was für den Übergang«, schlägt Luisa vor, als ich ihr meine Bedenken schildere. »Eine Zwischenmiete, dann kannst du immer noch was Festes suchen, wenn du erst mal vor Ort bist.«

Da ich viele Sachen ohnehin schon losgeworden bin und keine Zeitnot habe, ist das gar keine schlechte Idee. Ich hole meinen Laptop. Wir schauen, was die Angebote hergeben – mit sehr viel jüngeren Leuten muss ich nicht mehr in einer WG wohnen, unsere Interessen sind vermutlich zu unterschiedlich. Wohnungen, die befristet vermietet werden, gibt es wenige, und wenn, dann werden sie eher für kürzere Zeiträume vergeben. Ein Inserat klingt merkwürdig, da bietet ein Mann gratis ein Zimmer für Frauen an, die ihm dann aber auch nackt Modell sitzen sollen. Nein, danke.

Wir beschließen, eine eigene Anzeige aufzugeben, und eine

Stunde später steht sie online – eine detaillierte Beschreibung, dass ich Schriftstellerin bin und immer schon nach Berlin ziehen wollte, ein paar Eckdaten zu meiner Person und dass ich eine Zwischenmiete suche, möbliert oder unmöbliert.

Danach gehen Luisa und ich auf die Piste, essen erst ein leckeres Curry, dann Ice-Cream-Rolls, schließlich lassen wir den Abend in einem Biergarten ausklingen, wo wir überraschend ein paar von Luisas Freunden treffen. Der Rest des Wochenendes vergeht wie im Flug mit allem, was ich gern tue – außer Shoppen. Früher habe ich mit Luisa oft die kleinen Lädchen durchstöbert auf der Suche nach einem hübschen Mitbringsel für mich selbst. Jetzt macht es mir zwar Spaß, ihr dabei zuzusehen, wie sie Kleider probiert, und sie zu beraten, aber ich verspüre keinen Wunsch, es ihr nachzutun. Klamotten habe ich genug, und hübscher Krimskrams landet ja doch nur nach kurzer Zeit in meiner Sammelbox für die Dinge, die ich loswerden will. Und es fühlt sich auch besser an, nichts zu kaufen und mehr zu gucken. Mir fallen ganz andere Dinge auf, ich bin nicht so darauf fokussiert, etwas zu finden, sondern beobachte lieber, was um mich herum vor sich geht.

Dabei kommt mir der Flyer eines Museums unter, es zeigt eine Fotoausstellung mit Porträts von bekannten Personen aus Politik und Zeitgeschichte. Wir gehen hin, die atemberaubenden Bilder katapultieren uns direkt in die Sechziger- und Siebzigerjahre des letzten Jahrhunderts. Danach kaufe ich an einer Tramhaltestelle um die Ecke tatsächlich noch etwas: ein Gedicht, das mir ein junger Mann anbietet. Es steht nicht mal auf einem Zettel, er rezitiert es einfach so.

Das Wochenende ist so intensiv, dass ich die Anzeige ganz vergesse. Ich mache auch keine Fotos und arbeite schon gar nicht am Vogelmanuskript. Das wird mir erst bewusst, als ich am Sonntagabend im Zug zurück nach Köln sitze – mitsamt meinen Siebensachen. Leider sind es immer noch weitaus mehr als sieben.

Am Tag nach meiner Rückkehr stelle ich fest, wie gut ich reisetechnisch ausgestattet bin. In meinem Arsenal befinden sich Koffer und Taschen verschiedener Größen. Letztlich verwende ich meist nur den Weekender, den ich auch in Berlin mithatte, oder je nach Länge der Fahrt und Schwere des Gepäcks einen größeren und einen kleineren Schalenkoffer, den ich hinter oder neben mir herrollen kann. Es ist Zeit, Abschied zu nehmen von all den überflüssigen Taschen, Körben und Koffern, die sich im Laufe der Zeit angesammelt haben. Von dem Businessköfferchen mit dem Laptopfach vorn, in dem immer zu wenig Platz ist, weil ich fast nie nur eine Nacht irgendwo verbringe und mein Laptop ohnehin nicht reinpasst. Von der größeren der beiden Sporttaschen, in der ich meinen zweiten Bademantel und ein zusätzliches Paar Badeschlappen für die Sauna aufbewahre, die ich sowieso immer in der Sauna miete, wenn ich sie nicht ohnehin gratis dazubekomme. Sechs meiner neun Handtaschen bringe ich zum Sozialkaufhaus – es bleibt nur eine für schickere Anlässe, eine A4-große für Businessevents und eine für jeden Tag. Den Riesenkoffer, der auf dem Schrank liegt und von allerhand doppeltem Fahrradreparaturzeug bis zu einem Knäuel Kofferbänder ein Sammelsurium an Zeug enthält, verscherbele ich flugs für einen Fünfer im Kleinanzeigenportal – samt Inhalt. Die Käuferin, eine kanadische Austauschstudentin, ist erfreut, so günstig an ein neues Gepäckstück zu kommen; während ihres Auslandssemesters haben sich viel zu viele Mitbringsel angesammelt, die gar nicht in den dafür vorgesehenen Koffer gepasst hätten. Sie gibt noch einen Kaffee aus und erzählt mir von ihrer unglücklichen Liebe zu einem Kommilitonen, dem sie das Fahrradreparaturzeug schenken will, weil er leidenschaftlich gerne im Bergischen Land Rad fährt. Vielleicht springt der Funke ja über, und er besucht sie in Kanada?

Als ich alles gut untergebracht habe, stelle ich fest, dass mein ehedem überfüllter Riesenschrank nach dem Kleiderexorzismus, der Flohmarktaktion und dem Auszug der vielen Koffer und Taschen jetzt so leer ist, dass ich ihn bald abschaffen kann. Vielleicht kann meine Schwester ihn gebrauchen, sie hat neulich mal gesagt, dass sie genau so einen sucht, weil sie ihr Schlafzimmer renoviert.

Als letzte Amtshandlung in Sachen Reise krame ich in der Küche den Thermobecher und die Wasserflasche, die ich früher zum Sport mithatte, aus der hinteren Ecke meines Oberschränkchens und stelle beides weiter nach vorn auf die Ablage. Noch mal werde ich unterwegs nicht zum Einweg-Plastik greifen, das schwöre ich mir.

Gerade als ich ins Bett gehen will, kündigt ein Piepton auf meinem Handy an, dass ich eine neue Mail habe. Sie ist von Inga aus Berlin, die eine Untermieterin für ihre Wohnung sucht.

Ich packe meinen Koffer und nehme nur das Nötigste mit – besser reisen, weniger schleppen

Ich will nicht mehr so viel Zeug von einem Ort an den anderen tragen. Wenn ich wenig brauche, ist nicht nur schneller gepackt, und ich bekomme keine Rückenschmerzen mehr, sondern ich bin auch beweglicher. Kleines Gepäck habe ich außerdem besser im Auge, es kann weniger verloren gehen.

Packliste. Als Erstes schreibe ich auf, was ich auf der Reise brauche, zur Übersicht. Und dann kürze ich diese Liste rigide ein. Nur das Nötigste wird mitgenommen.

Kleine Tasche. Für alle wie mich, die genau so viel packen, wie die Tasche an Platz bietet, empfiehlt sich, ein möglichst kleines Gepäckstück auszuwählen.

Sachen zu Hause lassen, die vor Ort sind. Nur auf kürzeren Reisen mit einer Übernachtung habe ich etwa ein Handtuch und meinen Schlafsack dabei, weil ich es ökologischer finde, wenn nicht jeder mir für eine Nacht das Bett beziehen muss.

Alles, was ich »nur für den Fall« einstecke, lasse ich gleich zu Hause. Nach einer Heimkehr schaue ich besonders auf die Sachen, die ich nicht gebraucht habe. Nachdem ich mir ein paarmal notiert hatte, was das ist, fiel mir auf, dass es oft genau die Sachen sind, die ich »nur für den Fall« noch irgendwie reingestopft habe.

Alle Kleider nach Kombinierbarkeit auswählen. Wenn es warm genug ist, nehme ich für ein Wochenende einfach nur einen Rock und zwei Oberteile mit, für den Abend eine Strumpfhose. Oder ich trage Kleider, die kann ich je nach Wetter auch mal mit einer Leggins kombinieren. Eine Strickjacke, die ich an beiden Tagen überziehen kann, während das, was ich direkt am Körper trage, wechselt. Ich nehme immer ein Tuch mit, das ich wahlweise um die Schultern lege oder als Schal tragen kann, falls es kalt ist. Im Sommer reicht mir meine Regenjacke – sie ist leicht und hält abends wegen des winddichten Materials auch Kälte ab. Unterwäsche und Socken für jeden Tag, einen Stoffbeutel für Schmutzwäsche, den kann ich anschließend mitwaschen.

Kleider rollen statt falten. Die Methode, die ich beim Kleiderschrank nur semisinnvoll finde, ist fürs Reisen perfekt. Vor allem große Stücke wie Handtücher, Jeans und Co. nehmen so weniger Platz weg. Mir hilft das für den Überblick, und die meisten Sachen verknittern so auch weniger. Im Rucksack stelle ich die gerollten Sachen aufrecht, dann sehe ich mit einem Blick von oben, was ich dabeihabe.

Ein kleines Stofftäschchen reicht für meine Waschsachen: Haarseife benutze ich als Shampoo, Handseife und Duschgel. (Ich nehme nie Duschgel und Shampoo aus dem Hotel. Die Inhaltsstoffe finde ich grenzwertig, und es ist immer in Plastik verpackt. Das kann meine Seife besser.) Eine Bambuszahnbürste und eine genau auf die Reisetage abgestimmte Anzahl Zahnputztabletten. Ein Döschen mit Deocreme. Eine einzige Creme für tagsüber und nachts. Meine Wimperntusche und mein Kajal – ohne die kann ich (noch) nicht leben. Meine Menstruationstasse, wenn ich die gerade brauche. Ein Kamm und ein Haargummi.

Wenn ich ein *zweites Paar Schuhe* dabeihabe, packe ich die ebenfalls in einen Stoffbeutel – das ist luftig, dann fangen die Schuhe nicht an zu riechen, und ich kann den Beutel hinterher waschen. Meine Lieblingsschuhe im Sommer sind Barfußschläppchen, die sind leicht, und ich kann sie rollen.

Ich nehme jetzt *immer* meine wiederbefüllbare Reisewasserflasche oder meinen wiederverwendbaren Kaffeebecher mit. Immer. Manche Läden geben Rabatt auf Kaffee, wenn ich meinen eigenen Becher mithabe. Und Wasser, tja: Günstiger und weniger belastet als aus dem Hahn geht kaum.

Für Reiseproviant wie belegte Brote und Obst habe ich mir ein *veganes Wachstuch* selbst gemacht. Das geht ganz leicht: Saubere Stoffreste aus Baumwolle oder Leinen auf die entsprechende Größe zurechtschneiden, Backblech im Ofen auf 80 Grad erwärmen und rausnehmen. Tücher darauf ausbreiten und mit der vorher im Wasserbad erwärmten Mischung aus 2 Esslöffeln Pflanzenwachs – gibt's im Naturladen, in der Drogerie oder online, etwa Carnaubawachs – und etwas Kokosöl (1 Teelöffel) tränken und erkalten lassen.

Ich habe ein USB-Netzteil dabei – und je ein Kabel für Mikro-USB und zum Handyladen. Wenn ich mit dem Laptop auf Reisen bin, lasse ich den Steckdosenstecker zu Hause und lade mein

Handy und eBook über den Laptop. Ich versuche ohnehin nur Geräte zu haben, die nicht mit Batterie betrieben werden und alle dasselbe Ladekabel erfordern – wenn ich was Neues gebraucht kaufe, wähle ich danach aus und spare mir das Zusatzkabel.

In der Bahn wie auf Radtouren habe ich für meinen Blog ein Tablet mit Tastatur dabei. Beides habe ich gebraucht gekauft. Ist gut zum Schreiben, und ich spare Gewicht beim Reisen.

Was ich auf jeden Fall zu Hause lasse: extra Handcreme, Desinfektionsmittel (Händewaschen ist genauso effektiv). Regenschirm. Parfum (wusste noch nie, wozu das gut sein soll, wenn ich mich doch wasche). Zusatzschmuck (was ich trage, ist schlicht und passt zu allen Outfits). Gedruckte Bücher (ich nutze auf Reisen ausschließlich meinen eReader).

Wenn ich mir doch mal ein *Souvenir* kaufe, dann etwas Besonderes zu essen, das ich dann noch eine Weile im Schrank habe, wie etwa Senf aus Dijon, Gewürze aus Holland, Birnen aus dem Havelland. Aber Souvenirs, die keinen anderen Zweck oder Nutzen haben als den, sich zu erinnern, will ich nicht mehr.

Wie ich mich auf
Kabelsalat-Diät setzte

*Das Wesen der Dinge hat die Angewohnheit,
sich zu verbergen.*

Heraklit

Chic.« Dirk schaut das alte Telefunken-Radio an, auf dem ich als Zweijährige immer herumgeturnt bin. Es fällt mir schwer, den Kasten wegzugeben, immerhin hängen viele Erinnerungen daran.

»Ich nehm es nicht mit nach Berlin«, sage ich. »Willst du's haben?«

Er schüttelt den Kopf. »Hab schon zu viele Sachen.«

Ich denke an seine vollgestopfte Wohnung.

Das Radio ist groß und unhandlich, ich habe es nur aus nostalgischen Gründen behalten, obwohl es noch tadellos funktioniert.

Mit Inga, die mir ihre Wohnung untervermieten will, weil sie viel auf Reisen und nur selten in Berlin ist, habe ich mich beim ersten Kennenlernen auf Anhieb gut verstanden. Wir haben erst mal eine Mietdauer von einem halben Jahr abgemacht und den kürzesten Mietvertrag geschlossen, den ich jemals hatte. Sie hat gesagt, dass ich von ihr aus auch länger in der Wohnung bleiben kann, wenn alles klappt. Es ist perfekt, denn so kann ich schauen, ob es sich für mich richtig anfühlt, in Berlin zu sein. Und wenn es mir gefällt, bleibe ich.

Dirk hilft mir beim Möbelrücken, denn ich habe ein paar Teile aussortiert, die ich verkaufe oder verschenke, weil sie inzwischen leer stehen. Wenn das so weitergeht, wird es ein schlanker Umzug. Leider hat Dirk zwei linke Hände, er ist eben Berater und kein Möbelpacker, deswegen hat er jede Menge umständlicher Vorschläge samt einem genauen Plan, wie welches Möbelstück zu bugsieren ist. Dabei hat die Glasscheibe meiner Vitrine einen Knacks bekommen und ist jetzt etwas schwieriger zu verkaufen.

Wahrscheinlich macht es ihn insgeheim doch fertig, dass ich wegziehe. Als ich ansprach, dass ich immer schon nach Berlin wollte, und vorsichtig fragte, wie er es fände, wenn ich hinzöge, hat er nur mit den Schultern gezuckt und gemeint, dass er da ja ab und an arbeitet. Eigentlich hätte ich erleichtert sein müssen, aber es hat mir trotzdem einen leichten Stich versetzt.

Das Radio, bei dem ich jetzt überlege, ob ich es meinen Eltern zurückgeben soll, gehört zu meiner Sammlung von historischen Artefakten.

Wie meine CDs. Inzwischen höre ich eigentlich nur noch über meinen Computer Musik.

DVDs und Blu-ray-Discs. Wer verwendet die überhaupt noch in Zeiten von Videostreaming?

Ich dringe vor in prähistorische Schichten: Mein Diktiergerät. Meine Videokamera. Mein tragbarer CD-Player aus den Neunzigern. Meine allerersten Handys.

Relikte, die ich entsorgen muss.

Und dann stoße ich sogar auf echte Fossilien: Meine Floppy Diskosaurier.

Sorgsam habe ich die quadratischen Freunde aufbewahrt. Ich weiß nicht, was ich mir dabei gedacht habe. Manche Floppys sind beschriftet, bei manchen ist das Etikett x-mal überklebt, bei einigen ist es abgeknibbelt, wieder andere tragen gar kein Label.

Ich kann mich noch genau an den Computer erinnern, für den ich sie damals gebraucht habe. Ein Turm in unkleidsamem Grau, fast so hoch wie meine damals anderthalbjährige Nichte. Der Monitor nahm einen Großteil des Schreibtischs ein, beides war ein Anfangsinvest meiner Eltern in mein Studium. Manchmal frage ich mich, ob sie noch finden, dass die Investition sich gelohnt hat. Aber ich traue mich nicht, sie selbst das zu fragen, vielleicht kommen sie dann auf die Idee, die Summe zurückzufordern. Der Computer hatte fast zweitausend Mark gekostet, und mir war ob der hohen Summe ein wenig schwindelig, als wir den Einkaufswagen mit den Riesenkartons aus dem Elektromarkt über den Parkplatz zum Auto schoben.

Auf dem Teil schrieb ich Mitte der Neunziger meine ersten Semesterarbeiten, genau wie Tagebuch, E-Mails, Briefe und Kurzgeschichten. 3,5-Zoll-Floppys waren damals das Medium der Wahl, um all das zu speichern, die großen, wabbeligeren Disketten der beiden vorangegangenen Jahrzehnte verwendete zu diesem Zeitpunkt kaum noch jemand.

Seit Jahren hatte ich keinen Gedanken an meine Disketten-Sammlung verschwendet, aber als ich mein Rollschränkchen unter dem Schreibtisch ausmiste, finde ich die Box wieder, in der sorgsam hintereinander 33 Disketten aufgereiht sind.

Natürlich könnte ich sie einfach wegwerfen. Aber mich plagt die Neugier, was für vergessene Schätze wohl darauf sind. Nur: Wie soll ich das rausfinden? Mein Computer frisst ja nicht mal mehr CDs.

»Hast du noch ein Laufwerk für Floppy Disks?«, frage ich Dirk.

Er schüttelt den Kopf. »Such doch bei eBay Kleinanzeigen. Die Leute verkaufen einfach alles.«

Schnell finde ich sieben Angebote in meiner Stadt, davon jedoch vier für Laufwerke, die verbaut werden müssen. Ich will eines, das ich per USB an meinen modernen Rechner anschließen kann. Eins der drei externen Laufwerke könnte ich zu Fuß abholen. Der Besitzer, Novy, reagiert sofort auf meine Anfrage. Wir einigen uns, dass er mir das Laufwerk für einen Fünfer verkauft.

Als ich es habe, hole ich den Stapel Disketten hervor. X1DE USB ist einsatzbereit, meldet mein Rechner, als ich das Laufwerk anschließe. Und doch: Erst fehlt mir ein aktueller Treiber, das

Gerät ist ja schon uralt, die Firma ist inzwischen in eine größere aufgegangen.

Schließlich gelingt es mir, die Disketten zu öffnen. Schramm-schrammffffft, ächzt das fast zwanzig Jahre alte Medium im silbernen Kästchen wie ein Echo aus ferner Zeit. Die Dateien, die ich plötzlich sehe, beschleunigen meinen Puls.

Es sind alte Mails, und ich erinnere mich auch noch genau, warum ich sie überhaupt abgespeichert habe – weil ich in einer analogen Welt aufwuchs, in der man Briefe eben aufbewahrte. Die Nachrichten stammen außerdem aus Zeiten, die ich woanders verbracht habe – in Chile als Au-pair, in Nordirland als Erasmusstudentin und schließlich aus der Zeit, in der ich in Frankfurt Verlagspraktikantin war. Es sind längere Mails, die ich offenbar aufbewahren wollte, weil sie Erinnerungen enthalten. Bedächtig öffne ich die erste, dann die nächste. Und was ich lese, ergibt nach einer Weile ein recht klares Bild.

Ich hatte nie Zeit.

Ich habe dauernd Verabredungen mit Freunden und Familie abgesagt. Ich habe mir nur wenig Zeit genommen, um eine Party oder einen Besuch wirklich auszukosten. Mehr Zeit ließ ich mir für berufliche Events.

Ich muss schlucken, als ich lese, wie großzügig meine Freundinnen mit mir waren. Wie geduldig mein Freund, von dem ich bisher immer angenommen hatte, er sei nicht nachsichtig genug mit mir gewesen.

Wenn ich damals etwas anders gemacht hätte, wäre mein Leben dann besser gewesen?

Ich stelle mir vor, ich könnte eine Mail an mein jüngeres Ich schicken mit einer Warnung: *Liebe Anne,* würde ich schreiben, *ich bin du, nur in der Zukunft. Ich muss dich warnen – all der Ehrgeiz und die Emsigkeit führen dich von den Menschen weg, die du liebst. Und tu mir einen Gefallen, kauf nicht so viel Krempel. Er macht dich nicht glücklich und mich unglücklich – es ist nämlich echt mühsam, alles wieder loszuwerden! Cheerio!*

Wenn die Anne von damals diese Mail ernst nimmt, würde ich heute vielleicht mit meinem ersten Freund in dem kleinen Reetdachhaus hinterm Deich wohnen, von dem ich als Kind immer geträumt habe. Oder ich hätte mehr Zeit mit meiner Familie verbracht und wäre so eine Tante wie Jacky aus der Serie *Roseanne,* die jeden Tag vorbeikommt. Oder ich wäre zu allen Verabredungen gegangen, länger geblieben und hätte heute einen größeren Freundeskreis. Wäre ich glücklicher im Beruf, weniger gestresst, ein ganz anderer Mensch? Würde ich überhaupt im Verlag arbeiten, hätte ich je ein Buch geschrieben? Nein, bremse ich meine Grübeleien, das ist ja Quatsch. Wenn ich meinem jüngeren Ich eine solche Mail geschrieben hätte, wäre die vermutlich direkt im Papierkorb gelandet. Ich wollte das damals nicht wissen und hätte ein solches Ansinnen ebenso abgebügelt wie die Frage meines Freundes, ob es denn *wirklich* Frankfurt sein musste. Weil ich Lektorin werden wollte. Weil ich unbedingt etwas gelten wollte in der Branche. Büchermachen war ein Traum, den ich mit Klauen und Zähnen verteidigte.

Also habe ich immer genau das getan, was sich in dem Moment logisch und unvermeidbar anfühlte. Und vielleicht ist das sogar gut so. Denn wenn ich ehrlich bin, habe ich eine Menge dadurch gelernt. Ich schreibe nicht nur bessere Texte – wie ein Blick in die Geschichten zeigt, die ich auf einer anderen Diskette abgespeichert habe –, sondern alle Erfahrungen haben mich erst zu dem Menschen gemacht, der ich heute bin. Und ich mag die Person, die ich bin, eigentlich ganz gerne. Sie hat den Ausgang vom Hamsterrad rechtzeitig gefunden und führt in diesem Moment als Selbstständige das Leben, das sie will – oder ist zumindest auf einem guten Weg dahin. Sie hat eine klarere Vorstellung davon, was ihr guttut, und möchte unbedingt mehr darüber wissen.

Ja, mein jetziges Leben fühlt sich richtig an. Reue ist also vollkommen fehl am Platz. Das musste offenbar alles so laufen.

Als ich alle Mails gelesen habe, weiß ich, was zu tun ist.

Ich lösche sie.

So wie die Diskosaurier gehören sie einer anderen Zeit an. Mein Leben ist jetzt.

Auf den anderen Disketten sind fast ausschließlich berufliche Files, die mich heute nicht mehr interessieren. Auch meine Abschlussarbeit von der Uni habe ich doppelt und dreifach gesichert. Und nun, da ich alles gesichtet habe, kann ich es getrost entsorgen.

Ich laufe in den Hof, wo mein Nachbar gerade dabei ist, ein Brett zu lackieren. Wir lächeln uns an, dann legt er den Pinsel hin.

»Cool, echte Floppys.« Er deutet auf die Diskettenschachtel. »Habe ich lange nicht in der Hand gehabt.«

Ich erkläre ihm, dass ich mir den Inhalt gerade angesehen habe.

»Und jetzt?«, fragt er. »Einfach wegwerfen?«

»Na ja, ich habe auf die Website der Entsorgungsbetriebe geschaut«, sage ich. »Man kann sie auch zum Wertstoffhof bringen, aber da passiert mit ihnen nicht mehr viel.« Ich zucke mit den Schultern. »Je länger ich das mit dem Entsorgen mache, desto mehr sträube ich mich davor, Sachen einfach so wegzuwerfen.« Immerhin habe ich die letzten Wochen intensiv damit verbracht, alles möglichst nachhaltig loszuwerden. Jeder Gang zur Mülltonne ist für mich eine Niederlage. Er macht mir bewusst, wie sehr auch ich daran beteiligt bin, den Planeten zu ruinieren. Eine andere Möglichkeit, die Diskosaurier loszuwerden, sehe ich aber leider nicht. Anders als CDs, die gut recycelt werden können und daher weder im Gelben Sack noch im Hausmüll gut aufgehoben sind, sondern nur auf dem Wertstoffhof, sollen Disketten in den Restmüll wandern.

»Gibt's niemanden, der damit bastelt?«, will mein Nachbar nun wissen.

Ich nehme meine Floppys und laufe die Treppe wieder hoch, stelle sie bei eBay ein, zusammen mit dem Laufwerk, das ich nicht mehr brauche. Und er hat recht – schon nach kurzer Zeit meldet sich jemand.

»Ich mach Notizbücher draus und Stifteaufbewahrungen«, schreibt mir eine Britta.

Da sie in Dortmund wohnt, schicke ich ihr die Disketten als Warensendung günstig zu, nachdem ich mich noch mal vergewissert habe, dass alle Dateien gelöscht sind.

Auch mein anderes elektronisches Equipment reduziere ich. Von jeder Kabelart behalte ich genau ein Exemplar, alle Kabel kommen geordnet in eine Box. Den Rest stelle ich in einem Karton an die Straße – nach kurzer Zeit ist alles weg.

Für manche Speichermedien habe ich inzwischen keine Abspielstation mehr, wie die Mikrokassetten, die in das Diktiergerät passen, das ich vor einiger Zeit ausgemustert habe, meine Video- und Audiokassetten und einige CompactFlash-Speicherkarten, die zu meiner früheren Digitalkamera gehörten. Auch analoge Medien in meinem Schreibtisch sind noch zu entsorgen, das erledige ich nebenbei. Das Ablagefach auf meinem Riesenschreibtisch quillt über vor Konzepten und ausgedruckten Manuskripten, im Rollschränkchen befindet sich eine Materialsammlung, die jeden Schreibwarenhändler vor Neid erblassen ließe: Stifte, Karteikarten, Klebeband, Folien, Radiergummis und Lineale. Weil ich an keinem Papeteriegeschäft vorbeigehen kann, gibt es alles in x-facher Ausführung, wobei viele Stifte schon gar nicht mehr richtig schreiben und die Stempelkissen alle eingetrocknet sind.

Zuerst entscheide ich, welche Sachen aus dem Rollschränkchen ich weiter benutzen werde. Es gibt Stifte, mit denen ich einfach gerne schreibe, die müssen natürlich bleiben, auch in mehrfacher Ausführung. Wichtig ist mir beim Aussortieren, dass die Stifte gut in der Hand liegen und nicht verschmieren. Einen bestimmten Kuli verwende ich dauernd, wie auch einige Korrekturstifte mit dokumentenechter Tinte. Zwanzig HB-Bleistifte sind mindestens achtzehn zu viel; von den zehn Textmarkern behalte ich nur einen pinkfarbenen, einen hellblauen und einen neongelben. Eine vollständige Packung Buntstifte reicht, ein einziger Spitzer – nicht drei.

Mir fallen die Fineliner mit verschieden starker Mine in die Hand, mit denen ich im Studium und danach immer seltener beim Telefonieren in meinem Skizzenbuch herumgekritzelt habe. Das Scribbeln hatte mich entspannt. Was ist nur aus der ganzen kreativen Energie geworden, die früher einfach so aus mir herausgesprüht ist? Sie scheint eingetrocknet zu sein wie die Stempelkissen und die Minen der Stifte, die ich gerade aussortiere. Ich ziehe das Skizzenbuch heraus, das unter ein paar Blöcken in meiner Ablage liegt. Manche der Zeichnungen sind gar nicht schlecht, die feinen schwarzen Linien bilden hin und wieder Muster oder Figuren, die mir sogar richtig gut gefallen. Ich lege das Buch oben auf den Stapel, damit ich beim nächsten Telefonat daran denke, es zu verwenden.

Die anderen Stifte kann ich verschenken, und mit den eingetrockneten Exemplaren in den Stiftebechern auf meinem Schreibtisch mache ich kurzen Prozess. Dann stoße ich auf den Silberfüller, den ich mir in einem Moment der Schnöseligkeit für die Unterzeichnung von Verträgen gekauft habe. Den kann ich natürlich nicht wegwerfen. Er sieht elegant aus und hat fast zweihundert Euro gekostet, aber in meiner Hand kommt er mir deplatziert vor. Es ist an der Zeit, dass ich ihn verkaufe. Ein silberner Edelfüller passt einfach nicht zu mir. Außerdem läuft das Metall schon dunkel an, und das nervt mich, ich will ihn ja nicht dauernd mit einem Pflegetuch abreiben, damit er glänzt. Ich bin eher der Typ für einen Kuli oder den alten Aufziehfüller meines Vaters, muss ihn mal fragen, ob er den noch hat. Als Kind sah ich oft dabei zu, wie er den Füller aus dem Tintenfässchen auffüllte, mit dem er auch die Stempelkissen tränkte, indem er die Feder hineinhängte und den hinteren Teil drehte, was die Tinte in eine Kammer sog.

Auch bunte Pappen, beschreibbare CDs und CD-Hüllen, der

zweite Klebefilmroller und der zweite Tacker fliegen raus, von den USB-Kabeln behalte ich jeweils nur eines von jedem Anschluss. Die USB-Sticks sammle ich endlich mal in einer einzigen Box – aus Erfahrung weiß ich, dass ich solche Minispeicher immer mal wieder brauche. Da ich sie in der Vergangenheit aber nicht alle an einer Stelle aufbewahrt habe, hatte ich keinen Überblick. Sicher flottieren auch jetzt noch in diversen Taschen, Schubladen und Kartons welche frei herum, aber sobald ich ab sofort einen finde, wandert er in diese Box, auf die ich dick »USB« schreibe. Allzu oft habe ich einen Stick gekauft, wenn ich etwas abspeichern musste, weil ich ad hoc nicht wusste, wo ein leerer zu finden ist. Das Gleiche mache ich mit Speicherkarten, von denen ich aus Faulheit nie die Fotos gelöscht habe, sobald sie auf meinen Rechner übertragen waren. Hinterher weiß ich dann nicht mehr: Ist das schon abgespeichert oder habe ich es vergessen?

Schließlich liegt ein großer Haufen Büromaterialien, die ich nicht brauche, neben dem Rollschränkchen, so als hätte ich Ausgrabungsarbeiten in einer antiken Schreibstätte hinter mir. Ohne sie ist es nun so leer, dass ich es ebenfalls nicht mehr brauche. Ich räume also um: Die Sachen, die ich nicht behalten will, kommen ins Schränkchen, das ich in den Flur schiebe. Ich sehe es noch mal ganz scharf an, damit das Bild in meinem Hinterkopf zukünftig verhindert, dass ich in der Schreibwarenabteilung eskaliere. Papier und Umschläge stelle ich in einem Karton neben den Drucker, die Stifte, die ich benutze, bringe ich in einem Mäppchen und einer Metallbox direkt auf dem Schreibtisch unter, der ohne die Unterlagen meines Ex-Jobs, die ich vernichtet habe, und ohne Materialschlachtfeld schon viel übersichtlicher aussieht. Mit einem Mal ist auf dem Tisch so viel Freiraum, dass ich mir vorstellen kann, daran wieder etwas anderes zu tun, als zu arbeiten. Briefe schreiben. Geschenke verpacken. Basteln.

Was mache ich jetzt mit all dem überschüssigen Material? Mir fällt ein, dass ich mich mit einer Freundin meines Nachbarn im letzten Sommer auf unserem Hoffest über ihren Job als Kunstlehrerin unterhalten hatte. Wir mochten uns sofort, sind uns aber seitdem nicht wieder begegnet. Das ist doch ein guter Anlass, um sie anzurufen, ihre Telefonnummer habe ich im Handy abgespeichert. Sie klingt erfreut, als ich sie frage, ob sie die Stifte für ihren Unterricht gebrauchen kann, und wir verabreden einen Tag vor meinem Umzug, an dem sie auf einen Kaffee vorbeikommt, um sie abzuholen. Es kommt mir vor wie ein doppelter Gewinn – ich werde meine Sachen für einen guten Zweck los, außerdem sehe ich die nette Bekannte wieder. Hätte ich schon früher gewusst, wie gut sich das Verschenken anfühlt, hätte ich bestimmt nicht erst jetzt damit angefangen.

Nachdem ich die Hardware gut untergebracht habe, mache ich mich an die Software. Schon lange stört mich, dass ich ständig weniger Platz auf meinem Telefon habe. Ich speichere die Fotos auf meinem Rechner, wobei mir auffällt, wie viele Dateien dort schon sind. Doppelte Fotos, misslungene Schnappschüsse, die ich einfach abgespeichert habe, um sie irgendwann später mal zu ordnen und die rauszuwerfen, die ich nicht behalten möchte.

Mein alter Laptop kommt mir vor wie auf Festplatte ausgelagerte Gedanken und Momente. Experten sagen, dass wir gut daran tun, unser Gehirn aufzuräumen und das, was wir uns sonst mühsam einprägen müssten oder was uns auf der Seele brennt, extern zu lagern, weil das für mehr Klarheit sorgt. Einkaufslisten, Telefonnummernverzeichnisse, Zettel mit den Aufgaben für den nächsten Tag, auch ein Tagebuch – all das hilft, den Kopf frei zu bekommen.

Aber eine ungeordnete Computerfestplatte ist wie ein mit nützlichen und unnützen Infos überquellender Kopf. Ein Blick auf meine zugemüllte Festplatte lässt mich innerlich abwinken, ich habe keine Lust, mich mit dem, was dort vielleicht Interessantes schlummert, richtig auseinanderzusetzen. Ich muss sie ordnen, muss mir mehr Überblick und Struktur verschaffen.

Ich lösche die überflüssigen Fotos und organisiere meine Ordner im Rechner so, dass ich endlich alles wiederfinde. Ich räume meinen Desktop auf, fasse gleiche Dokumente und Themen in Ordnern zusammen. Schnell wird mir klar, dass das, was ich zwischendurch in einen Ordner *Aktuell* auf dem Desktop werfe, meist drei großen Kategorien zugehörig ist. Es sind zum einen Dokumente, die ich aus reiner Trägheit nicht in die richtigen Ordner ablege, Rechnungen, Verträge, Versicherungskram. Das andere sind Recherche-Sachen, also Artikel, manchmal Memes oder Website-Inhalte. Das dritte sind Dokumente, die ich ausdrucken muss. Als Ablagefächer lege ich also drei Ordner an, die ich auf den Desktop verlinke: einen für *Ablage,* einen für *Recherche*, einen für *Drucken*.

In der Ordnerstruktur fasse ich einige Ordner in dem Pulk meiner eigenen Dateien zu größeren Gruppen zusammen, beispielsweise kommen der Ordner mit privaten Briefen und der mit den offiziellen Schreiben in einen übergeordneten Ordner mit der Aufschrift *Korrespondenz*.

Kurz schwebt mein Cursor über dem Ordner, den ich *Unerfreuliches* getauft habe. Ich weiß, darin ist alles, was mich mal aufgeregt hat. Der Versicherungsstreit mit dem Professor, der vor zehn Jahren so schusselig war, während der Fahrt zur Leipziger Buchmesse meinen Koffer statt seinen aus der Ablage mitzunehmen und dann seine Mutter, eine betagte Dame, die Sache für ihn regeln ließ. Briefe von einer ehedem guten Freundin, mit der ich mich aus einem Grund, an den ich mich nicht mehr erinnere, heftig gestritten habe. Fotos von meinem Ex-Freund und mir, die ich nach der Trennung weder löschen noch wirklich behalten wollte. Die Korrespondenz mit einer ehemaligen Vermieterin, die unserer Wohngemeinschaft die Miete um 20 Prozent erhöhen wollte, weil sie der Meinung war, die ranzige Gegend zwischen der dreispurigen Straße und den Bahngleisen hätte sich in den vergangenen fünf Jahren zu einer modernen Villengegend gewandelt. Es folgte ein langwieriger Rechtsstreit, in dem ich den Mieterbund sehr zu schätzen lernte. Weil wir den Prozess gewannen.

Will ich so was wirklich noch länger mit mir herumschleppen? Ich sehe nie hinein, und ich bin ziemlich sicher, dass ich auch in Zukunft keinen Wunsch danach verspüren werde. Nichts davon brauche ich noch. Klick, ab in den Papierkorb mit dir. Und damit ich es mir nicht noch mal überlegen kann, leere ich den Papierkorb auch gleich. Ich atme auf, wie gut sich das anfühlt!

Mit Dateien, deren Inhalte veraltet sind, etwa Bankunterlagen oder Versicherungsbelege, verfahre ich so wie mit den ausgedruckten Belegen in meinen Ordnern: Ich entferne sie endlich.

Genau wie den Workload, den ich in meiner Freizeit auf dem Privatrechner für die Firma erledigt hatte.

Die Downloads, die ich nicht mehr brauche.

Die Anwendungen, die ich nicht nutze.

Und die größten E-Mail-Anhänge in meinem Postfach.

In einem Ordner meines Posteingangs sind auch Nachrichten von Firmen, auf deren Seiten ich ein Benutzerkonto anlegen musste, um eine einzige Bestellung zu tätigen. Ähnlich ist es mit Portalen, deren Dienste ich nicht mehr nutze, also etwa Frageseiten im Internet. An die Betreiber der Websites schreibe ich eine Standardmail mit der Bitte, meine Daten nach der Datenschutz-Grundverordnung zu löschen. Artikel 17 ist das Recht auf Vergessenwerden, wenn es keinen Grund für die Speicherung von Daten mehr gibt. Und ich bestelle reihenweise Newsletter ab – das werde ich zukünftig auch mit analoger Infopost machen, die mich erreicht, mit Katalogen, Prospekten, Spendenwerbung.

Ich leere meine Dropbox und beginne alles, was an Bildern und Filmmaterial von mir online steht, zu sortieren, indem ich etwas tue, das ich vorher peinlich fand. Ich betreibe Egosurfing – ich gebe meinen Namen in eine Suchmaschine ein, um zu sehen, was über mich im Netz zu finden ist. Über die Jahre, in denen ich mit dem Kollegen Sachbücher schreibe, sind etliche Interviews und Artikel zusammengekommen, und es gibt auch Branchennews, in denen ich erwähnt bin, sowie Interviews, die ich als Schreibkursleiterin gegeben habe. Einige Fotos mag ich nicht, genau wie einige veraltete Videos. Ich schreibe die Betreiber der Seiten an und bitte darum, das Material zu löschen.

»Wie nett, von dir zu hören«, antwortet mir der Inhaber einer Literaturseite, den ich persönlich kenne. »Lösche ich natürlich gleich. Wenn du jetzt als freie Autorin arbeitest – hast du nicht mal Lust, was für uns zu schreiben?«

Da sein Büro in Berlin ist, verabreden wir uns für den nächsten Monat auf einen Kaffee. Warum bin ich nicht längst darauf gekommen, meine alten Kontakte zu aktivieren – solange ich kein Buchprojekt habe, kann ich doch kürzere Texte schreiben? Wie sollen die auch alle wissen, dass ich zur Verfügung stehe, wenn ich ihnen das nicht sage? Schnell schreibe ich der Chefredakteurin einer kleinen Literaturzeitschrift, der ich früher mal ein Interview gegeben habe, und biete ihr an, einen Artikel über das Verhältnis zwischen Autorin und Lektorat zu schreiben. Schließlich kenne ich mich mit beiden Seiten aus. Sie schreibt mir sofort zurück, dass sie den Artikel gerne bringt und wie lang er sein soll. Davon ermutigt, will ich auch noch die Journalistin anschreiben, die ich bei einem größeren Nachrichtenportal kenne, doch mein Rechner stürzt ab.

Ich kann so viele Dateien aufräumen, wie ich mag, aber wenn ich wirklich von überall aus als freie Autorin und Redakteurin arbeiten möchte, muss ich meinen Laptop endlich gegen einen neuen austauschen. Er ist schwer, er arbeitet langsam, und trotz der Datenkur ist er übervoll. Ungünstige Eigenschaften für ein Arbeitsgerät. Was wäre, wenn ich mitten in einem Text stecke, und er beendet das Programm dann unerwartet? Jetzt stehe ich vor einem Problem: Wie komme ich an einen neuen Rechner, und zwar möglichst ökologisch?

»Mach da nicht so einen Fimmel drum und kauf dir einfach

einen neuen«, meint Stefan am Telefon und schickt mir wenige Minuten später per Mail eine Latte Links, die ich pflichtschuldigst öffne. An jedem der Angebote habe ich etwas auszusetzen. Es hat nicht genügend Speicher, ist zu schwer oder hat nicht die Anschlüsse, die ich will. Die meisten haben außerdem ein spiegelndes Display, was für meine Arbeit und auf Reisen einfach nicht sinnvoll ist. Und dann die Produktionsbedingungen!

Das erkläre ich Stefan, als wir ein paar Tage später wieder telefonieren.

»Du musst die alte Möhre doch mal ersetzen, und zwar nicht erst im nächsten Jahrhundert«, meint er nonchalant. »Also stell dich nicht so an.«

»Ich will aber das perfekte Gerät – eins, das ich möglichst lange nicht ersetzen muss, eins, das leicht ist, schnell und eine große Festplatte hat.« Ich erkläre ihm meine genaue Wunschkonfiguration und auch, dass das bei keinem der Modelle, die ich mir bisher angesehen habe, machbar ist, selbst wenn ich an einigen Stellschrauben, etwa Speicherplatz, durchaus drehen kann. So viel will ich auch gar nicht ausgeben, als Freiberuflerin möchte ich sparen.

»Anne«, sagt er. »Mach dich mal locker. Du musst die Materie nicht jahrelang studiert haben, um eine Entscheidung zu treffen.«

»Aber es ist nicht so, wie ich es will«, sage ich. »Und dann will ich es nicht.«

Stefan lacht. »Google doch einfach ›perfekter Ökorechner‹.«

Er würde es vermutlich nicht fassen, aber genau das mache ich.

Mit ein paar verschiedenen Stichworten aus dem Bereich gelange ich schließlich auf eine Plattform, die Rechner refurbished, also alte Computer professionell aufmotzt. Dort kann ich mir nicht nur genau das konfigurieren, was ich sinnvoll finde, das Ganze wird auch aus Firmenware zusammengesetzt, die besonders stabil ist, außerdem gereinigt – und Garantie gibt es auf die

Geräte auch noch. Eine Stunde später habe ich mir einen Rechner rausgepickt, der es sein soll. Er kostet mich weniger Aufwand und Geld und ist nicht ganz so schädlich für die Umwelt wie ein neuer.

Laut Umweltbundesamt fallen im Lebenszyklus eines Laptops 382 Kilogramm CO_2-Emissionen an, davon macht die eigentliche Nutzung nur etwa ein Drittel aus. In ihm sind wertvolle Materialien wie Silber, Gold, Tantal oder Platin verbaut, deren Gewinnung die Umwelt und die Menschen in den Abbaugebieten schädigt. Es ist also viel besser, ein gebrauchtes Gerät zu kaufen.

Sobald ich meinen alten Laptop nicht mehr benutze, schreddere ich die Daten und spende ihn an eine gemeinnützige Non-Profit-Organisation, die ich ebenfalls im Netz entdeckt habe: Labdoo. Sie arbeitet mit Ingenieure ohne Grenzen zusammen, stattet meinen Rechner mit einem neuen Betriebssystem aus, verschickt ihn CO_2-neutral und stellt ihn in Bildungseinrichtungen Kindern in der ganzen Welt zur Verfügung.

Auch die anderen alten Geräte, die in meiner Asservatenkammer namens Arbeitszimmer vor sich hin gammeln, annonciere oder verschenke ich. Die meisten sind ohnehin nicht mehr viel wert. Meine ganz alten Handys gebe ich im nächsten Telekomshop ab, wo sie fürs Recycling gespendet werden können. 15 Prozent, so die Angabe der Telekom, können nach Löschung aller Daten weitergenutzt werden. Ist dies nicht der Fall, werden die Rohstoffe gesichert und recycelt, die Schadstoffe fachgerecht entsorgt. Ein nicht ganz so altes iPhone, bei dem nur der Akku nichts mehr taugt, und viele Büromaterialien spende ich einer säkularen Kölner Flüchtlingshilfe, deren Organisatoren ich in der Zwischenzeit kennengelernt habe.

Als Letztes widme ich mich dem Handy, das ich in Gebrauch habe. Es ist mein ständiger Begleiter, aber in den letzten Wochen kam es mir eher vor wie ein Quälgeist. Es drängt sich mir überall auf, beim Einkaufen, im Park, im Café. Wenn ich mich langweile, verdaddele ich meine Zeit mit ihm, und selbst wenn ich mich nicht langweile, hat es schwarzmagische Fähigkeiten: Es ist ein bisschen wie das verräterische Herz aus der Geschichte von Edgar Allan Poe. Nur ich kann hören, wie es klopft, und schließlich kann ich nicht anders, als die Dielen – also meine Tasche – zu öffnen und es hervorzuholen. Ich schwöre mir dann, dass ich nicht lang draufsehen möchte. Und, schwupp, ist wieder eine Stunde rum.

Mein Telefon zeigt an, wie viel Zeit ich mit ihm verbringe. Und jeden Tag zwei bis drei Stunden sind definitiv zu viel. Wenn ich diese dafür nutzen würde, um Bücher zu lesen, Briefe zu schreiben, Freunde anzurufen oder Konzepte zu schreiben, dann würde ich doch rein zeitlich alles besser schaffen und das nicht immer so gehetzt erledigen. Wenn ich künftig mehr Klarheit in meinem Leben haben will, darf ich sie mir nicht durch den ständigen Blick auf ein Miniaturdisplay verstellen lassen.

Es ist, als hätte es ein Leben jenseits dieser Technologie für mich nie gegeben. Und doch, da gab es mal ein Land, weit, weit vor unserer Zeit, in dem war das am weitesten entwickelte Gerät ein Röhrenfernseher. Das Telefon war durch ein Kabel mit dem Anschluss in der Wand fest verbunden. Und kaum zu glauben, aber wahr: Wir nahmen uns ab und an die Freiheit, es einfach klingeln zu lassen. Auf meinem Fensterbrett stand ein einfaches Kassettenradio, auf dem meine Hörspiele liefen, während ich malte. Die meiste Zeit verbrachte ich aber lesend auf dem Bett oder Sofa. All das änderte sich Anfang des neuen Millenniums, als es üblich wurde, sein Handy mit sich herumzutragen. Natürlich wollte ich auch eins haben, wenngleich es mir anfangs etwas unvorstellbar erschien, damit auf der Straße zu telefonieren, wo jeder mich hören konnte.

Inzwischen ist unsere Welt ohne Handys kaum noch vorstellbar. Die Studie »Smartphone- und IoT-Verbrauchertrends« zeigt, dass rund 25 Prozent aller Millennials mehr als fünf Stunden täglich mit ihrem Smartphone verbringen, 57 Prozent erwarten, dass ihre Nachricht innerhalb weniger Minuten beantwortet wird, vier Prozent gingen lieber einen Monat lang ins Gefängnis, als ihr Smartphone für ein Jahr abzugeben. Viele Menschen fühlen sich laut dieser Studie ohne ihr Smartphone frustriert (27 Prozent), verloren (26 Prozent), gestresst (19 Prozent) und traurig (16 Prozent).

Angst, Depression, Stress, all das tritt zahlreichen Studien zufolge in Verbindung mit übermäßigem Handykonsum auf. Wir verspüren F.O.M.O. (*Fear Of Missing Out*, also die Angst, etwas zu verpassen), eine leichte Nervosität, wenn wir überlegen, unsere Social-Media-Accounts zu löschen. Da online oft ungehemmter diskutiert wird, kommt es häufiger zu Belästigungen.

Aber davon will ich mich nicht mehr so sehr bestimmen lassen, ich will mich auf Social Media nicht mehr mit anderen vergleichen, die mir über ihr Like eine Qualität zuordnen. Ich muss mehr sein als jemand, den andere bewerten können. Ich möchte nicht enden wie in China, wo über Likes inzwischen soziale Kontrolle ausgeübt wird. Ein Szenario wie in *The Circle* von Dave Eggers, in dem ein Social-Media-Unternehmen in jeden Winkel des Lebens seiner User eindringt, finde ich beklemmend – weil es bereits jetzt sehr nah an der Realität ist. Vielleicht enden wir alle wie in einer Folge der Serie *Black Mirror,* in der das Leben einer jungen Frau ins Chaos stürzt, weil sie nicht genügend Likes bekommt. Ich will keine Influencerin sein und mich auch nicht influencen lassen. Ich will meine Zeit zurückerobern, und dafür muss ich den Minimalismus auf mein Handy ausweiten.

Sehr oft habe ich schon gewünscht, mich würde einfach jemand davon befreien. Die Überraschung: Ich weiß plötzlich, wer dieser Jemand ist. Ich selbst.

Als Erstes lösche ich alle unnötigen Apps. Ein Spiel, mit dem ich die Welt vor einem Virus retten kann, und *Plants vs. Zombies.* Meine Social-Media-Kanäle wie Facebook und Twitter, damit ich nicht ständig verführt bin, unterwegs auf dem Handy hineinzusehen. Ich schreibe meiner Familie und Freunden, dass ich mich von WhatsApp trenne, weil mir die blauen Häkchen, die anzeigen, ob etwas gelesen wurde, und die ewigen Chats schon lange zuwider sind. Und als ich den Account in den Einstellungen der App gelöscht habe und das Icon mit der grünen Sprechblase, in der ein Hörer schwebt, von meinem Display verschwunden ist, wird mir deutlich leichter ums digitale Herz.

Stattdessen installiere ich eine App, mit der in der Zeit, in der ich den Knochen nicht anrühre, ein Bäumchen auf meinem Display wächst.

Schließlich bin ich fertig. Das Handy lege ich in die Küche und lasse dort das Bäumchen sprießen, möglichst außer Reichweite, damit ich nicht verführt werde, draufzuschauen.

Zur Belohnung nehme ich ein Buch aus dem Regal, setze mich im Wohnzimmer auf die Couch, die inzwischen ziemlich einsam dasteht, und lese. Zum ersten Mal seit Jahren ungestört und ruhig.

Wie du elektronischen Helfern wieder aus deinem Leben raushilfst, wenn die Zeit gekommen ist

Altgeräte entsorgen. Alles, was einen Akku hat, ein Kabel oder mit Batterien betrieben wird, zählt als Elektronikgerät. Ja, auch der Rauchmelder und der Wecker. Elektroschrott muss fachgerecht entsorgt werden, es ist sogar verboten, ihn einfach so in den Hausmüll zu werfen, weil er entgiftet werden muss und die Materialien teils wertvoll sind. Über den Link www.elektroschrott.de/wertstoffhoefe kannst du nach Wertstoffhöfen in deiner Nähe suchen. Und auch die Batterien gehören korrekt entsorgt – am besten geht das in einer bekannten Drogeriemarktkette, von denen viele von uns eine Filiale um die Ecke haben.

Altgeräte spenden. Bei www.labdoo.org, einer Organisation, bei der alle ehrenamtlich arbeiten, können Rechner, Laptops und alte eReader gespendet werden. Sogar meine langsamere Festplatte konnte ich dort abgeben, für alles bekam ich eine Spendenquittung. Elektroschrott wird dadurch vermieden, Kinder in anderen Ländern bekommen über recycelte Geräte Zugang zu Bildung und Internet. Paten nehmen die Geräte auf Reisen mit und vermeiden so übermäßige Transportemissionen.

Altgeräte zurückgeben. Elektromärkte und Onlineshops, die über mehr als 400 Quadratmeter Fläche verfügen, sind per Gesetz verpflichtet, alte Geräte zurückzunehmen, bei denen keine Kante länger als 25 Zentimeter ist. Großgeräte wie Fernseher oder Kühlschränke müssen sie nur dann zurücknehmen, wenn ein neues bei ihnen gekauft wurde.

Alte Handys kann man bei der Aktion von Teqcycle und der Telekom (www.handysammelcenter.de) kostenlos einsenden oder direkt im Telekomshop abgeben. Wenn du Leute kennst, bei denen auch ein altes Handy rumfliegt, kannst du eine Sammelbox bestellen. Auch der NABU bietet Sammelboxen an, und dort kannst du ebenfalls via gratis downgeloadetes Retourenlabel alte Handys einschicken. Für jedes Handy fließt eine Spende zur Renaturierung der Havel: www.nabu.de/umwelt-und-ressourcen/aktionen-und-projekte/alte-handys-fuer-die-havel. Datenschutz ist beim Recycling garantiert, und der Elektroschrott landet so nicht in ärmeren Ländern, wo Menschen, teils Kinder, auf einer giftigen Deponie herumklettern, um die für sie wertvollen Stücke zu sammeln.

Neugeräte schaden der Umwelt am meisten. Anbieter wie www.greenpanda.de und www.refurbed.de oder www.afbshop.de bieten refurbishte Computer, Notebooks, Monitore und Handys an. Ich persönlich habe auch noch nie schlechte Erfahrungen mit gebrauchten Altgeräten auf Kleinanzeigenforen gemacht. Nur eine Garantie gibt es da nicht.

Apps wie Forest, die ein Bäumchen auf meinem Handy wachsen lässt, Offtime, Space, Flipd und AppDetox können dich auf verschiedene Weise vom Phubbing – dem ständigen Daddeln – abhalten. Mir hilft allerdings am besten, wenn ich so wenige Apps wie möglich auf dem Gerät habe und es einfach irgendwohin lege, wo ich es nicht sehe.

Unfollow & Close Account. Überleg dir, wem du wirklich auf Social Media folgen willst, auf welchen Plattformen du angemeldet bist und ob dich das weiterbringt oder nur Zeit verschwendet. Reduziere deinen Datenmüll. Spätestens wenn mal wieder ein Unternehmen gehackt wurde, freust du dich, wenn du nicht zu viele Passwörter ändern musst. Und dich noch an jede einzelne Seite erinnerst, wo du dich registriert hattest.

Noch ein Tipp für Umweltfreunde: Wenn du öfter im Entwurfsmodus druckst, wirf die Kartusche nicht gleich weg, wenn angezeigt wird, dass sie leer sei, sondern nimm sie raus und bewege sie ein paarmal hin und her, dann geht noch was – Kostenersparnis meets Müllvermeidung. Einen Drucker mit einer einzelnen schwarzen Patrone kannst du von schwarz auf grau umstellen, das sieht man im Ausdruck kaum, spart aber Tinte. (Beim Farbdrucker bitte nicht – die mischen sonst aus allen Farben grau zusammen, das verbraucht mehr.) Die Schrift auf eine schlankere umzustellen spart bis zu 30 Prozent Tinte: Arial verbraucht besonders viel, Century Gothic, Calibri oder Times New Roman weniger. Und Papier beidseitig bedrucken hilft natürlich auch gegen Verschwendung.

Happy ohne Ende

Mache niemals jemanden zu deiner Priorität,
wenn du für diese Person nur eine Option bist.

Maya Angelou

Der Kastenwagen rumpelt auf den Bordsteig und steht nun vor dem Haus in der Kölner Innenstadt, wo Dirk wohnt, im absoluten Halteverbot. Er hat recht, hier sind wirklich keine Parkplätze, alles voll.

Meine Empfindung schwankt zwischen Abschiedsschmerz – das letzte Treffen im Hof mit meinen Freunden, die Umarmung mit Petra eben gerade und die letzte Fahrt durch mein Veedel an all den vertrauten Plätzen vorbei – und Vorfreude auf die neue Stadt.

Wenn ich überhaupt etwas empfinde, denn ich bin kräftemäßig am Ende. Meine Schwester und mein Schwager waren am Wochenende da, um mit mir die letzten Sachen einzupacken. Allein hätte ich das wohl alles nicht geschafft, und ich bin ihnen nicht nur unglaublich dankbar, sondern auch froh, dass ich Zeit mit ihnen verbringen konnte. Zum Dank habe ich sie zum Essen eingeladen, das dann doch unbedingt mein Schwager bezahlen wollte. Dann gab ich ihnen noch den Schrank mit, den ich ihnen versprochen hatte. Den großen Holztisch, der mir in dem Möbelgeschäft so gut gefallen hat und eigentlich für meinen Freund und mich und unsere zukünftigen Kinder gedacht war, bekommt meine jüngere Schwester, da kann ich ihn auch ab und an besuchen und mit meiner kleinsten Nichte daran essen und spielen.

Die meisten anderen Möbel habe ich verkauft, unter anderem meine schöne, aber unpraktische Vitrine, die ich mal in einem

Antiquitätenladen erstanden hatte. Balkonpflanzen, Tisch und Stühle für draußen nahm meine Nachmieterin sehr gerne, die habe ich ihr einfach geschenkt – Ingas Wohnung hat ohnehin keinen Balkon. Zwei hohe Regale aus geöltem Eichenholz, in denen Küchengerät, Kleinkram und Geschirr verstaut waren, das jetzt weg ist, habe ich mit meinem Schwager runter vors Haus getragen. In dem Moment, als wir das zweite abstellen wollten, hielt ein Wagen mit quietschenden Reifen. Eine Frau sprang raus.

»Wollen Sie die loswerden?«

Wir stellten sie nicht ab, sondern luden sie in ihr Auto.

Mir bleibt ein Couchsessel, den man zu einem schmalen Bett ausziehen kann. Ein kleiner antiker Brotschrank aus den Zwanzigern. Eine Kleiderstange. Eine schwarze Kaiser-Idell-Lampe. Und mein Lieblingssessel, den ich mit blauem Stoff habe beziehen lassen. Ich sitze so gerne drauf, den kann ich nicht weggeben.

Was ich neben den Dingen des täglichen Bedarfs noch besitze, passt zwar in den großen Transporter, meine Schwester und ich haben dennoch ganz schön geschleppt, während mein Schwager Tisch und Schrank auseinanderbaute. Das liegt daran, dass ich meine Bücher noch nicht aufgeben konnte, und auch an die Gegenstände, an denen Erinnerungen hängen, habe ich mich beim Aussortieren bisher nicht herangewagt. Es klingt irre, vor allem weil ich künftig im obersten Stock eines Altbaus wohne. Aber die Sachen müssen jetzt erst mal mit nach Berlin. Es sind immer noch zwanzig Kartons, und weil mich das so frustet, frage ich meine Schwester hin und wieder, ob sie was davon haben möchte oder ob sie jemanden kennt, der es gebrauchen könnte. Plötzlich bricht sie in Tränen aus.

»Was hast du denn?«, frage ich entsetzt.

»Ich habe das Gefühl, du löst dich auf!«

Ich kann ihren Schrecken nachvollziehen. Das letzte Mal, als wir auf diese Weise etwas zusammengepackt haben, ist meine Oma ins Altersheim gezogen. Und seitdem geht es Oma nicht gerade besser. Behutsam versuche ich meiner Schwester zu erklären, dass ich ja nicht in meinen Dingen stecke, sondern mich viel freier ohne sie fühle. Und dass ich alles, was ich wirklich brauche, auch behalte.

Für meine Schwester ist es ein unvorstellbarer Gedanke, sich von ihren Habseligkeiten zu trennen. Sie dekoriert gerne, Dinge machen sie glücklich, und sie geben ihr ein sicheres Wohlgefühl. Ich würde ihr niemals vorschlagen, sie solle Minimalistin werden, es wäre vollkommen abwegig. Mit zwei Kindern kann sie sich Minimalismus ohnehin nicht vorstellen. Kinder brauchen ihren Platz, sie haben Wünsche. In allen Familien mit Kindern, die ich kenne, dominiert das Spielzeug meist das gesamte Elternhaus.

Eltern, die minimalistisch zu leben versuchen, haben mir gesagt, dass sie meist daran scheitern, Ordnung zu halten, und dass sie einfach den Überblick verlieren. Je größer das Kind wird, umso mehr erweitert sich sein Radius von der Spieldecke bis hinaus auf den Balkon oder in den Garten. Und spätestens Teenager schmeißen ja ihre Sachen gerne überallhin und lassen sich nichts mehr sagen. Klar strukturierte Eltern müssen da sehr viel Wohlwollen und Geduld aufbringen.

Für kleinere Kinder organisieren viele das Spielzeug in Kisten nach Themenbereichen – das hilft auch beim Aufräumen, denn so ein Schema ist für das Kind leicht verständlich – und stellen die Kisten so hin, dass die mit dem Lieblingsspielzeug am leichtesten erreichbar für das Kind ist und die Kisten mit den seltener genutzten Sachen weiter oben stehen.

Problematisch sind laut meinen Freundinnen zum einen die Kleider der Kinder, die ja ständig gegen größere ausgetauscht werden müssen. Sie befinden sich damit in einem stetigen Prozess von Gebrauchtkauf und Wiederverkauf. Zum anderen stören die vielen Geschenke, die nicht nur von den Großeltern, Tanten und Onkels kommen, sondern auch von Unternehmen wie der Deutschen Bahn, die ganz selbstverständlich kleine Plastikzüge als Spielzeug anbietet.

»Es ist schwer, vor diesem steten Strom nicht zu kapitulieren«, hat mir mal eine Freundin gestanden. Sie möchte, dass sich Geschenke von Besuch in Grenzen halten, weil ihr Sohn sonst lernt, dass es jedes Mal was gibt, wenn jemand zur Tür reinkommt. »Manchmal möchte ich meine Schwiegermutter am liebsten anblaffen, wenn sie sich mal wieder nicht daran hält, dass sie nichts mitbringen soll.«

Nachdem ich den Umzugswagen nun mehr schlecht als recht abgestellt habe, krame ich mein Handy raus, um Dirk anzurufen. »Ich steh vor deinem Haus im Halteverbot, beeil dich.«

»Bin gleich unten.« Er gähnt.

Bevor ich noch was sagen kann, hat er aufgelegt.

Fünf Minuten vergehen.

Ich trommle mit den Fingern aufs Lenkrad und sehe mich nervös nach einer Streife um.

Zehn Minuten.

Kopfschütteln einer Passantin. Ein älterer Herr nimmt eine Hand vom Rollator, um erst auf das Halteverbotsschild zu zeigen und dann an seine Stirn zu tippen.

Fünfzehn Minuten.

Gerade will ich Dirk noch mal anrufen, da trottet er aus dem Eingang, steigt ein und schnallt sich an.

»Was ist passiert?« Ich muss mich bemühen, freundlich zu bleiben.

»Ich hab noch Salat und Stullen gemacht.« Er zieht seine Tupperdose aus dem Rucksack.

Ach so, immerhin. Er hat sich um den Proviant gekümmert!

»Du hast dir für die lange Fahrt doch bestimmt auch was zu essen eingepackt.«

Ach so. Ich beiße mir auf die Lippe, so enttäuscht bin ich von ihm.

Ich sehe in den Seitenspiegel und warte eine Lücke ab, dann fahre ich rasch los.

»Ich kauf mir unterwegs ein Brötchen«, meine ich. »Ich musste ja den Wagen abholen und beladen, da hatte ich keine Zeit, noch was mitzunehmen.« *Weil du mir nicht geholfen hast,* würde ich am liebsten anfügen.

Es hat mich zwar nur ein Wochenende gekostet, alles zusammenzupacken und einzuladen, aber auch beim Verstauen der letzten Sachen heute Morgen hätte ich Hilfe gebrauchen können – meine Schlafliege war ganz schön sperrig, und wäre mein Nachbar nicht da gewesen, hätte ich sie wohl stehen lassen müssen. Würde ein echter Freund das nicht wenigstens anbieten, vor allem, wenn er dafür eine kostenlose Mitfahrgelegenheit bekommt? Dirk berät in der kommenden Woche eine Firma in Berlin. Da ich ihn mitnehme, kann er die Fahrtspesen einstreichen. Ein Hotel hat er gebucht, weil er meint, dass er sich die Preise verdirbt, wenn er das nicht abrechnet. »Sonst erwarten die das nächste Mal auch, dass ich privat übernachte.« Auf die Idee, mir die Fahrtspesen als Unkostenbeitrag zum Mietlaster dazuzugeben, ist er nicht gekommen.

Aber ich beschließe, mir die gute Laune nicht verderben zu lassen, immerhin geht's heute nach Berlin. Und ich habe das wenige, was ich noch besitze, erfolgreich in einem kleinen Kastenwagen untergebracht! Niemals hätte ich zu Beginn dieses Abenteuers gedacht, dass mir das einmal gelingen würde.

»Ich dachte, du hast gar keine Sachen mehr?«, meint er. »War das nicht der ganze Punkt an deinem Minimalismusfimmel?«

»Ist viel weniger.« Ich deute nach hinten. »Das ist ein Transporter, kein 7,5-Tonner. Das schwerste sind die Bücher.«

Ich bin tatsächlich von 35 Kubikmetern runter auf rund 15 Kubikmeter. Meine Kleider, das Brotschränkchen, ein Karton Küchensachen, das Fahrrad, mein Bett, meine Bürosachen. Meine Bücher. Alles, was ich täglich benutze und worauf ich nicht verzichten kann. Und der Transporter ist noch nicht mal ganz bis unters Dach gefüllt – dass ich den großen nehmen musste, lag eher daran, dass ich das Bettgestell und das Fahrrad sonst nicht hätte mitnehmen können. Alles in allem bin ich zufrieden, und was ich mit den paar Dingen mache, die ich noch nicht losgeworden bin, kann ich in Ruhe in Berlin überlegen.

»Bücher? Ich dachte, das wäre das Erste, was man als Minimalist seinen Umzugshelfern erspart«, sagt Dirk.

Klingt ganz danach, als hätte er eingeplant, mir zu helfen, bevor ich ihn an seinem Hotel absetze, da will ich mal nicht so sein. Mein Freund Yanis, der in Berlin schon auf meinen Anruf mit der genauen Ankunftszeit wartet, hat ebenfalls versprochen, dass er mir hilft. Für zwei starke Kerle wird das ja wohl kein großer Akt, die Kartons nach oben zu tragen. Und ich bin ja auch noch da.

Um die Mittagszeit halten wir an einer Raststätte, wo ich mir einen Salat und einen Bagel kaufe. Da klingelt mein Telefon, es ist Yanis.

»Hey du«, sagt er. »Mir ist was ganz Blödes passiert.«

Die Langfassung: Er hat sich beim Fußballspielen im Park das Kreuzband gezerrt und war gerade beim Arzt, um das untersuchen zu lassen.

Die Kurzfassung: Ein Helfer weniger.

»Das ist ja doof«, meint Dirk, als ich ihm von Yanis' Missgeschick erzähle.

»Ja, zu dritt hätten wir das bestimmt schneller geschafft«, sage ich. »Aber es ist ja nicht viel.«

»Dann seid ihr jetzt nur noch zu zweit?«

Wie meint er das?

»Na ja«, sage ich zögerlich, »du und ich, dachte ich.«

Ich werfe ihm einen Seitenblick zu. Er betrachtet seine Stulle, als wäre sie auf einmal unfassbar faszinierend. Die Stulle vom anderen Stern.

»Hab ich wohl wieder gedacht, du könntest meine Gedanken lesen.« Er grinst schief. »Ich treff mich doch um sieben schon mit Matze, davor muss ich mich echt noch mal frisch machen. Und wir sind sicher nicht vor sechs da, oder?«

Ich esse niemals Tiere, aber jetzt beiße ich so heftig in meinen Bagel wie in der Savanne eine Löwin ins Gnu.

Er schweigt. Ich schweige. Kurz schießt mir der Gedanke durch den Kopf, dass ich ihn auch einfach an der Raststätte stehen lassen könnte.

»Na, dann ist das halt so«, sage ich schließlich.

Der Rest der Fahrt wäre ungemütlich, wenn ich mich nicht so auf Berlin freuen würde. Schließlich halten wir vor Dirks Hotel.

»Dann viel Erfolg beim Einzug.« Er rückt ein wenig näher.

»Danke.« Ich bleibe sitzen, sehe ihn nur kurz an und dann wieder geradeaus.

»Du findest das jetzt nicht so gut«, stellt er fest. »Soll ich Matze anrufen und sagen, dass ich später komme?«

»Nee, lass mal«, sage ich. Auf ein so uncharmantes Angebot verzichte ich lieber. »Wird schon gehen.«

»Dann bis morgen.« Dirk will mich auf die Wange küssen, aber ich weiche aus, und dann ist er auch schon aus dem Wagen. Er wirkt erleichtert, als er mir auf dem Weg zur Hoteltür noch mal zuwinkt.

Wieso habe ich ihm nicht klipp und klar gesagt, wie unhöflich ich das finde, oder ihn an der Raststätte rausgeworfen? Da hätte er sehen können, wie er nach Berlin kommt, der Freeloader.

Kurz darauf habe ich meine neue Adresse ins Navi eingegeben und lasse den Wagen vom Bordstein rollen. Hinten scheppert was, aber das kümmert mich nicht. »Sie haben Ihr Ziel erreicht«, verkündet die Navistimme eine Viertelstunde später.

Sie hat recht. Ich bin am Ziel. Ich bin in Berlin. Ich kriege das Dauergrinsen nicht mehr von meinem Gesicht.

An die Hauswand hat jemand geschrieben: *Thoughts become things.* Wenn es mir hier so gut geht, wie ich vermute, dann wird Gutes daraus entstehen. Ich bin so froh, dass ich Dirk in seinem dusseligen Hotel glatt vergesse.

Ich klingele und gehe erst mal rauf in die neue Wohnung. Hatte ganz vergessen, wie schön die ist. Vor allem der Dielenboden gefällt mir, die hohen Decken und auch die eleganten Messingklinken an den Türen mit Glaseinsatz.

Mit Inga und mir ist es wie bei unserem ersten Treffen: Wir kommen prächtig miteinander klar und reden auf derselben Frequenz. Ich muss sie gar nicht fragen, sie begleitet mich einfach zum Wagen und packt mit an. Das Schwierigste ist, den Schlafsessel durch den engen Altbauflur zu bugsieren, alles andere geht schnell, und nachdem ich den Wagen weggebracht habe, steht ein leckerer Salat und ein veganes Gemüsecurry auf dem Tisch.

»Du wirst dich hier bestimmt wohlfühlen. Die Werkstatt unten gehört Francesco, der kann dir mit allem helfen. Er ist die gute Seele des Hauses, er restauriert alte Möbel und ist immer für einen Plausch zu haben. Ach ja, und ich hab noch was für dich.« Sie reicht mir einen Ausdruck. »Ich hab mir eine Liste gemacht, was ich in der Stadt unbedingt sehen will, die aktualisiere ich laufend. Ausstellungen und bis wann sie dauern, Umsonst-und-draußen-Konzerte und Vorträge, Restaurants, in denen ich unbedingt mal essen will. Hab's dir ausgedruckt, als kleine Starthilfe für Neuberlinerinnen.«

Am liebsten würde ich sie umarmen, so toll finde ich das. Die Liste hänge ich gut sichtbar an die Pinnwand im Flur, damit ich daran denke, nach und nach alles davon umzusetzen. Dann essen wir und quatschen bis spät in die Nacht. Zu fortgeschrittener Stunde erzähle ich ihr von Dirks Totalausfall beim Umzug.

»Das hat er gebracht?«, sagt sie. »Meinem Freund hätte ich das niemals durchgehen lassen.«

»Ich hab mich ja auch geärgert.«

»Und, meinst du, er macht es wieder gut?« Sie trinkt noch einen Schluck Tee.

Ich denke einen Moment nach. »Weiß nicht«, sage ich dann.

Eine Stunde später liege ich eingekuschelt im Bett und starre an die Stuckdecke der neuen Wohnung.

Was ist das nur mit Dirk und mir? Es ist ja nicht nur dieser eine Tag, in letzter Zeit habe ich mir einiges von ihm bieten lassen. Es ist die ganze Art, wie er mit mir redet, seine negative

Haltung, die Tatsache, dass er meine neue Lebensweise nicht respektiert. All das ist toxisch, es tut mir nicht gut.

Seit meiner Jugend habe ich diesen Glauben daran, dass eine romantische Beziehung das Größte ist. Dass ein Partner mein Leben erst vollständig macht. Dass Liebe einen einfach so von den Füßen fegt. Diesem Ideal, das Hollywood so gern bedient, bin ich die ganze Zeit hinterhergelaufen. Und wenn es nicht funktionierte, dachte ich, dass es an mir liegt. Offenbar machte ich etwas falsch, wenn all die Rezepte aus den Filmen und Büchern nicht klappten.

Beschränkung auf das Wesentliche – gilt das vielleicht nicht nur für Sachen, sondern genauso für Beziehungen? Müsste ich mir nicht auch Gedanken machen, wen ich in meinem Leben stattfinden lassen will und wirklich brauche? Und mein Leben von toxischen Menschen und überflüssigen Momenten entkrempeln?

Dass ich hier liege und mir Gedanken darüber mache, hat ganz sicher mit der Räumerei der letzten Monate zu tun. Vorher habe ich immer gedacht, ich müsste es allen recht machen. Dirk natürlich vor allem, weil er als mein neuer Freund für mich im Mittelpunkt stand, obwohl er mich behandelt hat, als wäre ich nur eine Option. Nicht nur einmal hat er mit Freunden lange Telefongespräche geführt, während wir zwei eigentlich verabredet waren. Er kam und ging, wie es ihm beliebte. Hat mich mit dem Umzug hängen lassen, obwohl er ständig Gefallen von mir annimmt. Er war wie ein Kater, der mir nicht gehört: Kam vorbei und blieb, solange es ihm passte, huschte dann wieder unvermittelt durch die Klappe, stolzierte herum und maunzte, als hätte er irgendwelche Ansprüche – und zeigte mir im nächsten Moment die kalte Schulter. Dennoch stellte ich ihm weiter das Futter hin. Kaufte ihm Buttercroissants und Lachs, obwohl ich selbst niemals mehr einen Fisch essen oder Kühen ihre Milch wegnehmen könnte.

Er ist nur einer von vielen, die so mit mir umspringen konnten, weil ich es zugelassen habe. Bei der Freundin, mit der ich mich so sehr gestritten hatte, dass ihre Briefe im Ordner *Unerfreuliches* gelandet sind, platzte mir der Kragen wegen einer wirklich unwichtigen Kleinigkeit. Deshalb erinnere ich mich nicht mehr daran, was uns auseinandergebracht hat, denn es war nicht dieser eine Vorfall, sondern etwas anderes, das mir jetzt erst wieder einfällt. Sie versetzte mich wiederholt ohne Angabe von Gründen, wollte ständig nur ein Ohr für ihre eigenen Probleme. Behandelte mich in einem gemeinsamen Urlaub, als wäre ich Luft, spielte an ihrem Handy rum und schrieb sich Nachrichten mit ihrem Typen, während wir im Hotel beim Abendessen saßen. Eilte ständig drei Schritte vor mir her, wartete nicht, machte nur Selfies.

Einer meiner Ex-Freunde, ein Arzt, betrog mich während seiner langen Nachtschichten mit einer Krankenschwester. Ich nahm ihn zurück, ließ ihn auch noch bei mir einziehen, und selbst als ich dahinterkam, dass er sich immer noch mit ihr traf, musste er erst ausziehen, als er eine neue Wohnung gefunden hatte.

»Du bist einfach zu gut für diese Welt«, hat meine Schwester mal dazu gesagt.

Inzwischen glaube ich, dass es das nicht trifft. Ich bin nicht zu gutherzig, ich nehme nur meine Bedürfnisse einfach nicht ernst genug. Wie soll Dirk, wie soll irgendwer mich respektieren, wenn ich mich selbst nicht respektiere?

Deswegen habe ich es nicht nur ständig dem anderen recht machen wollen, ich habe auch, wenn es nicht lief, den Fehler immer bei mir selbst gesucht. In Beziehungen dachte ich oft, ich hätte zu hohe Ansprüche, und verkniff mir kritische Bemerkungen. Wenn ich keine Lust hatte, eine Bekannte zu treffen, weil ich davon ausging, dass sie mir nur das Ohr abkaut, hielt ich mich für ungerecht und ging trotzdem hin. Ich blieb bei jeder Geburtstagsfeier so lange, wie es die Höflichkeit für mich gebot, selbst wenn ich erschöpft war oder mich langweilte, und ich besuchte pflichtschuldigst die kirchlichen Trauungen befreundeter

Paare und die Taufen ihrer Kinder, obwohl ich die Kirche sonst meide wie der Teufel das Weihwasser. Ich hatte keine Lust, aber ich wollte nicht als Sonderling gelten. Und so habe ich mich auch von Dirk behandeln lassen, als wäre ich unwichtig. Es war, als würde ich freiwillig im versifften Rinnstein gehen, weil er den ganzen Gehweg für sich beansprucht. Und ihm dabei auch noch ständig Pralinchen reichen.

Doch damit ist jetzt Schluss. Hat lange genug gedauert, bis ich das eingesehen habe. Ich hätte nur nie gedacht, dass es sich so anfühlt, als ob einem auf einmal jemand die Augenbinde abnimmt.

Es macht mir tatsächlich nichts aus, auf Dirk zu warten, auch wenn es wieder länger dauert. *Oder* das Essen für ihn zu bezahlen. *Oder* ihn umsonst nach Berlin zu kutschieren. *Oder* auszuhalten, dass er mir mal nicht hilft. Aber all das zusammengenommen ergibt jemanden, der mir nicht guttut und dem ich keine Zeit schenken sollte. Vor allem, weil der Minimalismus mich gelehrt hat, wie wertvoll Zeit ist. Menschen, die mich lieben, habe ich Zeitgeschenke in der Vergangenheit meist verwehrt – Treffen mit Familie und Freunden waren immer knapp bemessen. Dafür habe ich meine Zeit Menschen wie Dirk geschenkt, die es nicht wertzuschätzen wissen. Spinne ich eigentlich?

Und deswegen schließe ich jetzt einen Pakt mit mir.

Aufmerksamkeit bekommen die Menschen von mir, die mir viel bedeuten und denen ich am Herzen liege. Die Menschen, mit denen der Austausch wertvoll ist und mich weiterbringt. Die Menschen, die ernsthaft daran interessiert sind, wie es mir geht. Die Menschen, die meine Bedürfnisse oft sogar ernster nehmen, als ich selbst das bisher getan habe.

Meine Familie. Petra. Stefan. Luisa. Und die Aussichten, dass Inga einer dieser Menschen wird, sind ebenfalls recht vielversprechend.

Ich werde mir meine Beziehungen künftig ganz genau anschauen und die toxischen aussortieren. Ich werde mich nicht mehr verbiegen, um es jemandem, der mich nicht zu schätzen weiß, besonders recht zu machen. Und ab jetzt wird in meinem Haus rein pflanzlich gegessen, ich mache keine Kompromisse mehr und kaufe für niemanden mehr die Tierprodukte, bei deren Anblick ich immer die Qualen vor Augen habe, die Kuh, Huhn und Schwein dafür erleiden mussten.

Und ich bin auf einem guten Weg. Denn ich nehme meine Bedürfnisse jetzt ernster, als ich das in den vergangenen Jahren je getan habe. Ich habe mich von meinem Krempel getrennt, ohne den es mir besser geht. Ich bin endlich in die Stadt gezogen, in die ich schon lange wollte. Ich habe mich gegen den Job entschieden und für meinen Traum von der Freiberuflichkeit.

Und damit mache ich weiter, denn ich fühle mich dabei immer freier.

Nachdem ich eine Weile so dagelegen und gegrübelt habe, bin ich wild entschlossen, Nägel mit Köpfen zu machen. Und deswegen schnappe ich mir mein Telefon.

Just in diesem Moment kommt eine Nachricht an, von Dirk.

Na, schöne Frau! Hab morgen sicher Hunger, wenn ich von der Arbeit komme. Lust, mich zum Essen einzuladen? Ich hab auch eine Kleinigkeit für dich! ;-)

Mein Herz klopft. *Schöne Frau.* Er will gut Wetter machen, sich vielleicht sogar entschuldigen. Nur – was hat er für mich? Er weiß doch, dass ich keine Sachen mehr haben will. Ich schreibe ihm, dass wir uns gern in einem Bistro in der Nähe treffen können. Und kann es kaum erwarten, ihn zu sehen.

Am darauffolgenden Abend um sechs Uhr sitze ich in dem Bistro, das zwei Straßen von meiner neuen Wohnung entfernt ist, als sich die Tür öffnet und Dirk eintritt.

In dem Hemd und dem Cordsakko sieht er gut aus, und ich weiß wieder, warum ich anfangs so auf ihn abgefahren bin. Die dichten Haare, in die man am liebsten seine Hände vergraben möchte, die dunklen Augen. Vielleicht ist es alles gar nicht so schlimm, vielleicht übertreibe ich ja?

Er kommt auf mich zu, lächelt mich an, ich stehe auf und umarme ihn kurz.

»Magst du einen Kaffee?«, frage ich.

»Ja, klar, gerne«, meint er und setzt sich.

»Self service.« Ich nicke rüber zur Kasse, wo sich schon eine Schlange gebildet hat. »Bringst du mir bitte noch einen Saft mit, Orange-Karotte-Ingwer?«

Er zieht die Augenbrauen hoch, sagt aber nichts, steht auf und reiht sich ein. Wenig später kommt er mit einem Cappuccino und einem frisch gepressten Saft zurück.

»Ich hab dir was gekauft.« Er lächelt und kramt in seiner Messenger Bag.

Ich presse die Lippen aufeinander. Ein Gutschein, was zu essen, eine Süßigkeit. Aber bitte, bitte kein Ding!

Er schiebt mir etwas über den Tisch, das in Seidenpapier eingewickelt ist. »Hab ich von einem Markt.«

Oh no.

Langsam wickele ich das Geschenk aus. Es ist eine Brosche. Nicht nur, dass ich keine Broschen trage – er hat mich noch nie mit einer gesehen und konnte nicht mal auf den Gedanken kommen, dass ich Broschen mag. Nein, es ist auch noch die hässlichste Brosche der Welt. Ein Geflecht aus irgendeinem Metall, das wohl Blumen und Blätter darstellen soll. Die Farbe ist bereits abgeplatzt, vermutlich hat er sie für ein paar Euros auf einem der vielen Antikmärkte gekauft.

Ich drehe sie in den Fingern. »Äh, danke.«

Ich sollte jetzt sagen, was ich zu sagen habe. Dass ich mich von ihm trennen möchte.

In dem Moment beginnt er zu erzählen, was er den Tag über bei der Firma gemacht hat, ist gesprächig wie selten, wahrscheinlich, weil ich einfach gar nichts sage. Er hält einen längeren Vortrag über verschiedene Lichtfrequenzen, etwas, mit dem er sich offenbar gerade beschäftigt. War der immer schon so langweilig? Wann komme ich denn dran?

»… helles blaues Licht, so einfach ist das eben nicht. Weißt du, was du eher brauchst?«

»Ich brauche eher einen Freund, der mich mehr zu schätzen weiß als du.« Ich schiebe ihm die Brosche über den Tisch hinweg zu.

»Wie bitte?«

Ich erkläre ihm, was mir am Abend zuvor durch den Kopf gegangen ist. Wie viele kleine Situationen zu diesem Moment geführt haben. Und dass ich das, was wir haben, so nicht mehr möchte.

Er sieht mich betroffen an, seine Augen werden feucht, dann legt er seine Hand auf meine.

»Tut mir leid wegen gestern«, sagt er. »Gibt's keine Chance, dass wir das wieder einrenken?«

In diesem Moment tut er mir leid, aber ich spüre, dass meine Entscheidung fix ist.

»Nein.« Ich ziehe meine Hand weg. »Tut mir leid.«

Doch das tut es nicht. *Er* tut mir leid, ich bereite ungern jemandem Kummer. Aber es muss sein.

Da keiner von uns beiden was sagt, stehe ich auf. Er hält mich am Arm fest.

»Ich liebe dich«, sagt er.

Ein komischer Moment, um das zum ersten Mal zu sagen.

»Wenn ich das mit dem Umzug wiedergutmachen kann, ruf mich an«, schiebt er hastig nach. »Ich bügle das aus.«

Ich wüsste nicht, wie. Mein Zeug ist oben in der Wohnung, und Dirk wohnt ja nicht mal hier. Und es geht ja auch gar nicht darum, dass er mir einen Gefallen tut.

»Mach's gut«, sage ich also nur.

Und dann gehe ich.

Und ob man mir noch was schenken kann –
Traumpräsente für eine Minimalistin

Als ich beschlossen hatte, mit wenigen Sachen auszukommen, war ich so erfüllt von diesem Thema, dass ich es meinen Freundinnen natürlich sofort erzählt habe. Was dazu führte, dass eine Freundin mir zum Geburtstag, an dem ich mir extra nichts gewünscht hatte und sie nur zum Essen einlud, eine kleine Geschenktüte überreichte. Darin waren lauter kleine Sachen: ein Ministift, ein Miniradiergummi, ein kleiner Anstecker, ein Kühlschrankmagnet.

»Das ist ja sehr nett von dir«, sagte ich, »aber ich wollte doch kein Geschenk. Ich bin doch jetzt Minimalistin!«

»Ja, ich weiß!«, sagte sie fröhlich. »Deswegen kriegst du auch nur ganz kleine Sachen.«

Es ist schwer, sich nicht beschenken zu lassen, aber das muss ja auch gar nicht sein. Wenn du dir etwas wünschst, dann kannst du sicher sein, dass du bekommst, was du haben willst.

Am liebsten sind mir Zeitgeschenke, also eine Unternehmung, ein schönes selbst gekochtes Essen oder eine Einladung zum Kaffeeklatsch. Übrigens: Menschen zu bitten, etwas für einen zu reparieren oder selbst zu machen, weil sie das so gut können, ist eine Wertschätzung – und ein persönliches Geschenk macht glücklicher als etwas Gekauftes. Sowohl den oder die Schenkende wie auch mich als Beschenkte. Hier sind einige Dinge, über die ich mich zuletzt sehr gefreut habe:

- Von meiner Mutter, einer echten Nähkünstlerin, habe ich mir zum Geburtstag einen Überwurf aus Stoffresten für meine Kleiderstange gewünscht
- Alte Stofftaschentücher von meinem Vater, außerdem seinen Aufziehfüller, den er selbst nicht mehr benutzte
- Zwei Konzertkarten für meine Lieblingsband – von einer Freundin, die mich dorthin begleitet hat, ein toller Abend

- Ein opulentes Mahl von meinem besten Freund, der unfassbar gut vegan kocht
- Den Hochzeitsring von meiner Uroma hat mir meine Oma geschenkt
- Eine meiner Freundinnen ist superpraktisch begabt, auch, was Computer betrifft, sie hat mir im letzten Jahr eine Überholung meines Laptops geschenkt
- Ein Peeling aus Zucker und Olivenöl, das ich unter der Dusche verwenden kann, selbst gemacht von einer Freundin
- Ein guter Freund hat mir mal eine Urkunde überreicht – er hatte die Klimawirkung meines neuen Lebensjahres errechnet und sie via Atmosfair kompensiert
- Ein Porträtfoto, das eine Freundin von mir gemacht hat, die sehr gut fotografiert
- Sachen, die ich immer gerne verwende, die aber einen gewissen Luxus bedeuten, wie etwa festes Shampoo und Deocreme von meiner Lieblingsmarke

Bevor ich übrigens etwas kaufe, das ich doch mal brauche, etwa eine Auflaufform oder einen Schirm, frage ich im Freundeskreis und in meiner Familie, ob jemand so etwas hat und es loswerden will. Ich stöbere auf dem Dachboden meiner Eltern. Oder ich hänge einen Zettel in meinem Hausflur aus. Oft haben Leute etwas doppelt oder dreifach und sind froh, wenn es endlich benutzt wird. Stefan hat mir zuletzt netterweise einen kleinen Lautsprecher geschenkt, den er übrig hatte, weil ich meine Stereoanlage und CDs verkauft habe und nur noch über den Computer Musik höre. Auch solche Sachen kannst du dir zur nächsten Gelegenheit schenken lassen oder dich mit einem selbst gekochten Essen oder einem anderen Gefallen revanchieren.

Wenn du etwas geschenkt bekommst, das du nicht gebrauchen kannst oder das dir nichts bedeutet, wie die Brosche von Dirk, dann sei ehrlich und lehne das Geschenk ab. Es kommt aber darauf an, wie du das vermittelst. Im Normalfall magst du diese Person und möchtest sie nicht verletzen. Es ist daher wichtig, den Gedanken zu würdigen und es dann freundlich abzulehnen. Sag, dass und warum du keine Sachen mehr haben möchtest, sag, dass du es leider nicht verwenden oder anziehen würdest – und dass es viel zu schade dafür ist. Vielleicht fällt dir sogar jemand ein, der sich über die Sache freuen würde – dann fragst du, ob du es an ihn oder sie weiterverschenken darfst oder ob dein Gegenüber es tun möchte. Und bleib ganz bei dir, das kann keiner übel nehmen. Biete an, dass ihr das nächste Mal vorher über das Geschenk sprecht, und dann, siehe oben, wünsch dir etwas, das du wirklich gebrauchen kannst.

Jägerin des verlorenen Satzes

Also lies. So viel du kannst. Vertiefe, erweitere deine Lektüre,
nähre und lass dich davon aus dem Takt bringen.
An das, was gut ist, wirst du dich ohne Mühe erinnern,
daher brauchst du dir keine Notizen zu machen.

A. L. Kennedy

Das Schwerste steht mir noch bevor, doch ich fühle mich leicht. Ich bin in Berlin, ich kann frei über meine Zeit entscheiden, jeder Blick von meinem Küchenfenster auf die Goldelse, die im Spätsommerlicht glänzt, als würde sie von innen heraus leuchten, löst ein Hochgefühl in mir aus. Die Siegessäule erinnert mich daran, dass ich das ganz allein für mich entschieden habe.

Was mir wichtig ist, sehe ich jetzt mit klarem Blick. Deswegen kann ich sie mir nun vornehmen – die letzten Kisten mit den Dingen, die für mich einen ideellen Wert besitzen.

Bücher. Musik und Filme. Briefe. Erinnerungsstücke.

Wenn jemand weiß, was es bedeutet, sich von derlei zu trennen, dann Oma. Fast alles musste sie zurücklassen wegen des Kriegs. Ihre Heimat Oberschlesien hat sie sehr vermisst. Als Wrocław, das alte Breslau, vor einigen Jahren Kulturhauptstadt war und ich mit einer Freundin die Stadt erkundete, besuchte ich das Haus, in dem sie als Jugendliche gewohnt hat. Es war einfach zu finden, denn im Internet gibt es ein Straßenverzeichnis, bei dem man die alten deutschen Namen eingeben kann und das dann den polnischen Straßennamen ausspuckt. Durch die Sommerhitze schleppte ich meine Freundin an diesen Ort und machte ein Foto von dem Haus.

»Das habe ich ganz anders in Erinnerung.« Oma kneift die Augen zusammen und hält das Bild mal dichter, mal weiter weg. Fotos muss ich immer stark vergrößern, damit sie überhaupt noch erkennt, was drauf ist.

»Vielleicht stimmt die Adresse ja doch nicht.«

»Ach, weißt du, es war ja auch eine ganz andere Zeit.« Oma seufzt. »Ich wäre da selbst so gerne noch mal hingefahren.«

Ich erzähle von dem prachtvollen Postgebäude dort um die Ecke und wie es in der Innenstadt auf dem Marktplatz aussieht, jetzt, da alles saniert und restauriert ist.

»Ist es dir sehr schwergefallen, deine Sachen zurückzulassen?«

Meine Oma war zwar während des Kriegs in Berlin, aber dort hatte sie nur ein möbliertes Zimmer bei einer Wirtin, und in ihren zwei Koffern war das Allernötigste. Als ihre restliche Familie aus Breslau zur Verwandtschaft in den Westen floh, konnten sie nicht viel mitnehmen. Wahrscheinlich ist das meiste geplündert worden.

»Da hab ich gar nicht richtig drüber nachgedacht«, sagt sie. »Da war ja so viel anderes wichtiger.«

»Und hast du jemals etwas aus der Zeit vermisst?«

»Lange Zeit nicht, ich hatte ja viel damit zu tun, zwei Kinder durchzubringen«, sagt Oma. »Aber wenn man alt ist, fehlt einem manches, was man nicht mitnehmen konnte. Vor allem Erinnerungsstücke. Ich hätte gern noch Bilder und Bücher von damals, Möbel von zu Hause.«

Wenn das so ist, dann sollte ich bei den Dingen, die mir etwas bedeuten, behutsam vorgehen. Am besten, ich fange mit den Büchern an. Denn die sind mir zwar wichtig, aber im Notfall lassen sie sich nachkaufen oder in der Bibliothek ausleihen.

Wie oft bin ich in Köln um mein Bücherregal herumgeschlichen, während ich die Sachen drum herum verkauft, verschenkt, gespendet habe. Je mehr ich loswurde, desto mehr erschienen mir die Bücher wie ein Klotz am Bein. Dennoch habe ich sie alle in Kartons verstaut und mitgenommen, als ich aus Köln wegzog.

Eigentlich total bescheuert, wenn ich sie jetzt doch aussortiere. Immerhin war es das, woran Inga und ich am schwersten getragen haben. Zehn Kartons von den zwanzig, die ich in den Transporter geladen hatte, waren mit Büchern gefüllt. Und dann, als die Kartons einmal oben waren, standen sie erst mal rum. Ich sah nicht rein, hatte andere Sachen zu tun.

Warum zögere ich wirklich, sie wegzugeben?

Ein Grund ist ein seltsamer Übereifer. Ich denke, ich müsste alle Bücher, die einmal den Weg in mein Regal gefunden haben, auch tatsächlich lesen. Einige habe ich geschenkt bekommen, interessiere mich aber gar nicht so sehr für sie. Manche sind Bücher von Autorinnen aus der Zeit, bevor ich sie als Lektorin betreut habe. Wieder andere habe ich von wohlmeinenden Kollegen, die sie toll fanden. Immer hatte ich das Gefühl, ich müsste sie lesen, nie das Gefühl, sie wirklich lesen zu wollen. Sie setzen mich unter Druck. Bücher zu behalten, wenn ich sie nicht in den ersten Monaten nach ihrer Ankunft bei mir lese, ist eigentlich Blödsinn, denn das Karussell dreht sich sehr schnell: In Deutschland kommen jährlich 70 000 Bücher auf den Markt, so viel kann kein Mensch jemals auch nur zur Kenntnis nehmen. Und darum werden ständig neue Bücher in mein Regal gespült. Ich werde nicht alles lesen können, das muss ich einfach einsehen.

Ein anderer Grund für mein Zögern ist allerdings, dass Bücher einen Kulturschatz darstellen. Sie sind nicht nur das kulturelle Gedächtnis der Welt, sondern auch ein ausgelagerter Teil meines Gehirns, in dem all das ist, was ich mal gelesen und was ich verwendet habe, um mir die Welt zu erklären. Wenn nicht mehr greifbar vor mir steht, was mich geprägt hat, verliere ich dann nicht auch mein inneres Koordinatensystem?

Noch gewichtiger aber ist mein Gefühl ihnen gegenüber. Und das hat eine lange Geschichte. Bücher zogen mich schon immer magnetisch an. Meine Mutter hat mir oft erzählt, wie ich mir schon als Kleinkind am frühen Morgen Pixi-Bücher durch die Gitterstäbe meines Laufställchens zog. Wie sie uns als Kindern abends vorlas, gehört zu meinen schönsten Erinnerungen. Es gibt ein Foto, auf dem ich als Fünfjährige umringt von einer Kinderschar vor unserem Ferienhaus in Spanien ein Buch vorlese oder jedenfalls so tue als ob. Auf meinem Wunschzettel zum Geburtstag standen Bücher immer auf den ersten Plätzen, und der Bibliotheksausweis war bald mein kostbarster Besitz. Ich las lieber, als draußen zu spielen, und war froh über Regentage, an denen ich drinnen bleiben, mich auf meinem Bett einkuscheln und in ein Buch eintauchen konnte. Ganz zu schweigen von meiner späteren Berufswahl und der Leidenschaft, mit der ich auch heute noch über Bücher spreche, die mich berühren.

Wie also soll jemand wie ich sich von Büchern trennen?

Ob das überhaupt geht, werde ich nur merken, wenn ich mich der Sache stelle. Ich öffne also einen der Kartons und nehme immer mehrere Bücher heraus, stapele sie auf dem Boden.

Hier und da entdecke ich einen echten Schatz. Manche Bücher sind so abgeknibbelt, dass die Ecken grau und rund sind, weil ich sie viele Male gelesen habe und immer wieder hervorziehe. Diese lege ich gleich beiseite.

Ich staune jedoch, dass viele Bücher während ihres Aufenthalts in der Kiste ihre Macht über mich verloren zu haben scheinen. Viele Gründe, die noch für sie sprachen, als sie im Regal standen, sind verflogen. Mit genügend Abstand kann ich mich nun bei jedem Buch einzeln befragen, ob ich es wirklich behalten will.

Ich sortiere zunächst die Bücher aus, bei denen es mir auf Anhieb leichtfällt.

Sachbücher, über deren Thema ich immer was lesen wollte, für deren Gegenstand mir ein fundierter Artikel im Netz oder eine gute Ausstellung aber im Grunde lieber wäre.

Romane, die ich vom Büchertisch mitgenommen habe, weil sie für uns Verlagsmitarbeiter gratis waren. Inzwischen habe ich an vielen von denen gar kein Interesse mehr.

Bücher, die ich einmal gelesen habe und gut fand, die ich aber mit großer Wahrscheinlichkeit kein zweites Mal in die Hand nehmen werde.

Bücher, die ich grottig fand. Warum habe ich die überhaupt aufbewahrt? Sie haben sich offenbar gut in den Hintergrund eingeblendet.

Die Bücher aus dem Studium, die ich schon lange nicht mehr angesehen habe, Lehrbücher der Sprachwissenschaft genau wie Romane, die ich fürs Studium und in der Schule lesen musste.

Von alldem kann ich mich ohne Probleme trennen. Oft habe ich mir gesagt, dass ich vielleicht noch mal was nachschlagen will. Aber eigentlich ging es mehr darum, die Bücher zu besitzen. Ich lese gern, aber warum muss mir dazu das Buch als Objekt gehören?

Ja, Bücher bewahren das geistige Erbe der Welt. Sie sind Träger von Wissen, Speicher für Gedanken und ein kultureller Schatz. Aber sie leben nur, wenn ich sie lese. Ihre Geschichten und Inhalte müssen erst durch meinen Kopf laufen, damit es sie für mich gibt. Bücher, die nie mehr das Licht des Lesens erblicken, sind tot und Regale ihr Friedhof.

Ja, die Bibliothek ist ein ausgelagertes Gehirn und ein Erinnerungsspeicher. Aber ich merke es an Einkaufslisten und Telefonnummern: Was ich nicht aufschreibe, sondern mir einfach zu merken versuche, bleibt besser und länger im Gedächtnis haften. Und ein Wissensspeicher geht mir nicht verloren, indem ich das einzelne Buch weggebe. Sollte ich jemals das Verlangen haben, es erneut zu lesen, finde ich es in jeder gut sortierten Bibliothek oder Buchhandlung. Berlin hat großartige Bibliotheken und Archive – allein der Saal der Staatsbibliothek Unter den Linden ist den Besuch wert, und auch bei mir um die Ecke findet sich eine gut bestückte Bücherei.

An Lesestoff wird es mir vorerst auch so nicht mangeln, selbst wenn ich das Haus längere Zeit nicht verlasse. Ich hatte nämlich ganz vergessen, was ich mir schon alles auf den E-Book-Reader geladen hatte. Das ist ein ganz anderer, virtueller Bücherstapel.

Und manche Bücher sind sogar gratis im Internet zu finden, in der Datenbank Projekt Gutenberg – es sind gemeinfreie Texte, die nicht mehr dem Urheberrecht unterliegen.

Die Bücher, von denen ich mich trennen will, räume ich so wieder in den Karton zurück, dass die Titel auf den Buchrücken alle in der gleichen Richtung stehen. Dann mache ich ein Foto. Sollte ich wirklich einmal verzweifelt auf der Suche nach meinem Koordinatensystem sein – voilà. Mehr als ihre Rücken habe ich von diesen Büchern doch jahrelang nicht gesehen.

Und so verfahre ich mit jeder der zehn Kisten. Am Ende sind mir etwa dreißig Bücher so wichtig, dass ich sie behalten möchte.

Nicht loslassen kann ich die signierte Erstausgabe von Walter Moers' *Wilde Reise durch die Nacht* – der Mann signiert selten, und das Buch ist nicht nur gut, es erinnert mich auch an meine Zeit als Volontärin im Eichborn Verlag, wo es erschienen ist. Die Monty-Python-Bildbände, von denen ich mir als Teenie jedes Jahr einen zum Geburtstag gewünscht habe. Sie sind meine Bibel, und viele von ihnen werden nicht mehr aufgelegt. Andere Bücher, in die ich immer wieder hineinschaue, sind *Der große Gatsby* von F. Scott Fitzgerald, *Die geheime Geschichte* von Donna Tartt, *Per Anhalter durch die Galaxis* von Douglas Adams, *Der Report der Magd* von Margaret Atwood, ein Gedichtband von Robert Gernhardt und Kurzgeschichten von Alice Munro und A. L. Kennedy. Sie gehören zu meinen absoluten Lieblingsbüchern, deswegen behalte ich sie vorerst, genau wie eine Handvoll Bücher, bei denen ich sicher bin, dass ich sie in nächster Zeit noch lesen will. Und ich halte auch an den Schreibratgebern fest, die ich immer wieder auf Seminare mitnehme, um den Teilnehmern einen Anstoß zu geben, wie sie ihr Backgroundwissen auffrischen können. Sie sind Gebrauchsgegenstände, ich weiß, dass ich sie immer wieder einsetze.

Als Handapparat behalte ich vorerst Sekundärliteratur für ein Buchprojekt, über das Stefan und ich schon lange reden und das wir jetzt endlich angehen wollen.

Und ich bewahre von jedem meiner eigenen Bücher drei Exemplare auf und stelle sie in meinen kleinen Schrank, damit sie nicht vergilben. Manchmal brauche ich eins, um es an eine Journalistin oder einen anderen beruflichen Kontakt weiterzugeben, aber ich will keine zwanzig Exemplare mehr da stehen haben.

Wenn ich eines Tages feststelle, dass ich all diese Bücher auch nicht mehr haben möchte, setze ich sie vielleicht aus oder stelle sie in einen öffentlichen Bücherschrank. Alles andere geht an das Berliner Projekt »Buchspende«, denn zum einen ist das klimafreundlicher, als die Bücher quer durch Deutschland zu so einem Gebrauchtportal zu schicken. Zum anderen unterstütze ich auf diese Weise eine Initiative, die damit ihre Arbeit als Integrationsbetrieb für behinderte Menschen finanziert.

Dorthin wandert auch ein Großteil meiner CD- und DVD-Sammlung. Als ich nämlich anrief, stellte sich heraus, dass sie diese Medien auch gern nehmen. Bei der Musik hatte ich erst Bedenken, weil sich einige unbekanntere Bands, die ich früher mochte, nicht so leicht im Internet finden lassen. Da ich sie kaum noch anhörte, waren sie nur Ballast, aber ich habe sie aus nostalgischen Gründen behalten, zur Erinnerung an meine Jugend, »als Musik noch richtig groß war«, wie Olli Schulz singt. Die meisten CDs habe ich nämlich im Alter zwischen zwanzig und dreißig gekauft, als ich gerade von zu Hause ausgezogen war und mich stark über die Musik definierte, die ich hörte.

Filme und Musik sind Speicher für intensive Momente und besondere Erlebnisse, sie sind die beste Zeitreisemaschine, die ich kenne. Ich brauche nur zufällig über eine CD zu stolpern, die ich mal rauf und runter gehört habe, schon erinnere ich mich an die jeweilige Zeit und was damals alles passiert ist. Trotzdem, dafür muss ich nicht die ganzen CDs dastehen haben. Nachdem ich die alten Silberlinge digitalisiert habe, bin ich jedenfalls beruhigt, dass mir auch der heute etwas abwegige Musikgeschmack meiner Jugend nicht mehr verloren geht.

Und was ist mit den neuen Formen, Musik zu hören? Was,

wenn ich den Streamingdienst wechseln will und dann alle meine Playlists neu erstellen muss?

Ich weiß auch nicht, ob ich überhaupt Geld für einen Streamingdienst ausgeben will – das ist dann doch nur wieder ein monatlicher Posten, für den ich das Geld erst mal reinverdienen muss. Außerdem verursachen Streamingdienste wie Spotify, Soundcloud oder YouTube weit mehr Emissionen als Kassette, Vinyl und Co., wie Wissenschaftler der Universitäten Oslo und Glasgow 2019 herausfanden – das liegt an den enormen Rechenzentren, in denen die Musik gespeichert und zur Verfügung gestellt wird. Bis Streamingdienste nur noch Energie aus erneuerbaren Quellen verwenden – das ist angedacht –, speichere ich Musik am besten auf meinem Rechner und höre sie über eine richtig gute Box.

Eine Woche später kommt Stefan nach Berlin, weil wir über das Thema unseres nächsten Buchs nachdenken wollen. Als ich ihm erzähle, was in den Spendenkartons ist, die am nächsten Tag abgeholt werden sollen, sieht er mich an, als hätte ich ihm mitgeteilt, ich würde meine Haare scheren und fortan auf einem Nagelbett aus Kuli-Minen schlafen.

»Schlimm genug, dass du aus der schönsten Stadt der Welt weggezogen bist«, sagt er und grinst schief. »Jetzt hasst du auch noch Bücher.«

»Ich lese sie doch nicht mehr.« Ich zucke mit den Schultern. »Lass uns lieber überlegen, welches wir beide als Nächstes selbst schreiben.«

Und das machen wir. Als er wieder abfährt, haben wir nicht nur an dem Projekt gearbeitet, für das ich die Sekundärliteratur gekauft hatte, sondern auch noch einige andere Ideen für Romane und Sachbücher skizziert.

Jetzt habe ich auch endlich das Gefühl, dass die Schriftstellerei in Gang kommt. Ich habe mich zwar mit dem Betreiber der Literaturseite getroffen, und wir sprachen über ein paar Themen für Artikel, aber ein Buchprojekt wäre mir lieber.

In der folgenden Zeit will ich alles durchforsten, was mich mit anderen Menschen verbindet. Geschenke, Liebesbriefe, Tagebücher, Fotos. Erbstücke. Kärtchen und Bilder von Kindern – die meisten von ihnen heute erwachsen, so wie meine Schwestern. Es sind Dinge, an denen viele Gefühle kleben. Dirk bin ich irgendwie dankbar, denn er hat etwas angestoßen, das es mir jetzt viel leichter macht, mit diesen Sachen umzugehen. Ich sehe mit anderen Augen darauf, welche Beziehungen für mich wichtig sind und warum. Ich habe Abstand gewonnen.

Ich ziehe die zwei Kartons, in denen sich all diese Papierwerke und Erinnerungsstücke befinden, in die Mitte meines ansonsten eher leeren Zimmers. Brauche ich sie noch? Würde ich es bereuen, wenn ich sie jetzt loslasse und dann für immer ein Teil meiner Vergangenheit weg ist? Was, wenn ich alt und einsam in einem Altenheim sitze wie meine Oma jetzt? Sie hat mich gewissermaßen davor gewarnt, zu viel wegzugeben.

Mit den Fotos ist es noch relativ einfach. Heute fotografiere ich digital, und ich habe noch nie dazu geneigt, sorgfältige Fotoalben anzulegen. Die letzten analogen Fotos sind über zehn Jahre alt. Da ich allerdings schon in den Achtzigern mit meiner kleinen Ritsch-ratsch-Klick fotografiert habe, sind es eine ganze Menge. Und alle in Fotohüllen, aus denen ich sie erst mal rausholen muss, um sie zu sichten. Dennoch kann ich gut auswählen, was ich behalten möchte, kann Schnappschüsse wertschätzen, mich an vergessene Momente erinnern und das, was ich nicht brauche, wegwerfen. Kurz überlege ich, den Rest zu scannen, aber erst mal ist mir der Aufwand zu hoch. Und dann finde ich vielleicht nichts wieder.

Bei einigen Dingen – alten Geschenken, Familienschmuck mit emotionalem Wert, den ich aber nie trage – aktiviere ich den inneren Spock in mir. Mr. Spock aus Star Trek hinterfragt menschliches Verhalten und geht dabei immer logisch vor. Als Sohn eines Vulkaniers und einer Menschenfrau versucht er immer, seine systematischen Überlegungen und die menschlichen

Emotionen, die auch in ihm schlummern, zu verstehen. Perfekt für meine Zwecke. Er wird nicht nur die richtigen Fragen stellen, sondern auch Verständnis dafür haben, wenn ich es dann doch mal anders mache.

Wenn ich einen Gegenstand vor mir habe, von dem ich tief in mir drin weiß, dass ich mich schuldig fühlen würde, ihn wegzugeben, oder dass mein Herz aus alter Sentimentalität dran hängt, nehme ich ihn in die Hand und erkläre Mr. Spock, was mich so mit ihm verbindet. In vielen Fällen gehen mir schon nach kurzer Zeit die Argumente aus. Ich stelle fest, dass ich die Situation, in der dieser Gegenstand eine Rolle gespielt hat, gar nicht mehr richtig zusammenkriege.

Wie bei dem Bild, das ich in der Wohnung geschenkt bekommen hatte, in der mein Ex-Freund und ich zuletzt lebten. Unter uns wohnte ein nettes, etwa gleich altes Paar, das aus Schwaben nach Köln gezogen war, weshalb wir, wenn wir Zeit mit ihnen verbrachten, immer die Endung -le an alles dranhängten. Der Stoffaffe war »'s Äffle«, der Bus »'s Büssle«. Beide waren Kunstlehrer an einer Schule in der Nähe, und zum Geburtstag schenkte sie mir ein kleines quadratisches Ölbild in poppigen Farben, das sie gemalt hatte, mit einer Art Mangafigur darauf, die mir ähnlich sah.

Auch als die Beziehung vorbei, die Wohnung längst Vergangenheit war, behielt ich es. Das Bild erinnerte mich an die Leichtigkeit der ersten Zeit in dem Haus, an die schönen Abende mit den Nachbarn.

Doch von meiner Wand wanderte es aufs Regal, dann hinten in die Vitrine, dann in Einschlagpapier in den Schrank. Wenn ich umzog, verpackte ich es sorgfältig und stoßsicher, hängte es aber in der neuen Wohnung nicht wieder auf. Als ich es im Zuge meiner Aufräumarbeiten wiederfand, fiel es mir immer noch schwer, das Bild loszulassen.

Jetzt debattiere ich mit meinem inneren Spock.

»Warum gefällt es Ihnen so gut?«, fragt er mich.

»Es gefällt mir gar nicht mehr so gut, der Stil passt nicht mehr zu mir«, sage ich. »So bonbonfarben, das ist nicht mehr meins.«

»Und dennoch wollen Sie es behalten«, sagt Spock. »Warum?«

»Es erinnert mich an diese Zeit«, erwidere ich hilflos. »Und die war schön. Wenn ich das Bild weggebe, dann ist es, als würde ich die Zeit gehen lassen. Dann gehört sie wirklich der Vergangenheit an.«

»Und das tut sie jetzt nicht?«, fragt Spock. »Ist sie denn noch gegenwärtig?«

Am Ende meiner kleinen inneren Debatte überlege ich, was ich mit dem Bild machen soll, wenn ich es nicht behalte. Natürlich könnte ich es verschenken. An den Straßenrand stellen in der Hoffnung, dass jemand vorbeikommt, der es genauso schön findet wie ich damals. Aber dann denke ich daran, dass ich mir das Versprechen gegeben habe, den richtigen Ort für meine Gegenstände zu finden. Und das bedeutet, das Bild an die Künstlerin zurückzugeben.

Zu ihrem Namen wirft die Suchmaschine kein Ergebnis aus, kein Wunder, weil sie – damals jedenfalls – einen Nachnamen hatte, der mehr eine Sammelbezeichnung ist. Dann erinnere ich mich, wie ihr Freund hieß, er hat einen ungewöhnlichen schwäbischen Nachnamen, den ich auf Facebook finde, und ich schreibe ihn an. Er schreibt mir nach einer Weile zurück, dass er nicht mehr mit ihr zusammen sei und mir leider nicht helfen könne. Ich lasse nicht locker, frage nach einer alten Telefonnummer oder der Schule, an der sie jetzt arbeitet. Da schreibt er mir, dass sie inzwischen einen anderen Nachnamen hat. Unter diesem finde ich sie und eine E-Mail-Adresse auf der Seite ihrer Schule. Ein Foto von dem Bild hänge ich meiner Nachricht an und schreibe ihr, dass es mir lange Jahre viel bedeutet hatte und warum ich mich jetzt doch davon trennen möchte.

Hallo liebe Anne, antwortet sie mir am nächsten Tag. *Ich habe mit großem Erstaunen und Freude deine Nachricht gelesen. Und bin sehr beeindruckt von der Mühe, die du auf dich genommen*

hast, meine Adresse zu finden. Ja, das Bild ist von mir! Ich hatte es
dir geschenkt und mich innerlich von ihm »verabschiedet«. Nun
würde ich mich sehr freuen, wenn du es mir schicken könntest. Es
würde in meinem Klassenraum seinen Platz finden. Es ist ja eher
ein Bild für junge Leute.

Mache ich natürlich gern. Und ihre Mail bewahre ich auf, als
Erinnerung daran, dass Dinge ihren Platz haben. Und dass der
nicht immer bei mir ist. Spock wäre stolz auf mich.

Auch für andere Dinge, an denen ich hänge, die mir aber nicht
fehlen würden, wenn sie mir geklaut oder bei einem Wohnungs-
brand zerstört würden – sich das in allen Farben auszumalen ist
ein guter Trick –, versuche ich den richtigen Ort zu finden, was
gar nicht so einfach ist. Deswegen bediene ich mich einer Mit-
telsfrau. In meinem neuen Kiez gibt es einen Laden für Trödel
und Extravaganzen, ich habe ihn bei einem Spaziergang entdeckt und kam mit der Inhaberin ins Gespräch. Sie nimmt alles
an, was ihr gefällt und zum Stil des Ladens passt. Wenn sie etwas
verkauft, gehen für mich Steuer und ihre Provision ab. Natürlich
ist das nicht so lukrativ wie ein Direktverkauf, aber es ist ein Laden, der alte Lieblingsstücke verkauft, und viele meiner schönen
Sachen passen perfekt hinein. Das alte Emailleschild mit der Sei-
fenwerbung aus den Fünfzigern, mein Twenties-Hut. Broschen
und Modeschmuck. Sachen, die ich chic finde, aber nicht behalten will, weil sie mir nicht gut genug stehen oder ich sie in einer
anderen Lebensphase getragen habe.

Als Nächstes sortiere ich die Briefe von meiner Familie, von
Freundinnen oder Studienbekanntschaften. Alte Liebesbriefe
bewahre ich auf, aber nur von den Männern, mit denen es im
Guten auseinanderging. Mit zweien bin ich nach wie vor sehr
gut befreundet, ihre Briefe wegzuwerfen käme mir vor, als würde
ich einen Teil unserer gemeinsam verbrachten Zeit verleugnen.
Und auch da denke ich an Oma – vielleicht muss ich gerade diese Briefe aufbewahren, um mir im Alter vor Augen führen zu
können, wie sehr ich geliebt wurde. Längere Briefe und witzige

Postkarten von guten Freundinnen behalte ich ebenfalls, aber nicht alle, auch die Briefe meiner Eltern und das, was mir meine Schwestern geschrieben haben, sowieso. Wir drei haben uns als Kinder immer Zettel geschrieben oder etwas gemalt. Bis heute sind wir innig verbunden, und das hat sicher damit zu tun, dass wir uns schon in unserer Kindheit so nah waren.

Ich finde eine ganze Reihe Schriftstücke, bei denen ich nicht mal mehr weiß, wer der Absender genau ist. Viele Flyer erinnern mich noch einmal an ein schönes Konzert oder eine interessante Ausstellung. Manche fotografiere ich, andere werfe ich ins Altpapier, genau wie simple Geburtstagsgrüße. Auch Gratispostkarten finde ich, die ich irgendwann mal verschicken wollte, die jetzt aber zum Teil so vergilbt sind, dass ich sie nur noch wegschmeißen kann. Wieder einmal wird mir bewusst, wie wichtig es ist, Ordnung zu halten. Diese Postkarten haben mich nichts gekostet, doch bei ihrer Herstellung sind Emissionen entstanden, ich habe sie nicht wertgeschätzt, und jetzt werfe ich sie weg. Wie sinnlos das ist.

Bei der Durchsicht fallen mir auch wichtige Briefe und Zettel in die Hand, die ich wirklich schon vergessen hatte. Die vielen langen Briefe meiner Schwester, bemalt und verziert, zeigen, wie lieb wir uns haben. Auf einem Zettelchen, das mir meine Nichte vor Jahren geschrieben hat, steht in der krakeligen Schrift einer Grundschülerin: *Liebe Tante Anne mir Fahlen Abschiede immer Schwer, vor ahlendings bei meiner Famielie.* Daneben hat sie ein Herz gemalt und um die ganzen Worte noch eins. Die Notiz berührt mich. So was kann ich doch nicht wegwerfen – wenn ich weiß, dass ich es in etlichen Jahren vielleicht noch mal ansehe und mich dann genauso darüber freue. In diesen Fällen möchte ich weiter das Objekt berühren können, es ist wie ein Zeitreisevehikel, ein DeLorean aus Papier.

Ich kann all das schon deswegen nicht wegwerfen, weil ich plötzlich auf Briefe stoße, die an der Seite aufgeweicht sind. Vor einigen Jahren hatte ich eine Kiste im Keller gelagert, und als das

Grundwasser im Herbst anstieg, wurde das alte Kellergewölbe so feucht, dass sogar dicke Pilze aus der Wand sprossen. Die Kartons, die an der Wand gestanden hatten, wurden nass, ich musste allerhand wegwerfen, auch ein paar alte Notizbücher und einige Briefe. Damals verfluchte ich meine Leichtsinnigkeit, solche Dokumente im Keller aufzubewahren. Also ist es richtig, die Briefe zu behalten, das spüre ich ganz deutlich.

Das Sichten und Sortieren braucht Zeit, denn in einigen Briefen lese ich mich regelrecht fest. Vor allem in denen meiner besten Freundin aus Schulzeiten. Wir waren unzertrennlich. Kurz nachdem ich mittags aus der Schule gekommen war, hing ich auch schon wieder am Telefon, damals einer dieser dunkelgrünen Apparate von der Deutschen Bundespost mit den zwölf dicken schwarzen Tasten, wo unten rechts die Wahlwiederholung war und unten links eine Taste mit einem Pfeil, der aus einem unerfindlichen Grund auf einen Punkt zeigte.

»Das zieh ich dir vom Taschengeld ab«, sagte meine Mutter, wenn ich mal wieder sehr lange mit Steffi telefoniert hatte. »Ihr habt euch doch gerade erst gesehen!«

Aber das mit Steffi war eben was Besonderes.

Irgendwo habe ich gelesen, dass es zweihundert Stunden dauern kann, bis man jemanden zum besten Freund erklärt. Bei Steffi und mir war es so was wie Liebe auf den ersten Blick. Schon bald schrieben wir uns Zettelchen im Unterricht, Postkarten aus dem Urlaub oder auch einfach so. Wir trafen uns nachmittags zum Teetrinken und an den Wochenenden zur Disco. Es gab so viel zu bereden – die Geschehnisse an der Schule, die Macken des Lehrpersonals und unsere wechselnden Verliebtheiten. Die Briefe, Karten, Zettel in meinem Besitz sind ein großes Poesiealbum unserer Freundschaft.

Warum haben wir uns nur aus den Augen verloren? Ich kann mich an keinen Vorfall erinnern, der unsere Freundschaft belastet hätte. Andere Menschen und andere Themen wurden wichtiger, wir zogen in verschiedene Städte – ich fragte mich von Zeit zu Zeit, was sie so macht und ob sie noch an mich denkt. Aber der Impuls, für ein Wiedersehen zu sorgen, war nicht größer als meine Trägheit, mein Tag war zu voll, um einen konkreten Plan zu fassen. Ich glaube, ich war Steffi zuletzt keine wirklich gute Freundin, aber jetzt habe ich Kapazitäten frei, ich könnte es wieder sein – wenn sie das will.

Ich setze mich an den Rechner, um ihr eine Mail zu schreiben. Unsere Lieblingsband von damals geht bald noch mal auf Tournee – wenn das kein guter Anlass für ein Wiedersehen ist, dann weiß ich es auch nicht. Bevor ich es mir anders überlege, schreibe ich ihr, frage, wo sie inzwischen ist, wie es ihr geht und ob wir zusammen zu dem Konzert gehen wollen. Vielleicht geht die alte Adresse ja noch. Falls nicht – Eltern bleiben meist am selben Ort wohnen, so finde ich sie sicher auch.

Dann verstaue ich die geordneten, von allen überflüssigen Zetteln befreiten Briefe in einer der großen Kisten, in der auch die Tagebücher sind, denn die will ich ebenfalls nicht weggeben – bis auf eins. Es ist aus dem Jahr, in dem der Arzt mich mit der Krankenschwester betrog, und ich entsorge es endlich, genau wie alles andere, was mich an ihn erinnert. Es hat einfach keinen Platz mehr bei mir, auch wenn ich längst nicht mehr wütend auf ihn bin.

Das Letzte, was an Briefen und Erinnerungsstücken jetzt noch draußen liegt, ist die rote Mappe mit meinen Notizen über Oma und allen Fotos und Dokumenten, die dazugehören. Ich lege sie auf den Esstisch in der Küche, wo ich oft sitze, wenn ich mit Oma telefoniere, denn ich will unsere Familiengeschichte weiter ergänzen.

Alles andere, was mir etwas bedeutet, ist verstaut. Damit ist mein Leben keineswegs weggepackt. Das findet jetzt statt, setzt sich aus vielen Momenten zusammen, die irgendwann zu Erinnerungen werden. Und ich habe es in der Hand, wie intensiv ich sie erlebe. Die Zukunft liegt weit und offen vor mir. Es ist eine Geschichte, die beim Erzählen entsteht.

Fünf Ortsfinder für Aussortiertes.
Wie du entscheidest, was du weggibst,
und wie du den richtigen Ort für deinen
ehemaligen Schatz findest

An manchen Erbstücken oder Erinnerungsgegenständen hängen so viele Gefühle, dass ich sie nicht einfach so wegwerfen kann. So ging es mir zum Beispiel mit dem Telefunken-Radio, das ich vor langer Zeit vom Dachboden meiner Eltern geholt hatte und das dort jetzt wieder steht, weil mein Vater sich nicht davon trennen kann. Hier ein paar Möglichkeiten, dich auf gute Weise zu befreien.

Sei dir sicher. Auch wenn eine Sache keinen Zweck erfüllt: Wenn sie dich wirklich glücklich macht, ist es Blödsinn, sie wegzugeben.

Es bleibt ja in der Familie. Wenn es Erbstücke oder alte Fotos sind, gib sie zurück oder schenk sie jemandem in der Familie, der sie haben möchte. Das gilt auch für Erinnerungsstücke ohne großen Wert und, wie bei mir und dem Bild meiner früheren Nachbarin, für Selbstgemachtes.

Historische Hotspots. Wenn es niemanden mehr gibt, den das Erbstück interessiert, kannst du es an die richtige Stelle spenden: Ein Ölbild habe ich der Artothek gelassen. Manche Museen nehmen Dinge wie antikes Spielzeug an, etwa das Focke-Museum in meiner Heimatstadt Bremen. Und altes Porzellan habe ich dem Museum des Herstellers angeboten, der Königlich-Preußischen Porzellanmanufaktur.

Schätzungsweise teuer. Wie die Sendung *Bares für Rares* zeigt, ist auch Schäbiges manchmal richtig viel Schotter wert. Um das herauszufinden, gibt es entsprechende Händlerforen im Internet.

Dabei kommt es auf die Marke an, den Zustand, das genaue Alter und manchmal darauf, dass die Originalverpackung noch vorhanden ist. Ob Porzellan oder Schmuck von Wert sind, enthüllen oft schon die Marken bzw. Punzen des Herstellers, über die das Netz oder der Antiquitätenhändler um die Ecke mehr zu sagen weiß. Verkaufen kannst du es unter anderem bei Onlineauktionshäusern oder auf Kunsthandelsplattformen wie Historia oder Artnet.

Ablage P. Der richtige Ort für altes Zeug ist manchmal wirklich der Papierkorb. Dann nämlich, wenn es von jemandem stammt, der dir nicht gutgetan hat. Hinein damit, und nicht einfach so, zelebriere es. Mach ein Ritual daraus! Alte Briefe zu zerreißen oder zu verbrennen befreit ungemein. Es ist, wie alte Geister auszutreiben. Eine Uhr, die ich mal von jemandem bekommen hatte, der sich mir gegenüber nicht fair verhalten hat, habe ich für zehn Euro auf dem Flohmarkt verscherbelt. Gekostet hat sie etwa zehn Mal so viel, aber das war's mir wert.

Zurück in der Shoppinghöhle
des Löwen

Was du liebst, lass frei.
Kommt es zurück, gehört es dir für immer.

Konfuzius

Wie ist es denn – wollen wir nächstes Jahr wieder zusammen wegfahren?« Petra schält sich aus der Fleecedecke, um ihren Kaffee zu bezahlen. Außer uns sitzen an diesem Herbsttag nicht mehr viele Gäste im Außenbereich des hübschen kleinen Cafés am Kollwitzplatz, und die restlichen gehen jetzt rein, weil der Himmel sich zugezogen hat und die ersten Tropfen bereits fallen. Wir müssen ohnehin los – Petra war zu einem Filmdreh in Berlin und fährt gleich zurück nach Köln, wir wollten uns wenigstens kurz sehen.

Natürlich würde ich gern wieder mit ihr verreisen, nichts lieber als das. Mir fehlt in letzter Zeit die Freiheit und Leichtigkeit, die ich während unserer gemeinsamen Zeit in Indien erlebt hatte. Die Beweglichkeit.

Aber mir fehlt leider noch was.

»Ich bin grad ein bisschen knapp bei Kasse – mir sind ein paar Redaktionsaufträge weggebrochen.« Ich zucke die Achseln und deute gen Himmel. »Lass uns gehn, sieht übel aus.«

Meine Stimmung zieht sich ebenfalls immer mehr zu. Es ist schlimmer, als ich ihr eingestehen mag. Der Verlag hat die Projektideen von Stefan und mir, an denen wir intensiv gearbeitet hatten, alle abgeschmettert. In dieser Zeit habe ich kein Geld verdient und einige Aufträge abgelehnt. Mit meinem Traum, langfristig als Autorin arbeiten zu können, sieht es im Moment also gar nicht so gut aus. Und in den letzten Nächten habe ich lange darüber gegrübelt, wie ich auf die Schnelle genügend neue Aufträge ranregeln kann. Von denen brauche ich einige, um auf einen vernünftigen Schnitt zu kommen. Auch eine geringere Miete und meine laufenden Kosten wollen schließlich bezahlt werden.

Es regnet schon stetig, als wir uns verabschieden und ich mich aufs Rad schwinge.

Petra wird gleich nach Köln zurückfahren, und ich bleibe in der Stadt, die ich mir ausgesucht habe. Plötzlich verspüre ich den dringenden Wunsch, mit ihr in den Zug zu steigen, ich habe auf einmal richtig Heimweh nach meinen Freunden in der Rheinmetropole.

Der Regen, der eisige Wind – die dunkle Jahreszeit will zeigen, was sie kann. Rundum riecht es erdiger, im Rinnstein sammeln sich die Blätter. Heute ist es richtig kühl, ich habe zum ersten Mal seit Wochen wieder eine Jacke über den Pulli gezogen. Hätte ich wenigstens eine Regenjacke eingepackt.

Als ich am Mauerpark bin, trete ich in die Pedale, der Regen wird noch dichter, schwere, kalte Tropfen, die mir ins Gesicht klatschen, als wollte mir jeder von ihnen eine Ohrfeige verpassen, dann beginnt es zu schütten. Meine Jacke weicht langsam durch, als ich am Bahnhof vorbeifahre, bin ich tropfnass. Der Wind beißt mir ins Gesicht. Kurz bevor ich mein Haus erreiche, will ich noch flugs über die gelbe Ampel brettern, da trete ich plötzlich die Pedale durch, als ob die Kette abgegangen wäre. Wie aus dem Nichts taucht ein Taxi vor mir auf, und ich versuche mit den Füßen auf dem Boden abzubremsen, schlittere aber mit meinen nassen Chucks über den Asphalt. Das Vorderrad kippt zur Seite weg, der Wagen bremst, ein schriller Hupton lässt mich zusammenfahren, das Taxi blendet die Scheinwerfer auf. Mein Herz rast, als ich mit zitternden Knien absteige. Schnell die paar Meter auf den Bürgersteig schieben. Ein kurzer Blick, was mit der Kette los sein könnte, bringt kein Ergebnis, alles sieht normal aus. Schnell rein ins Haus. *Fuck,* was war das denn?

Als ich das Fahrrad mit von der Kälte steifen, nassen Fingern am Fahrradständer anschließen will, ist mein üblicher Platz schon belegt, keine Möglichkeit, den Rahmen mit einer Eisenstange zu verkuppeln. Auch das noch. *Shit.* Mit Mühe schließe ich das Rad auf der anderen Seite des Hofs an ein Regenrohr, wobei ich mir fast einen Fingernagel aufreiße.

Als ich mich mühe, meine Wohnung aufzuschließen, kommt der Rentner, der mir gegenüber wohnt, vor die Tür, als hätte er mir aufgelauert.

»Dit könnse gleich wegwischen, wennse dit janze Treppenhaus volltropfen.« Er deutet auf das nasse Linoleum.

Ich murmele eine Entschuldigung, verspreche, gleich mit einem Lappen vorbeizukommen, dann schließe ich mit fahrigen Bewegungen die Tür samt Stangenschloss auf. Nach den unfreundlichen Worten fühle ich mich nicht nur fremd, sondern auf einmal mutterseelenallein.

Und das bin ich ja auch. Die Wohnung ist kalt, mir ist klamm. Schnell Licht an, Schuhe aus und Jacke im Bad über der Dusche aufhängen, Handtuch holen, Heizung aufdrehen.

Rasch rubble ich meine Haare trocken, und langsam kehrt wieder etwas Gefühl in meine Glieder zurück, der Schreck von eben verblasst. Weg mit den nassen Sachen, was Trockenes anziehen. Nach einer Weile fühle ich mich ein wenig besser, aber auf andere Art unzufrieden. Den angerissenen Nagel knipse ich ab und ziehe dann meinen wärmsten Pulli, extradicke Socken und meine Wohlfühljeans über.

Gerade als ich mein Ungemach und die Kälte verdrängt habe und in die Küche gehen will, um mir einen Tee zu kochen, höre ich ein Poltern aus dem Badezimmer. Ich öffne die Tür, um nachzusehen, was da los ist, und stehe vor einem Haufen Schutt, der auf der Badematte gelandet ist. In der Decke klafft ein Loch von der Größe eines Fußballs. Ich schließe die Augen. Das darf doch nicht wahr sein – hat Berlin genug von mir, will es mich rausekeln?

Wenn der Rest der Decke auch noch runterkommt, muss ich mir zu allem Überfluss eine neue Wohnung suchen. Ob ich dann noch mal so viel Glück habe wie bei dieser? Als Freiberuflerin stehe ich in Sachen Wohnungssuche nach wie vor ganz am Ende der Nahrungskette.

Bis ich damit fertig bin, erst mich und dann die Lache im Hausflur trockenzulegen, habe ich mir so viele Sorgen gemacht, dass sich mein Kopf anfühlt, als hätte ihn jemand von allen Seiten mit einem kleinen Hämmerchen bearbeitet. Kein Geld, Traum geplatzt, und jetzt fällt mir auch noch der Himmel auf den Kopf wie bei Asterix und Obelix. Überall hat sich der Dreck verteilt, die Bröckchen sind bis in den hintersten Winkel gespritzt. Bis ich das geputzt habe, ist übermorgen. Und die Badematte kann ich ganz entsorgen, die ist hinüber, war eh schon ein oller Lappen.

Ich möchte gern mit jemandem reden, um mich zu beruhigen, aber Luisa ist gerade mit eigenen Problemen beschäftigt, Stefan ist im Urlaub, und Petra sitzt im Zug, da ist die Verbindung schlecht. Tja, und Dirk habe ich abgesägt.

Ich beschließe, Oma anzurufen, in letzter Zeit war sie nicht gut drauf, vielleicht geht es ihr heute besser. Ich mache mir einen Tee, hole das Telefon und will mir meine Notizen vornehmen, damit ich es aufschreiben kann, falls sie mir heute noch was zur Familiengeschichte erzählt. Doch die rote Mappe mit meinen Aufzeichnungen und den Fotos, mit allem, was ich aus ihren Erinnerungen weiß, ist nicht mehr auffindbar.

Mein Herz beginnt heftig zu pochen, mit fahrigen Fingern gehe ich den Stapel Zeitschriften durch, den Inga am Wochenende auf den Tisch gelegt hat, bevor sie wieder für ein paar Tage verreist ist. Dann erinnere ich mich vage, dass ich das Altpapier gestern runtergebracht habe, bevor ich mit Petra ins Kino gefahren bin. Habe ich es da etwa versehentlich reingeworfen?

Ich renne raus auf den Flur, da erst fällt mir auf, dass ich keine Schuhe anhabe. Aber draußen höre ich schon den Wagen der Müllabfuhr, also rase ich in Socken die Treppe runter.

Doch ich komme zu spät und sehe den Laster gerade noch abfahren.

Und es fängt schon wieder an zu regnen. Ich stehe da wie ein eisig begossener Pudel und starre auf den Boden der Altpapiertonne, wo nur noch ein fleckiger Werbeflyer liegt. Ich schleiche wieder rein und gehe in Zeitlupe die Treppe rauf in den fünften Stock, hinterlasse dabei eine Spur feuchter Abdrücke auf dem Linoleum. Reg dich ab, Rentner.

Wenn die Unterlagen jetzt schon weg sind, kann ich wenigstens mit Oma reden. Ich nehme das Telefon und wähle ihre Nummer. Sie geht erst nach langer Zeit dran.

»Wie geht's dir, Oma?«

»Bescheiden«, sagt sie, und ich kann hören, wie ihr das Atmen schwerfällt.

Ich erzähle ihr, dass ich bei dem miesen Wetter fast mit dem Rad gestürzt wäre.

»Das ist ja 'n Ding«, sagt sie matt, und dann: »Mein Onkel Walter war gestern da.«

Ihr Onkel ist vor langer Zeit gestorben, aber ich habe gelernt, mit ihren Verwirrtheiten umzugehen. Es würde sie beunruhigen, wenn ich ihr widerspräche.

Also sage ich: »Ach so? War's denn nett?«

»Ja, aber dann ist er wieder zurückgefahren, nach Breslau.«

Ich weiß nicht, was ich sagen soll, dann höre ich wieder ihre brüchige Stimme durch die Leitung.

»Ich soll ihn besuchen, hat er gesagt. Im nächsten Monat fahre ich, das Auto steht ja noch in der Garage. Wir müssen uns dann verabschieden, das ist eine weite Reise, und ich komme nicht zurück.«

Ich schlucke gegen den Kloß in meinem Hals an. Wir haben schon oft über den Tod gesprochen, und Oma hat gesagt, dass sie sich wünschte, sie könnte noch einmal nach Oberschlesien fahren. Vielleicht bedeutet das, dass sie innerlich nun mit sich abgeschlossen hat?

Sie seufzt.

»Bist du müde, Oma?«, frage ich.

»Ja«, sagt sie. »Ja.«

»Dann ruf ich morgen wieder an«, sage ich. »Okay?«

»Mach das«, erwidert sie.

Gerade will ich noch etwas sagen, das uns beide aufmuntert, aber sie hat schon den Knopf vom Telefon gedrückt, oder es ist ihr aus der Hand gefallen.

Meine Augen schwimmen etwas, als ich auflege. Ich bin sicher, es wird auch wieder Tage geben, an denen es ihr besser geht. Aber es werden weniger sein. Und wer weiß, ob sie jemals wieder so fit sein wird, um mir noch einmal all das über unsere Familiengeschichte zu erzählen, was ich bereits aufgeschrieben hatte.

Wenigstens das Loch in der Decke muss ich irgendwie stopfen oder provisorisch zumachen. Ich hole mein Smartphone hervor, um mir auf YouTube ein Video anzusehen, wie man eine kaputte Decke repariert, und zu schauen, wo der nächste Baumarkt ist.

Das Prozedere sieht kompliziert aus, und eine so hohe Leiter besitze ich ohnehin nicht, am besten wird es sein, ich schicke dem Vermieter eine Nachricht. Nachdem ich die Mail geschrieben habe, daddle ich noch ein wenig auf dem Smartphone herum, trickse mich aus und rufe umständlich über den Browser Instagram auf, die App hatte ich ja gelöscht. Es ist momentan einfach zu verführerisch, sich in den Timelines und Storys meiner Instagramfreunde zu verlieren. Bei ausnahmslos jedem, den ich kenne, sieht das Leben so entzückend aus wie ein Wurf Kätzchen. Und schnell fühle ich mich, als wäre ich die weltweit einzige Person mit Sorgen.

Auch bei Dirk, nach dem ich eigentlich gar nicht gucken will, scheint alles supi zu sein. Harmlose Landschaftsfotos, durchfeierte Nächte, ein Ausflug mit irgendeiner Frau in die Eifel. Der hat

Spaß! In meinem Ex-Wagen! Soll er doch, denke ich. Pah, den brauche ich nicht. Ich mache es mir ohne ihn nett.

Ganz genau! Die Schönrednerin klatscht in die Hände. *Kümmer dich lieber um dein eigenes Leben, mach es wieder instagramtauglich. Eine neue Badematte. Kerze an, ein Glas Wein, eine selbst kreierte Bowl. Wenn du das dann alles hübsch fotografiert hast, gönnst du dir Schokolade, Chips und eine Staffel deiner Lieblingsserie.*

Was ist eigentlich gerade meine Lieblingsserie? Mir fällt auf, dass ich ewig keine Lust mehr hatte, meine Zeit mit Glotzen zu verbringen. Aber es gibt bestimmt eine neue Serie, die mich fesselt. Vage habe ich in Erinnerung, dass der Streamingdienst mir eine Einladung geschickt hat, mal wieder reinzuschauen. Ich erwarte, dass mein innerer Spock auftaucht und mir Fragen stellt, was das denn nun auf einmal alles soll.

Aber er bleibt stumm.

Spock hat jetzt mal Pause, sagt die Schönrednerin. *Hör auf deinen Bauch, Schätzchen. Sei nicht so verkniffen, tu dir einfach was Gutes!*

Wie ein Tiger laufe ich durch meine Wohnung. Der Kühlschrank ist leer, seit geraumer Zeit kaufe ich nur noch, was ich wirklich brauche. Gut, weil ich praktisch keine Lebensmittel mehr wegwerfen muss. Schlecht, weil ich keine Lust habe, erst zum Biomarkt zu fahren und dann was zu kochen. Das dauert doch viel zu lange! Wein habe ich, anders als früher, auch keinen da. Chips, Fehlanzeige. Ich werfe noch mal einen Blick ins Bad, um mir das Übel anzusehen. Ich könnte wirklich eine neue Badematte gebrauchen. Und wo ich schon dabei bin, wäre auch ein neuer Duschvorhang mal fällig. Und dass neben dem Waschbecken kein Handtuchhalter ist, nervt mich. Wenn ich dann noch ein paar Kerzen kaufe, könnte das Bad nach der Renovierung echt eine Wohlfühloase werden.

Eine Leiter kann ich mir leihen. Aber ich fühle mich unzufrieden, das muss ich abstellen. Es gibt einen Ort, der mir dabei hilft.

Ich war früher oft dort, nur seit dem Umzug nach Berlin nicht. Mehr als ein Einrichtungshaus, ein schwedisches Wohlfühlparadies, wo sich von der Professorin bis zum Elch jeder duzt. Da kann ich meinen Wohnkokon auf einem neuen, zugleich bekannten Level ausgestalten, so als würde ich mich neu verpuppen. Nach einer Weile im Kokon würden dann lauter kleine bunte Ideen und wohlige Gefühle wie Schmetterlinge in mir entstehen. Und das alles zum sagenhaft günstigen Preis. In einem Werbespot dieses Möbeldiscounters schleppt eine junge Frau eine Riesentüte voll neuer Pflanzen, neuer Bilder, neuer Kissen, neuer Kerzenhalter in ihre Wohnung. »Brauchen wir das wirklich alles?«, fragt ihr Freund, und sie antwortet: »Brauchen? Nee. Aber ich hatte Bock drauf. So wie auf dich, damals.« Das Gefühl, wie aufregend neue Dinge sind, kenne ich.

Jetzt will ich das wohlige Wohnlichkeitsgefühl aus der Werbung, einen Kick fürs Auge, etwas, das frisch aussieht und noch keiner benutzt hat, etwas, das nachweislich guttut. Brauche ich das? Nee. Aber ich habe so was von Bock drauf.

Du brauchst ja nicht päpstlicher zu sein als der Papst, pflichtet die Schönrednerin mir bei. *Wer Diät macht, muss sich auch ab und an ein Stück Sahnetorte genehmigen, sonst ist man irgendwann frustriert.*

Rasch reserviere ich mir ein Carsharing-Auto und bin kurze Zeit später auf dem Weg zum Möbeldealer. Im Gegensatz zu meinem letzten Besuch an einem Samstag vor einem Jahr, als ich nur ein Schuhregal gewollt hatte, aber hinterher eine große blaue Tasche voller Teelichte, Geschirrtücher, Gläser und anderem Kleinkram zum Auto trug, ist es heute, an einem Wochentag, leer auf dem Parkplatz und in den Gängen.

Gemächlich schiebe ich den Einkaufswagen vor mir her. Es kommt mir vor, als wäre ich zuletzt in einem anderen Leben hier gewesen. Außer mir ist noch ein junges Paar da, das offenbar gerade seine erste gemeinsame Wohnung einrichtet.

»Guck mal.« Er zeigt auf ein hohes Regal, in dessen Fächer

Weidenkörbe passen, und zieht sie an sich. »Findest du, das würde sich gut im Wohnzimmer machen, neben der Couch?«

Sie nickt und küsst ihn auf die Nase, dann lässt er sie los und zückt den Merkzettel, von denen überall welche rumliegen, notiert sich mit einem kleinen Bleistift die Nummer des Regals.

Ich schlendere weiter durch die Wohnwelten, das Ziel Badabteilung klar im Blick. Auf dem Weg sehe ich einen Überwurf fürs Bett, heller freundlicher Ton, zartes Blümchendekor. Mein Bett sieht ohne Tagesdecke immer etwas unordentlich aus, das ist peinlich, wenn ich Besuch bekomme. Ein zusätzliches Kissen in derselben Farbe kann auch nicht schaden. Bei der Einrichtung kommt es doch auf die klare Linie an, oder?

Denk an die vielen Einrichtungsblogs von Minimalisten! Die Schönrednerin klingt zufrieden. *Die bewerben auch immer solche Sachen.*

Weil ich die Sachen, die ich nicht weggeben möchte, nicht ewig in Umzugskartons stehen lassen will, lege ich drei große bunte Kisten in den Wagen. In der Ecke mit den Badezimmern finde ich dann endlich auch Badematten und einen Duschvorhang. Inga wird Augen machen!

Und dann kommt der Marktplatz – der Bereich des Kaufhauses, der bei mir früher immer besonderes Jagdfieber ausgelöst hat. Ich nehme ein paar Kerzen mit, hebe eine Pflanze in meinen Wagen, stelle ein paar Wassergläser dazu – Inga hat zwar welche, aber die sind nicht so groß und auch nicht so schön wie diese. Vor meinem inneren Auge sehe ich, wie leichtfüßig die Frau in der Werbung durch ihre Wohnung getänzelt ist und alle neuen Dinge verteilt hat. Fast fühle ich mich ein wenig beschwipst, kann nicht aufhören, sacke weiteren Kleinkram ein.

Als ich an der Kasse stehe, ist der Wagen voll.

Während ich die Sachen aufs Band lege, blicke ich zum kleinen Foodcourt hinter den Kassen. Es gibt jetzt vegane Hotdogs und vegane Gemüsebällchen, habe ich gehört, und ich habe mir das jetzt wirklich verdie…

Moment mal. Das kommt mir verdächtig bekannt vor.

Es ist wie früher, wenn ich den Stress der Arbeit am Wochenende mit dem Inhalt großer Shoppingtüten zudecken wollte und mich danach auch noch mit Kaffee und Kuchen belohnte. Glücklich gemacht hat mich das nicht, es hat nur meine Wohnung mit Sachen gefüllt, die ich a) nicht brauchte und b) danach mühsam losgeworden bin. Ich sehe die Sachen an, den Krempelberg, der langsam auf den Kassierer zurollt. Servietten, Geschirrteile, Decken, Kissen, Pflanzen, Kerzenleuchter. Valium aus der kunterbunten Warenwelt. Zeug, das ich in einem halben Jahr wieder überhabe.

Und endlich, endlich rührt sich mein innerer Spock.

»Ein Block, eine Stifteaufbewahrung, ein Pflanztopf«, sagt Mr. Spock und deutet auf die Gegenstände, die ich zuletzt aufs Band gelegt habe. »Faszinierend, wie viel die Menschen im Lauf ihres Lebens davon kaufen. Warum haben Sie es abgeschafft, wenn Sie es jetzt wieder in Ihr Leben lassen?«

Hör nicht auf den Miesepeter! Die Schönrednerin kickt mich gegens Schienbein. *Sind doch nur ein paar Sachen. Und jede einzelne hast du aus gutem Grund in den Wagen gelegt. Steh zu dem, was du brauchst.*

Und was mache ich? Wie das Kaninchen in der Schlange blicke ich den Kassierer an, der das EC-Gerät für die Kunden vor mir bereitmacht – es ist das junge Paar, das ich vorhin beobachtet habe. In ihrem Wagen türmen sich die Sachen, als könne das Konstrukt aus Krempel jederzeit zusammenbrechen. Wie in Zeitlupe sehe ich den jungen Mann die Geheimzahl eintippen.

Jeden Moment wird der Kassierer den kleinen Trennbalken anheben, um nach einem der Kissen zu greifen, die ich ausgewählt habe, und sein Schildchen über den Scanner zu ziehen.

Tricks, um einen weiten Bogen
um einen unnötigen Kauf zu machen

Ich meide Orte des Konsums. Eine Grundweisheit des Lebens ist bekanntlich: Gehe nie mit leerem Magen in den Supermarkt. Wenn das Gehirn unterzuckert ist und das Krümelmonster im Bauch pausenlos »Kekse« grölt, ist es noch schwieriger als sonst, Kaufimpulsen zu widerstehen. Vor allem, wenn ich schlechte Laune habe, traurig oder frustriert bin, lasse ich mich möglichst nicht einsaugen von den ganzen Glücksversprechen der Warenwelt.

Ich warte. Impulskäufe waren früher meine Spezialität, jetzt warte ich mindestens drei Tage ab, in denen ich in mir nachspüre, ob ich etwas wirklich brauche.

Ich denke nach, wie ich etwas selbst machen kann oder ob ich etwas, das ich schon habe, reparieren (lassen) kann.

Ich nutze, was es schon gibt. Wachstum verhindert man nur, indem man eine Möglichkeit findet, nicht mehr Sachen anzusammeln. Und das mache ich, indem ich eher tausche als kaufe.

Ich denke an Mama. Meine Mama, großartig wie alle Mütter, hatte mal, der Wäscheberge überdrüssig, an der Innenseite der Schranktür im Badezimmer einen Zettel mit Fragen aufgehängt, an denen wir Kinder und unser Vater nicht vorbeikamen. Der Katalog begann mit »Hast du noch ein Handtuch?«, führte über »Weißt du noch, wie dein letztes Handtuch aussah?« und »Liegt es vielleicht in deinem Zimmer?« bis hin zu »Brauchst du wirklich ein neues Handtuch?«. Der Fragebogen wirkte sich auf die Menge der zu waschenden Handtücher effektiv aus, daher ist er sicher auch gut bei anderen Fragen zu gebrauchen, spätestens an der Kasse im Kaufhaus. Das Wort »Sonnenbrille« kann im

Folgenden selbstverständlich durch »Handy«, »Notizbuch« oder »Tütü« ersetzt werden:

Brauchst du wirklich eine neue Sonnenbrille?
Hast du nachgesehen, ob du schon eine Sonnenbrille hast?
Oder mehrere?
Stimmt was nicht mit der Sonnenbrille, die dir bereits gehört?
Kann deine neue Sonnenbrille etwas, das deine alten Sonnenbrillen nicht können?
Hast du überhaupt Platz für eine neue Sonnenbrille?
Wird dich deine neue Sonnenbrille glücklicher machen als die alten?
Wenn du eine Sonnenbrille benötigst, kannst du sie gebraucht kaufen?
Wenn du keine gebrauchte Sonnenbrille willst, gibt es eine fair produzierte?

Ich achte darauf, dass möglichst alles, was ich habe, *mehrere Funktionen* hat. Ein großes Tuch dient als Schal, als Schultertuch, als Decke und als Kopfkissen im Zug. Ich habe ein Multitool mit verschiedenen Klingen, das ich auch als Besteck auf Reisen mitnehme. Eine USB-Ladestation mit Steckern für alle Länder. Barfußballerinas, die als Sommerschlappen genauso zur Hose wie zum Kleid gut aussehen und zusammengerollt ein exzellentes Paar Zweitschuhe für unterwegs abgeben. Eine superklein zusammenrollbare Einkaufstasche ist gleichzeitig mein Wäschebeutel auf Reisen und mein Extragepäckstück, falls ich unterwegs mehr zu transportieren habe. In einer Tupperdose aus Glas kann ich auch Aufläufe zubereiten. Je mehr meine Dinge können, umso weniger Sachen – und Platz – brauche ich.

Leihen statt kaufen. Ein Partykleid, eine Bohrmaschine, eine Fahrradtasche: Wenn ich etwas brauche, überlege ich, ob ich es leihen kann. Ich frage Freundinnen oder nutze das Internet –

viele Dinge kann ich auch bei Profis leihen, vom Baumarkt bis hin zum Kostümverleih. Dank Sharing Economy kannst du dir inzwischen nicht nur Fahrräder und Autos, sondern auch Kunst leihen – etwa bei der Artothek. Auch Couch, Bett und Schrank sind mietbar. Allerdings zeigt der hohe Preis oft, dass es besser wäre, doch auf Gebrauchtes zurückzugreifen, und dass der Boom der Sharing Economy wahrscheinlich nicht, wie viele denken, automatisch zu einer gerechteren und solidarischeren Welt führen wird. An manchen Orten gibt es auch Plattformen zum Leihen und Tauschen, die nachhaltig und nicht kommerziell sind. Eine davon ist die Initiative www.cosum.de für Berlin, weitere Standorte sind in Planung.

Ich halte Ordnung. Ich muss weniger Ersatzzeug kaufen, weil ich anders als früher meine Sachen immer wiederfinde. Zum einen besitze ich weniger Dinge, zum anderen lege ich nach Gebrauch immer alles an seinen Platz zurück. Ich klopfe mir innerlich auf die Finger, wenn ich wie früher mal wieder schnell etwas irgendwo verstauen will, denn erfahrungsgemäß finde ich es nie wieder, wenn ich es in einer Schachtel habe, die ich aufs Regal stelle. Dort wächst dann der Prötel, also alles, was ich nicht benutze. In einer Studie las ich, dass der Durchschnittsamerikaner insgesamt 2,5 Tage pro Jahr nur nach verlegten Sachen sucht: Fernbedienungen, Schlüssel, Brillen, Schuhe und Portemonnaies stehen ganz oben auf der Liste. Das geht uns Deutschen bestimmt nicht anders. 2,5 Tage – eine Horrorvorstellung. Sagen wir, ich werde achtzig: Ich will doch nicht 200 Tage meines Lebens nach verlegten Dingen gesucht haben, ich habe Besseres zu tun.

Plan G wie Glück

Die besten Dinge im Leben sind nicht die,
die man für Geld bekommt.

Albert Einstein

10 … 9 … 8 …

Gleich wird die Scannerkasse zum ersten Mal piepsen. Neben mir steht immer noch Mr. Spock.

»Wollen Sie für dieses Zeug wirklich noch einen Auftrag mehr in diesem Monat erledigen?«, fragt er. »Ist es Ihnen diese Lebenszeit wert?«

7 … 6 … 5 …

Meine Knie fühlen sich an, als wären sie aus dem flauschigen Füllstoff der Kissen, die auf dem Laufband immer weiter ziehen. Wie bin ich hier nur gelandet?

4 … 3 … 2 …

Wenn ich dem Kassierer gleich meine EC-Karte reiche, wird sich nichts ändern. Dann habe ich gegen den Krempel verloren.

… 1 …

Ich hechte vor und lege den Arm als Trenner aufs Band, während es langsam weiterläuft und sich die Sachen stauen.

»Ich will das nicht«, sage ich.

Der Kassierer blickt mich verständnislos an.

Es ist ja in Wahrheit auch die Antwort auf Spocks Frage. Ich will das nicht – mehr arbeiten, um Krempel zu bezahlen, den ich eh nicht brauche. Und auch wenn die Schönrednerin in mir zetert, mein Kopf und mein Bauch haben das zusammen beschlossen. Es geht nicht darum, dass ich ein klein wenig mehr darauf achte, nicht zu viel zu kaufen, und ab und an ein bisschen Müll einspare. Es geht um meine Überzeugung. Und die verrate ich sonst. Ich will meine Lebenszeit sinnvoller nutzen als für Shopping und den ständigen Nestumbau.

Auf dem Weg nach Hause habe ich ein Hochgefühl. Es rührt allein daher, dass ich mein Leben so klar wie nie zuvor sehe. Nicht zu shoppen fühlt sich gut an, viel besser, als das Zeug die Treppen zu meiner Wohnung raufzutragen und alles neu auszustatten. Mein Frust hat mit dem Loch in der Decke und dem kaputten Fahrrad zu tun, mit dem Verlust meiner Aufzeichnungen. Und das alles lässt sich nicht lösen, indem ich mich mit Konsum davon ablenke. Im Gegenteil: Den Traum von einem freien, selbstbestimmten Leben werde ich mir nicht dadurch erfüllen, dass ich mich mit noch mehr Redaktionsaufträgen eindecke, um was kaufen zu können. Denn dann habe ich noch weniger Zeit, um die Stadt zu sehen, in die ich unbedingt ziehen wollte, und endlich eine passende Idee für ein eigenes Buch auszutüfteln.

Als ich durch das große Tor meines Hauses gehe, regnet es nicht mehr, und die Tür der Werkstatt im Hof ist geöffnet. Ein Mann steht über den Werktisch gebeugt und poliert eine alte Tischplatte. Das ist der Restaurateur, von dem Inga erzählt hat, Francesco. Sieht nett aus. Ich habe ihn bisher noch nicht angesprochen, weil ich keinen richtigen Grund dazu hatte. Ein bisschen habe ich die Nachbarn immer beneidet, wenn sie bei ihm standen und sich mit ihm unterhielten.

Ich gehe zu meinem Fahrrad, sehe nach, ob die Kette tatsächlich abgesprungen ist. Es sieht ganz normal aus, aber als ich eine Runde im Hof drehen will, trete ich wieder durch. Verdammt, das kann gefährlich werden, wenn mir das noch mal auf der Straße passiert. Ich wäre gern geschickter im Reparieren von Gegenständen. Dann müsste ich auch nicht immer so viel neu kaufen, und es würde mich unabhängiger machen.

Ob ich's einfach mal versuche? Vielleicht muss die Kette nur angezogen werden. Bestimmt hat dieser Francesco einen Schraubenzieher und etwas Öl. Wann, wenn nicht jetzt, ist der richtige Zeitpunkt, um sich mit ihm bekannt zu machen?

»Hallo?« Ich klopfe an den Türrahmen.

Er sieht auf und lächelt breit. »Habe ich dich eben schon gesehen.« Er nickt mir zu. »Iste der Rad kaputt, eh?«

»Ich bin Anne«, sage ich und will gerade erklären, wo ich wohne, aber er winkt ab.

»Hatte der Inga mir schon erzählt, dass du eingezogen bist.« Er greift sich seinen Werkzeugkoffer und kommt nach draußen. »Ich freue mich, dass du kommste vorbei endlich.«

Ich erzähle, was am Abend zuvor alles passiert ist, auch von dem Unfall, den ich beinahe gebaut hätte, und er sieht mich voller Mitgefühl an.

»Kann ich dir helfe?« Er runzelt die Stirn und nimmt das Hinterrad in Augenschein. »Musse wir der Hinterrad abbauen, iste bestimmte was kaputt an der Nabe. Warte.«

In der nächsten halben Stunde zeigt er mir, wie ich das Rad wieder in Schuss bringe. Die Kette ist straff genug, daran liegt es nicht, aber wir bauen das Hinterrad aus, reinigen die Achse und ölen dann noch die Züge. Das hätte ich nicht alleine gekonnt. Oder zumindest nicht, bevor er es mir gezeigt hat.

»Basta.« Francesco holt ein Tuch aus der Werkstatt und reibt sich den Schmutz von den Händen, dann reicht er es mir, damit ich die Schmiere abwischen kann. »Probier mal, und wenn nicht geht, dann kannste du erst mal meine Rad leihen.«

Es funktioniert, und wir machen aus, dass er mir ab jetzt beibringt, wie ich mein Rad selbst repariere. Nach einem gemeinsamen Espresso bin ich mir sicher, dass ich Anschluss gefunden habe. Und der Rentner, der mich gestern so angefahren hat, kommt auch vorbei und wechselt ein paar Worte mit uns.

Wenn ich jetzt das mit dem Rad geschafft habe, lasse ich mich doch von so einem Deckenloch nicht ins Bockshorn jagen. In Francescos Werkstatt lehnt eine riesige Holzleiter.

»Kann ich mir die mal ausleihen?« Wenn sie nicht mir gehört, steht sie hinterher auch nicht bei mir rum. »Bringe ich dir nachher zurück.«

Als ich sie gerade aufgestellt habe und unter der Decke darauf balanciere, um das Loch zu betrachten, höre ich den Schlüssel im Schloss, und Inga kommt rein.

»Was ist denn hier los?«, fragt sie.

Ich steige runter und erkläre ihr, was passiert ist und von wem die Leiter stammt. »Hast du eine Idee, wie wir das Loch wieder zukriegen?« Immerhin ist sie Architektin, damit ist sie um etwa 200 Prozent erfahrener in so was als ich.

Sie holt einen Hammer aus ihrer Werkzeugkiste und steigt selbst rauf, klopft behutsam den Dreck von hundert Jahren um die Bruchstelle herum von der Decke, deren überstrichener Putz knackend bricht wie eine Eierschale. Sand und Ästchen rieseln heraus. Zwischen den dicken, dunklen Bohlen brechen Staub und vollkornmehlfarbene Sandklümpchen hervor.

»Das ist bestimmt aus den Vierzigern, im Krieg hatten die ja nichts, da haben sie einfach irgendwelchen Schmodder an die Decke geklebt, wenn von den Bombenangriffen was runterkam. Allein kriegen wir das nicht repariert, der Vermieter muss jemanden kommen lassen.« Sie hämmert an der Bruchstelle, bis eine klare Kante entsteht. »Das ist mir schon mal passiert, ist halt ein altes Haus, und obendrüber ist der Dachboden.«

Mit Tape und Müllsäcken dichten wir das Loch schließlich ab, und die ganze Zeit über muss ich wieder an meine Oma denken. Ob sie im Krieg auch Schäden am Haus beheben musste – und womit hat sie sich dann beholfen?

Am Schluss hängen wir noch einen durchsichtigen Regenschirm unter die Klebefläche. Falls noch mal was runterkommt, wird es jetzt aufgefangen.

Ich sehe Inga zweifelnd an. »Meinst du, dass der Rest der Decke oben bleibt?«

Sie lacht. »Hoffen wir's mal.«

Am besten, ich mache in Sachen Wohnung doch einen Notfallplan.

Auf dem Tisch liegt Ingas Tasche, ein Stapel Unterlagen steckt drin. Plötzlich fällt mir ein, dass sie ihre Reise am Küchentisch vorbereitet hat. Da, wo auch Omas Mappe lag.

»Sag mal«, frage ich. »Hast du vielleicht versehentlich ein paar Papiere eingesteckt, die hier lagen? Ich vermisse eine rote Mappe.«

Sie kramt in ihrer Tasche und zieht sie hervor – alle Unterlagen, meine ganzen Notizen aus den Telefongesprächen mit Oma. Ich bin so erleichtert, dass ich Inga spontan um den Hals falle.

Am späten Nachmittag kommt eine ihrer Freundinnen vorbei. Sylvia hat braune Haare und klare Gesichtszüge, sie trägt eine schlichte weiße Leinenbluse. Sie ist auf Besuch in Berlin, sie wohnt in der Nähe von Hamburg in einem Tiny House, einem kleinen, mobilen Häuschen auf Rädern.

»Ich überlege, ob ich noch einen kleinen Vorbau einrichte.« Sie zeigt uns ein paar Fotos auf dem Handy. »Als Stauraum und Unterstand vor dem Haus.«

Inga und sie besprechen einen Vorbau, der genau an das Haus angepasst ist und zu den Seiten noch ein wenig Stellfläche hat, wo das Katzenkörbchen stehen und Sylvia einige Sachen lagern kann, die nicht nass werden sollen.

»Wieso wolltest du überhaupt in ein Tiny House ziehen?«, frage ich.

»Ich hab eine echt schöne Wohnung in Hamburg gehabt«, sagt Sylvia. »Aber die hat mein Gehalt einfach aufgefressen. Ich hatte das Gefühl, ich arbeite für nix und wieder nix, nur um mir den Unterhalt zu finanzieren. Und ich wollte nicht mehr so viele Ressourcen verbrauchen, die große Wohnung musste ja auch geheizt werden.« Das neue Haus besteht aus nachwachsenden Rohstoffen und natürlichen Materialien, und sie braucht weniger Strom und Gas pro Jahr. »Es fühlt sich toll an, wenn der Stress wegfällt, wie ich die Miete für die nächste Zeit bezahle.

Und ich kann auf so kleinem Platz mit weniger Sachen viel mehr darauf achten, wie ich mich fühle.«

Klingt, als könnte das ein Plan B für mich sein, falls es mit dieser Wohnung doch ärger kommt, als Inga denkt.

Ganz so einfach, wie es sich zuerst anhört, scheint es aber nicht zu sein. Ein gutes Haus hat seinen Preis, und für den letzten Umzug hat Sylvia rund 2000 Euro bezahlt, weil sie einen Riesenkran brauchte, der das drei Tonnen schwere Haus anhob und in die Lücke mit den Anschlüssen setzte.

»Das Schwierigste war aber, die passende Gemeinschaft zu finden.« Da es in Deutschland nicht erlaubt ist, sein Tiny House einfach irgendwo hinzustellen, war Sylvia mit dem Kauf des Häuschens nicht in der Freiheit angelangt, wie sie erst gedacht hatte. »Kannste dir nicht vorstellen. Auf vielen Campingplätzen ist es spießig, auf den anderen Stellplätzen ist die Freakdichte sehr hoch. Die Vermieterin auf dem Lebenshof, wo ich zuerst lebte, war Cholerikerin, das andere war eine vermüllte Wagenburg. Erst nach langem Suchen habe ich den richtigen Ort gefunden.«

»Ist es dir nicht zu einsam da?«

»Ich bin einfach gerne in der Natur.« Sie lächelt. »Und allein bin ich gar nicht, da sind ja jede Menge Tiere.«

Dass sie das gut findet, kann ich verstehen. Ich fühle mich regelrecht vereinsamt, wenn es in der Nähe meiner Wohnstatt nicht zwitschert. Ich bleibe für Amselgesang schon mal unter Bäumen stehen und warte jedes Jahr ab Anfang Mai ungeduldig darauf, dass die Mauersegler durch die Lüfte schießen. Freude bereitete mir auch das Taubenpärchen, das direkt vor meinem Fenster in der japanischen Zierkirsche sein Nest bezog. Und als ich in meinem Innenhof einen Eichelhäher entdeckte, war das ein besonderer Tag. Beim Joggen im Park ein Kaninchen zu sehen oder auch schon mal einen Fuchs ist in der Stadt selten, und darum freut es mich umso mehr. Aber würde ich wirklich mitten in der Natur leben wollen? Und wäre ich mit so wenig Platz zufrieden? Könnte ich mit noch weniger als einem Zimmer zur Untermiete in einem festen Haus auskommen? Mit einem Bauwagen wie Peter Lustig? In Baumhäusern, wie die Aktivisten im Hambacher Forst? Oder in einem Tiny House wie Sylvia?

Ich muss es ausprobieren.

Und so stehe ich einen Monat später am Bahnhof in Ratzeburg, einem gelb gestrichenen klassizistischen Gebäude. Von hier aus führen Gleise bis zu der Siedlung am Südende des Sees, wo ich die nächste Zeit verbringen werde. Ich wage ein Experiment – ich will für einige Zeit selbst in einem Tiny House leben. Dafür habe ich im Internet jemanden gesucht, der welche vermietet, und bin auf Oliver gestoßen.

Natürlich habe ich im Internet nach ihm gegoogelt und weiß ungefähr, wie er aussieht. Oliver klang am Telefon zwar sehr nett, aber wer garantiert mir, dass wir uns auch verstehen, vielleicht gehen wir uns nach kurzer Zeit auf die Nerven? Habe ich mir das gut überlegt, nach der Saison herzukommen? Immerhin sind jetzt nicht mehr besonders viele andere Leute auf dem Gelände.

»Anne!« Die Stimme kommt mir bekannt vor, wir haben ja telefoniert. Ich drehe mich um, und da steht er vor einem runden kleinen E-Auto: kurze graue Haare, Nickelbrille. Fast erwarte ich, dass er gleich einen Zollstock aus der Tasche holt und irgendwas nachmisst.

Oliver zeigt mir zuerst das Bahnhofsgebäude, wo er ein Café für seine Gäste eingerichtet hat.

»Ich hole kurz was aus dem Büro, dann fahren wir rüber zu deinem neuen Zuhause«, sagt er.

Wir betreten das Gebäude durch einen Seiteneingang und müssen durch einen dunklen Gang, bis wir durch eine Tür gehen und plötzlich in einem hellen, freundlichen Raum landen.

Es ist, als wären wir durch einen Kaninchenbau gefallen und im Wunderland rausgekommen. Der Raum vermittelt den Eindruck, als würde man seinen Kaffee am Grund eines Sees trinken: An der blaugrünen Wand ranken sich Seerosenzweige bis an die Decke, die ebenfalls blau bemalt ist, als würden sich dort sanfte Wellen kräuseln, und in der Mitte der Decke ragen ein Bootsrumpf und zwei Ruder in den Raum hinein. An der Seite gibt es eine Theke, wo Getränke stehen und eine Kasse. Nebenan wiederum sieht es aus wie in einem Zugabteil, mit Kofferablagen und Sitzen aus alten Bahnwaggons, zwischen denen Tische stehen. Die Decke ist mit Koffern verschiedener Farben, Formen und Größen verziert. Wenn das hier alles so liebevoll gestaltet ist, fühle ich mich sicher wohl.

Oliver kommt mit einem Stapel Papiere aus dem Nebenraum, dann verlassen wir den Bahnhof und fahren mit dem Elektroauto durch den Ort und über eine gewundene Straße, die von hohen dunklen Fichten gesäumt ist. Es wird bereits dunkel, und ich freue mich schon aufs Abendessen.

Auf Olivers Gelände, das tatsächlich mit viel Liebe zum Detail gestaltet ist, gibt es außer dem Tiny House, in dem ich wohnen werde, viele ungewöhnliche Unterkünfte: meist ausrangierte Bahnwaggons, aber auch eine knallbunte Lok, in der Oliver selbst wohnt, einen Zirkuswagen und Baumhäuser in Form von Vogelhäuschen, zu denen eine Holzleiter emporführt. Zwischen den Gleisen verstreut sind außerdem Spiele und eine Minibahn für Kinder, ein Riesenschach für Erwachsene, ein Grillplatz und handgetriebene Draisinen, mit denen Touristen auf den stillgelegten Bahnstrecken fahren können. Hier scheint sich jemand seinen Kindheitstraum erfüllt zu haben.

Oliver stellt zwei Tassen Tee, Teller und etwas Besteck auf den Tisch, als wir nun in der Küche eines Bahnwaggons sitzen, dann essen wir Abendbrot. Im Sommer sind hier die Saisonhelfer untergebracht, die sich um die Organisation und die Gäste kümmern. Mittlerweile sind die meisten wieder weg, nur Ben, sein »Mädchen für alles«, und eine Aushilfe, eine junge Frau aus Thailand namens Jaycy, sind noch da.

»Und glaubst du, dass es dir gefallen wird?«, fragt Oliver, nachdem wir ein bisschen über dies und jenes geredet haben.

»Keine Ahnung, ob ich mit so wenigen Quadratmetern auskomme und auf kleinem Raum genauso zufrieden bin wie in einer größeren Wohnung«, sage ich. »Vielleicht muss ich das irgendwann mal.« Ich denke an die marode Decke. An den Berliner Wohnungsmarkt.

»Eure Schwierigkeiten haben wir hier auf dem Land natürlich nicht«, meint er. »Wenn immer mehr Menschen nach Berlin drängen, wird's bestimmt langsam eng.«

Laut Statistischem Bundesamt wohnt die Mehrheit in Deutschland in kleineren und mittleren Städten. Dennoch hatte Berlin im Jahr 2018 einen Zuzug von 20 000 Menschen zu verzeichnen, und die wollen alle irgendwo unterkommen. Wenn ich also dort bleiben will, wird es tatsächlich nicht einfach, denn die Einwohnerzahl steuert immer mehr auf die vier Millionen zu.

»Ist es denn für dich nicht schwierig, hier Tiny-Häuser anzubieten?« Ich erzähle ihm von Sylvias Problemen, einen geeigneten Stellplatz für ihr Häuschen zu finden. Und Olivers Gelände ist ja kein Campingplatz.

»Stimmt, im deutschen Recht kommt ein Tiny House bisher nicht vor«, sagt er. »Es hat Räder, aber es gilt nicht als Wohnwagen. Es braucht Anschlüsse, aber es ist noch kein Haus.«

Und doch hat er eine Lücke gefunden – auf seinem Gelände gilt Bahnrecht, hier kann er Tiny-Häuser legal abstellen, das funktioniert schon jahrelang. Die Zugabteile der alten Bahnwaggons sind ja auch keine Häuser, und die hat er so ausgebaut, dass nicht nur die Küche, in der wir vorhin Tee getrunken haben, ihren Platz darin hat, sondern auch ein Gemeinschaftsbad, Lagerräume und einige Einzelzimmer. In den Abteilen, die zu Zimmern umgebaut sind, befinden sich Hochbetten, darunter haben ein kleiner Tisch und ein Stuhl Platz.

Das Bahngelände liegt am unteren Zipfel des Küchensees und ist in den Sommermonaten von Touristen bevölkert. Nebenan hat ein Erdbeerbauer seine Felder, und obwohl das zunächst mal sehr lecker klingt, ist das Ergebnis dieser Nachbarschaft tonnenweise Plastikfolie, mit der die Pflanzen abgedeckt werden, damit sie schneller wachsen. Wenn ein Sturm die Planen wegweht, erzählt Oliver, landen diese schon mal auf seinem Gelände.

»Aber das Perverseste ist, dass in der Erde eine Bodenheizung installiert ist, damit die Früchte früher reif werden.« Er schüttelt den Kopf. »Manchmal denkt man echt, Menschen sind nur dafür da, um sich als Spezies selbst abzuschaffen.«

Das Häuschen, vor dem wir wenig später stehen, liegt am Ende des Bahngeländes. Gegenüber steht der Zirkuswagen, der bunt bemalt ist und dessen Inneres schon bei meinem kurzen Blick durchs Fenster exotisch anmutet – alte Zirkusplakate hängen darin, eine Wendeltreppe führt zu einem Hochbett, von oben dringt durch kleine, arabisch aussehende Fenster Licht.

Der hölzerne Wohnwagen mit einer Zwergveranda, in dem ich in den nächsten Wochen leben werde, wirkt dagegen fast etwas schlicht. Er ist erst der Anfang, in der Nähe gibt es eine freie Fläche, wo noch mehr Tiny-Häuser hinsollen.

»Ich sorge für die Infrastruktur, also die Stellplätze, die Anschlüsse, und fürs Internet.« Oliver deutet auf das alte Backsteinhaus nicht weit entfernt. »Das gehört dazu, da können Gästezimmer für Besuch eingerichtet werden, und die Leute können sich dort anmelden, dann haben sie eine Postadresse.« Und im ausgebauten Kuhstall nebenan soll es bald Werkstätten und Storage-Möglichkeiten geben. »Die meisten Leute, die im Tiny House wohnen, lieben die Natur, und ich hoffe, dass ich Menschen finde, die auch Lust haben, gemeinsam etwas auf die Beine zu stellen, das nachhaltig ist.«

Der amerikanische Erfinder R. Buckminster Fuller hat einmal gesagt, die beste Möglichkeit, die Zukunft zu bestimmen, sei, sie zu erfinden. Das scheint Oliver auch zu denken. Er nimmt die Plane ab, mit der das Haus schon gegen die Herbstwitterung geschützt ist. Schwungvoll erklimmt er die Treppenstufe, geht über die Miniveranda zur Tür, um aufzuschließen, und ich folge ihm.

Drinnen duftet es intensiv nach Kiefernholz, das Haus ist noch ganz neu, erst ein paar Monate alt. Es ist etwa zwölf Quadratmeter groß, gleich neben der Tür ist ein winziges Bad, geradeaus geht es – untypisch für die meisten Tiny Houses, die ich im Netz gesehen habe und bei denen das Bett auf einer oberen Ebene ist – zu einem Wohnraum, in dem sich auch Küche und eine Liege befinden.

»Das ist deine Heizung«, meint Oliver und deutet auf ein weißes, stromkastengroßes Etwas an der Wand. Mit dem kleinen Ding soll ich gegen die Herbstkälte anheizen? Der ist ja optimistisch.

Oliver erklärt mir, wie ich aus der Liege ein Bett mache, indem ich eine faltbare Matratze auf die Fläche lege, unter der ein paar Schubladen zusätzlichen Stauraum bieten, in denen sich Kissen und Bettzeug befinden. In der kleinen Pantryküche, die ich vom Bett aus mit zwei Schritten erreiche, steht alles für den täglichen Bedarf. Sie ist sicher nicht groß genug, um eine Fußballmannschaft zu bekochen, bietet aber genügend Platz, damit ich Pasta machen und Kaffee zubereiten kann. Alle Anschlüsse sind da, ich habe Wasser, Strom und der Abfluss geht auch. Die Heizung läuft besser als gedacht – innerhalb von Minuten ist die ganze Bude muckelig warm, der Raum ist halt nicht sehr groß.

Nachdem ich mit Olivers kleinem Elektroauto einkaufen war und mir etwas gekocht habe, putze ich mir in meinem Holzhäuschen die Zähne und ziehe einen Pyjama an, dann lege ich mich ins Bett und ziehe die Decke bis zum Kinn. Ein bisschen unheimlich ist mir schon, immerhin ist hier sonst niemand. Olivers Lok steht weiter weg, und das Gelände ist leer. Was, wenn jemand vorbeikommt, der es nicht gut mit mir meint?

Draußen knackt es, und ich fahre zusammen. Nur der Wind, beruhige ich mich. Oder sind das doch Schritte? Ich liege lange wach, warm genug ist es, die Heizung habe ich längst ausgestellt. Es reicht, wenn ich sie morgen vom Bett aus anmache und liegen bleibe, bis es warm genug ist.

Weil ich nicht einschlafen kann, lasse ich das Haus auf mich wirken, ich fühle mich wie die Fingerpüppchen, die wir früher in Streichholzschachteln zu Bett gebracht haben. Ob ein so kleines Häuschen auf Dauer was für mich wäre? Sich zu beschränken, mehr in der Natur zu leben, das ist ein Traum. Im Moment fühle ich mich etwas einsam, die Stille ist ungewohnt. Aber das gehört zum Deal, und ich gewöhne mich bestimmt dran. Bald schon schlafe ich wie ein Stein.

Geweckt werde ich vom Piepsen einer Goldammer, die sich offenbar direkt vor meinem Fenster im Baum ein Plätzchen gesucht hat. Den kleinen gelben Vogel, den ich bisher nur in Büchern und im Internet gesehen habe, mache ich auf einem Ast sofort aus.

Nach ein paar Tagen im Tiny House fühle ich mich viel gelassener als am Anfang. Ich vergesse meine Wohnungssorgen, genieße die frische Luft und die zaghaften Sonnenstrahlen, wenn ich auf die kleine Veranda trete. Morgens geht mein erster Blick in den Baum, ob ich die kleine Goldammer noch mal sehe.

In den nächsten Tagen gibt sich Oliver alle Mühe, damit ich mich wohlfühle, und ich habe langsam den Verdacht, dass ich wüsste, wohin ich ginge, wenn ich wie Sylvia im Tiny House leben wollte. Er gibt mir Vogelfutter, damit ich mehr Vögel beobachten kann, die auch im Herbst noch in Scharen hier sind. Holt Kuchen, extra veganen sogar. Er stellt für Jaycy und mich eine Fahrraddraisine auf die Gleise, die er selbst ausgetüftelt hat. Sie sieht aus wie zwei Fahrräder, zwischen denen eine Bank angebracht ist, und sie ist sehr bequem, auch für die längere Strecke, die wir damit zurücklegen. Es ist nass und kalt, aber ich fühle mich voller Leben, während wir durch die Natur strampeln. Hier und da halten wir an und springen ab, weil Plastik von den Feldern rundum an die Gleise geweht ist, das wir aufsammeln.

Und ich gewöhne mich auch an das Alleinsein, abends in meinem Häuschen, in dieser von Natur umgebenen Stille. Mit der aktuellen Redaktion bin ich so im Nullkommanix durch. Und ich bemerke: So still ist es hier auch wieder nicht. Die Bäume knacken und rauschen, das Käuzchen ruft abends, der Wind macht ein Geräusch auf dem Feld. Je friedlicher es um mich ist, desto besser kann ich mich auf meine Gedanken konzentrieren. Manchmal reiht sich einer an den anderen wie eine Perlenkette. Alles ergibt so viel mehr Sinn. Ich *bin* viel mehr, als dass ich *habe*.

In dem Jahrzehnt, in dem ich geboren bin, schrieb Erich Fromm sein Buch *Haben oder Sein*. Vor dem Hintergrund des Kalten Krieges skizziert er darin Grundlagen einer neuen Gesellschaft – weil er erkennt, dass Habgier und Frieden einander ausschließen, und weil er sieht, dass der Kapitalismus wie der Staatskommunismus an der Bürokratie und den ihren Systemen innewohnenden Mechanismen scheitern. Der Gedanke des Teilens könne nicht verordnet werden, er müsse in den Herzen ankommen, sagt er. Wer mehr *sein* will, statt nur Dinge anzusammeln, müsse sich von seinem Hab und Gut lösen. »Wir sind eine Gesellschaft notorisch unglücklicher Menschen«, so Fromm, »die froh sind, wenn es ihnen gelingt, die Zeit ›totzuschlagen‹, die sie ständig zu sparen versuchen.« Wir sollten also arbeiten, um unsere wahren Bedürfnisse zu erfüllen, nicht, um die Wirtschaft anzukurbeln. Wir sollten die Natur nicht ausbeuten, sondern unseren Platz darin sehen, mit der Natur gehen, nicht über sie hinweg. Und wir sollten uns als Spezies unterstützen, solidarisch miteinander sein, anstatt uns gegeneinander zu stellen. Und das wäre nicht einfach nur schöner – angesichts der Lage des Planeten ist es auch unbedingt nötig. »Zum ersten Mal in der Geschichte hängt das physische Überleben der Menschheit von einer radikalen Veränderung des Herzens ab.«

Die Bahnwaggons, von denen ich während meines Aufenthalts so viele ausprobieren darf, wie ich mag, liebe ich fast noch mehr als mein Häuschen. Sie sind einfacher ausgestattet als das Tiny House, aber sie sind das pure Abenteuer. Die Waggons erinnern mich an Peter Lustigs blauen Bauwagen, an dessen Tür die Ukulele Klaus-Dieter die Klingel abgab. Dieser Prototyp des gemütlichen Wohnens auf vier Rädern – mit der Dachterrasse, zu der eine aus alten Stühlen gezimmerte Leiter führt – ist seit jeher ein Traum für mich. Schon als Kind hat es mich fasziniert, wie praktisch alles, was Peter zum Leben brauchte, auf diesen paar Quadratmetern zusammenpasste. Es ist für mich ein Sinnbild, wie wenig es braucht, um zufrieden zu sein – und wie viel man aus wenig machen kann. Peters Bauwagen war eher eine Werkzeugkiste, ein Zauberhut oder ein Theaterfundus als ein Hausersatz – er war in gewisser Weise lebendig.

Und als ich entdecke, dass einer von Olivers Bahnwaggons eine Dachterrasse hat, ist es ganz um mich geschehen: Im Sommer dort oben zu sitzen mit einem Buch oder einfach in die Baumkronen zu starren und Vögel zu beobachten – etwas Schöneres kann ich mir kaum vorstellen. Welche Geschichten ich mir hier ausdenken könnte! Die Bahnwaggons sind auch näher an den anderen dran, und das ist das eigentlich Wichtige für mich, nicht die Art der Behausung, in der ich mich aufhalte. Denn am meisten genieße ich in dieser Zeit die Gesellschaft anderer Menschen.

Und Oliver, Ben und Jaycy machen es mir leicht, sie haben Zeit, weil die Saison vorbei ist. Oft sitzen wir in der Küche des Bahnwaggons und reden über das Leben, kochen gemeinsam oder sitzen einfach nur da und beobachten von drinnen das Vogelhäuschen vor dem Fenster. So habe ich mich seit meiner Studienzeit im Wohnheim nicht mehr gefühlt. Wenn ich will, ist immer jemand da, und es gibt immer etwas zu tun. Im Gegenzug dafür, dass Oliver mich hier wohnen lässt, räume ich auf, mache sauber, sammle Müll aus der Natur oder koche. Ich tue es gern, und ich erlebe, wie schön es ist, für andere zu kochen und sie zu versorgen. Mittags gibt es nichts Wichtigeres, als mir zu überlegen, was ich auf den Tisch bringe, weil mich die ganze frische Luft und die gesunde Umgebung selbst hungrig machen. Und zwischendurch bleibt genügend Zeit, um inmitten der Natur, quasi mit der kleinen Goldammer an meiner Seite, ein paar kürzere Texte darüber zu schreiben, wie es sich anfühlt, mit wenigen Dingen, aber voller Leben auf dieser Welt zu sein.

Eines Tages rufe ich wegen einer anderen Sache meine Lektorin an und erzähle ihr, dass ich im Moment ein kleines Experiment mache, in einem Tiny House.

»Und worum geht's da genau?«

Ich bin so voll von all den Erlebnissen hier, dass ich mich gar nicht bremsen kann, ihr alles zu erzählen. Es platzt aus mir heraus, ich erzähle ihr von dem ganzen Prozess des Ausmistens, vom Minimalismus, aber vor allem davon, wie wohl ich mich jetzt fühle. Und das stimmt, es fällt mir auf. Das Zusammensein mit den anderen hier in der Natur hat mir noch einmal stärker bewusst gemacht, wie reich ich inzwischen bin. An echtem Leben. Ich bin zufrieden, glücklich mitunter.

»Willst du darüber nicht mal ein Buch schreiben?«, fragt meine Lektorin schließlich. »Ist doch ganz und gar dein Thema, das höre ich deutlich.«

Und sie hat recht, es ist unweigerlich das, worüber ich im Moment am besten schreiben kann und worüber ich hier in Ratzeburg auch schon geschrieben habe.

Wenn ich ein ganzes Buch dafür Platz habe, kann ich alles, was mich umgetrieben und bewegt hat, noch einmal festhalten. Und es ist mein Traum, der sich endlich erfüllt – der Buchauftrag, der mich meinem Ziel, nur noch als freie Schriftstellerin zu arbeiten, ein sehr großes Stück näherbringt. Vielleicht erlaubt er mir sogar, mit Petra die Reise zu machen, über die wir neulich gesprochen haben.

An meinem letzten Abend am Küchensee, nachdem wir gemeinsam gekocht und gegessen haben und sich die Dunkelheit längst über das Bahngelände gesenkt hat, werden wir alle ein bisschen sentimental. Plötzlich klatscht Oliver in die Hände wie ein kleiner Junge.

»Wie sieht's aus, habt ihr Lust auf ein Lagerfeuer?«

Ben, Jaycy und ich sehen uns an. Na klar! Wie aufgeregte Kinder ziehen wir uns die Jacken an und laufen nach draußen, um Holz zusammenzusammeln. Heruntergefallene Äste gibt es genügend, unter den Bahnwaggons liegen ein paar dickere Holzscheite.

Wenig später stehen wir vier um die Feuerstelle herum, die Flammen lecken über das Holz, und die abgestrahlte Hitze wärmt unsere Gesichter. Von vorn glühen meine Beine regelrecht, hinten beißt mir die Kälte in den Po. Eine Weile starren wir in die Glut, dann beginnt Oliver, eine Gruselgeschichte zu erzählen. Irgendwas von einem Killer, der im Wald entkommen ist. So wie er es erzählt, muss ich lachen. Ich knuffe ihn in die Seite, und er knufft mich zurück.

»Und, kannst du dir denn jetzt vorstellen, in einem Tiny House zu leben?«, will Oliver wissen, als wir uns auf einen gefällten Baumstamm setzen und die letzten Funken beobachten, die wie blitzende Schauer in die Nacht stieben.

Was es an Wohnmöglichkeit bietet, hat mir vollkommen ausgereicht, das ist klar. Wichtig ist es mir, Räume mit anderen zu teilen, ob nun hier oder in Berlin. Ich konnte im Tiny House allein essen, war aber lieber mit den anderen zusammen in der Küche des Bahnwaggons. Es ist nicht nur geselliger, sondern auch praktischer und ökologischer. Ich muss nicht alles selbst besitzen, habe aber trotzdem genügend Sachen zur Verfügung, wenn es mal drauf ankommt. Wenn ich als Minimalistin allein leben wollte, möchte ich meine Gäste sicher nicht jedes Mal bitten müssen, ihre Teller selbst mitzubringen, weil ich nur einen habe. In einer Gemeinschaft, in guter Nachbarschaft kann ich mir immer Sachen leihen – von der Leiter über ein Bügeleisen bis zur Bohrmaschine, die ich nur alle Jubeljahre mal brauche und längst verkauft habe. Und ich habe sicher auch etwas, das die anderen gebrauchen können.

»Kann ich mir sogar sehr gut vorstellen«, sage ich schließlich.

Keine Frage, ich werde diesen Ort hier vermissen. Was wäre,

wenn ich hierbliebe? Vor meinem inneren Auge zieht die vergangene Zeit vorbei, das Aufwachen inmitten der Natur, das Gefühl der Verbundenheit mit den anderen, die schon jetzt Freunde sind, meine kleine Goldammer. Daran, welche Leichtigkeit das Leben hier hat, weil es ganz auf den Moment gerichtet ist. Dann denke ich an meine lädierte, aber schöne Altbauwohnung. Wenn ich allein dort wohnen würde, wäre sie mir zu groß, aber mit Inga passt es gut. Ich liebe die schimmernden Holzfußböden, die offene Küche und die großen Fenster, die Wohnung ist so luftig und gibt mir ein Gefühl von Freiheit. Ein paarmal habe ich schon am Schreibtisch gesessen und gedacht, dass ich mit so viel Platz über dem Kopf am besten denken kann. Und die Stadt gibt mir auch viele Ideen. Das Wichtigste ist aber, dass ich dort so gut angebunden bin. Ich brauche kein Auto, Läden sind fußläufig erreichbar, Verlage auch, und Zugverbindungen bringen mich ohne Umsteigen in alle größeren Städte, die ich immer wieder besuche – weil meine Familie oder Freunde da wohnen und weil ich dort arbeite.

»Am liebsten würde ich an beiden Orten wohnen, ein bisschen hier, ein bisschen in der Stadt«, sage ich etwas wehmütig.

»Schreib doch hier dein Buch«, sagt Oliver. »Ich habe immer einen Platz für dich.«

Er öffnet mir die Türen weit, dafür bin ich sehr dankbar. Durch die Chance, die er mir geboten hat, weiß ich überhaupt erst, worauf es mir wirklich ankommt. Ja, ich bin ein Stadtmensch, und wenn das Dach in meiner Wohnung mir nicht auf den Kopf fällt, bleibe ich dort auch erst mal. Aber zu wissen, dass ich auch hier sein kann, macht mir den Abschied sehr viel leichter.

Ich würde auch nicht ausschließen, eines Tages aufs Land zu ziehen, denn das Wichtigste ist nicht der Ort, an dem ich bin oder wie viel Platz es dort gibt. Platz ist immer genug, wenn ich mich so wohlfühle wie hier. Wenn ich meinem Herzen folge. Wenn meine Entscheidungen im Einklang mit meinen Werten stehen. Und wenn ich mit Menschen zusammen bin, die ich mag.

So wie jetzt.

Es mag kalt sein, es ist dunkel, und wir sind nur zu viert. Wir könnten ganz allein auf diesem Planeten sein, und es wäre mir in diesem Augenblick genug. Dieser Moment, dieses Zusammensein ist beinahe greifbar. Die Vertrautheit, die sich einstellt, wenn Menschen um ein Feuer versammelt sind. Ich kann mich nicht erinnern, wann ich das zuletzt erlebt habe. Aber es ist bestimmt nicht das letzte Mal.

Ob in einer Altbauwohnung in der Stadt oder in einem Häuschen auf dem Land – wenn es mir so geht wie gerade jetzt, dann kann ich mich allem stellen.

Wohlfühlen mit wenig – wie du in deiner Wohnung Ordnung schaffst

Egal, wie groß sie ist – meine Wohnung soll aufgeräumt und klar sein. Das schaffe ich, indem nicht zu viel drinsteht. Aber auch, indem ich diese Regeln befolge.

Überlege dir einen *Grundfarbton* für deine Wohnung und verwende ansonsten nur Farben desselben Spektrums. Bei Blau und Grün also etwa Lindgrün und Türkis, Kobalt oder ähnliche Töne. Ansonsten schwarz oder weiß.

Nicht zu viele Muster, das wirkt bei Kleidung wie Möbeln eher unruhig.

Gleich und gleich gesellt sich gern: Sachen, die vom Look oder von der Funktion her zueinander passen, gehören zusammen – das schafft Überblick.

Doppelgänger ausschalten. Nur ein Brotmesser und eine Schere, das reicht vollkommen.

Gleiche Farben sparen Platz. Wenn man nicht mehr so viele Farben im Kleiderschrank hat, kann nämlich alles mit allem gewaschen werden. Wäscheberge wie früher, wenn ich etwa wartete, bis genug rote Sachen zusammenkamen, habe ich nicht mehr.

Digitalisiere dich! Je mehr Fotos, Rechnungen, Kontoauszüge, Notizen, Bücher, Zeitschriften du digital nutzt, desto weniger materielle Dinge stehen, liegen oder sitzen herum.

Entwickle Routinen. Räum abends immer weg, was liegen geblieben ist. Mach dir eine To-do-Liste für den nächsten Tag. Ergänze deine Einkaufsliste. Spül das Geschirr und räum es weg. Und wische einmal über die Oberflächen. Vor allem den Arbeitsplatz so zu hinterlassen, hilft mir, am nächsten Tag frisch zu starten. Und obwohl das nur zehn bis zwanzig Minuten dauert, läuft so nichts auf. Du kannst am Wochenende die freie Zeit genießen, statt einen ganzen Tag fürs Putzen und Aufräumen zu verschwenden. Durch diese einfache Routine schaffe ich nicht nur Ordnung in der Wohnung, sondern auch Ordnung in meinem Kopf. Ich nutze diese Aufgaben inzwischen, um runterzukommen. Ist effektiver und gesünder als ein Glas Wein.

Kein Hab, nur gut

You come from nothing, you're going back to nothing.
What have you lost? Nothing.

Monty Python

Ich schaue auf die Uhr und klappe meinen Laptop zu. Genug geschrieben, für heute bin ich fertig mit dem Kapitel, und ich muss noch etwas erledigen.

Es ist erst früher Nachmittag, aber die Wintersonne steht schon tief über dem Hinterhof meines Hauses, dessen eine Hälfte im Krieg weggebombt wurde. Der eisblaue Himmel wirkt klar, und es ist noch ein wenig kälter, der Geruch nach Schnee liegt in der Luft. An dem Vogelhäuschen, das ich an den Zaun gehängt habe, balgt sich ein Schwarm Spatzen um das Futter.

Ich beschließe, Oma anzurufen, um ihr einen guten Rutsch ins neue Jahr zu wünschen. Vielleicht ist heute ein guter Tag für sie.

»Anne!«, sagt Oma, als ich mich gemeldet habe.

»Oma!«, rufe ich.

Es ist unsere übliche Begrüßung, und wir lachen beide, es scheint ihr ganz gut zu gehen. Und dann erzählt sie, dass ihr die Pflegerin heute die falschen Pillen gebracht, dass sie es aber noch rechtzeitig bemerkt hat.

»Wenn die dich nicht hätten«, sage ich.

»Da hast du wohl recht.«

Als ich auflege, bin ich einfach dankbar für die Zeit mit ihr. Weil Zeit das Einzige ist, was wirklich zählt. Und nur das wichtig ist, was ich mit meiner Zeit anzufangen entscheide.

Als ich in den Hof komme, ist bei Francesco noch Licht. Wegen der Kälte ist die Tür seiner Werkstatt zu, aber als er mich sieht, kommt er mir entgegen und öffnet sie.

»*Buon giorno*«, ruft er mir zu. »Wie gehte dir, *bellissima?*«

Ich trete ein paar Schritte näher. »Gut.«

Und das ist auch so, vor allem, wenn ich ihn sehe. Ich strahle ihn an.

»Ich gehe für heute Abend was einkaufen«, sage ich. »Soll ich dir was mitbringen?«

Luisa und ich sind für den Silvesterabend verabredet, erst wollen wir indisch kochen, dann in einem der vielen Klubs ins neue Jahr tanzen.

Francesco erzählt, dass er auch verabredet ist. »Aber du kannste uns gerne was von eure indische Essen vorbeibringe«, sagt er und zwinkert mir zu.

Da er mir in diesem Jahr beigebracht hat, wie ich mein Fahrrad selbst repariere, freue ich mich noch mehr auf die Radtour, die Petra und ich schon für den nächsten Sommer geplant haben. Radfahren ist eine der schönsten Fortbewegungsarten. Auf der Liste der Orte, die ich unbedingt bereisen will, steht ganz oben die Oder-Neiße-Strecke, eine malerische Route entlang der Grenze zu Polen. Petra ist schnell einverstanden.

»Moment mal«, sagt sie, »dann sind wir ja … Frauen am Rande des Oderbruchs.«

Wir lachen, und ich freue mich schon jetzt auf die Tour mit ihr, male es mir ein wenig aus. Vorfreude ist tatsächlich die schönste Freude – warum habe ich mir die so lange verwehrt, indem ich immer nur gearbeitet und selten Freizeit mit Menschen geplant habe, die ich so sehr mag? Mit dem Rad zu verreisen fühlt sich unabhängig und frei an. Was uns dort erwartet, wissen wir nicht. Ehrlich gesagt, weiß ich vorher nie, was mich irgendwo erwartet. Es ist ein gutes Gefühl.

»Wie viele Kisten sind es denn jetzt?«, fragt Luisa, als wir ein paar Stunden später in der Küche stehen und ich das Kichererbsenmehl für die Pakora mit Gewürzen und Salz mische.

»Drei«, sage ich. »Alles, was ich nicht wegwerfen oder anderweitig unterbringen konnte, passt in drei Kisten.«

»Dann hast du dein Leben in drei Kisten gepackt?«

»Könnte man so sagen.« Das Öl in der Pfanne wird langsam heiß, und als ich mit dem Teig fertig bin, schiebe ich die Schüssel zu Luisa, die gerade Karotten, Blumenkohl und Brokkoli zu mundgerechten Bissen geschnitten hat. »Das ist der Extrakt meines Lebens bis hierher. Aber mein Leben jetzt findet außerhalb der Kisten statt. Und ich habe natürlich noch die Gegenstände, die ich jeden Tag benutze – meine Kleidung, das Bett und so. Aber eben nur noch das, was ich wirklich brauche.«

Luisa wendet die Stücke geschickt in der Panade und legt sie in die Pfanne, in der es leise zischt. Wenig später ist die Küche erfüllt vom Duft nach Kurkuma, Kreuzkümmel, Cayenne und Koriander, der mich für einen Moment an einen Streetfoodstand in einer belebten Straße voller hupender Tuk-Tuks, schreiender Markthändler und eleganter Damen in bunten Saris entführt. Ich denke an die Indienreise zurück, die der Anfang einer viel größeren Reise geworden ist.

Sie hat mich dahin geführt, wo ich jetzt bin.

Die fertigen Stücke im goldbraunen Backteig legen wir zum Abtropfen auf ein Stück Küchenkrepp. Nachdem wir den Herd ausgestellt haben, trage ich einen Teller mit den Pakora rüber zum Tisch, Luisa folgt mir, in der Hand eine Karaffe mit Leitungswasser. Auf dem Tisch stehen schon die Dips, außerdem ein Gurken-Minz-Salat mit Sojajoghurtsoße, ein Karottensalat mit Ingwerdressing und eine Portion frisches, duftendes Chapati.

Das Silvester-Essen mit meiner Freundin ist der perfekte Abschluss für eines der gelungensten Jahre, die ich je hatte. Bevor wir nachher noch in den Klub gehen, wo auf drei Ebenen unterschiedliche Musik läuft, müssen wir was im Magen haben.

Ich habe vor, lange und selbstvergessen durch die Nacht zu tanzen.

So viel ist in diesem Jahr passiert.

Der Weg vom Krempelchaos in den Minimalismus. Meine Entscheidung für die Selbstständigkeit. Der Umzug nach Berlin. Das Buchprojekt. Die Fokussierung in so vielen Dingen und die Erkundung meiner wahren Wünsche und Träume.

Ich bin entspannter und ruhe mehr in mir, das merken die Menschen, denen ich etwas bedeute. Und ich merke es auch. Ich kann ausgiebiger nachdenken, habe mehr Bewegung und setze mich öfter für das ein, was ich wichtig finde – etwa für Klimaschutz und Tierrechte auf Demos und in Aktionsgruppen. Ich habe endlich auch Zeit gefunden, darüber nachzudenken, ob ich mit meinem Geld Waffenhandel und skrupellose Großkonzerne unterstützen möchte – und mich für eine nachhaltige Bank entschieden.

Selbst über meine Zeit zu bestimmen und etwas zu tun, das ich sinnvoll finde und gerne mache, hat mich viel ausgeglichener werden lassen. Ich mag mich jetzt mehr leiden als die abgehetzte, gestresste Anne, die kaum einen klaren Gedanken fassen konnte und nur ihre To-do-Listen abarbeitete. Platz zu schaffen hat dazu geführt, dass ich Zeit habe und wieder Fragen ans Leben stellen kann, statt immer nur atemlos welche zu beantworten.

Je mehr und je öfter ich etwas mache, das mir guttut, desto erfüllter kommt mir mein Leben vor – und desto mehr kann ich der Welt auch zurückgeben. Das hat gar nichts mit dem zu tun, was ich habe, sondern mit dem, was ich sein darf.

Das Wichtigste ist aber, dass ich weiß, was Freiheit für mich bedeutet: Tun, was ich will, wann ich es will, mit wem ich es will. Ohne Kompromisse und ohne auf etwas schmerzlich zu verzichten.

Und ich sammle schöne Momente statt schöner Dinge.

Das ist ganz wörtlich gemeint. Ich habe ein Einmachglas umfunktioniert und schreibe, was mir Gutes passiert ist, auf kleine Zettel, die ich hineinwerfe. Bevor ich zu Luisa gefahren bin, habe ich das Glas ausgeschüttet und mir noch mal alle Momente in Erinnerung gerufen.

Allein die Zettel auszukippen und den Berg Gutes zu sehen, das mir widerfahren ist, so viele schöne Momente, macht mich froh. Es sind auch Konzertkarten und Kinokarten drin, jede bringt eine Erinnerung wieder. Die Zettel aufzufalten ist, als würde ich kleine Geschenke auspacken. Ich bade fast darin.

Das Konzert, das ich mit meiner besten Freundin aus der Oberstufe besucht habe. Wir haben fast zwei ganze Tage am Stück miteinander verbracht, und die Befürchtung, dass wir uns vielleicht nichts zu sagen hätten, hat sich in dem Moment, als ich sie vom Zug abholte, in Luft aufgelöst. Es war, als hätten wir uns am Tag zuvor zuletzt gesehen. Und ich bin sicher, dass wir uns im nächsten Jahr wieder treffen und uns nicht wieder aus den Augen verlieren.

Dinge, die mir Menschen gesagt haben, die ich liebe.

Sehenswürdigkeiten und Events auf Ingas Liste, denen ich nachgegangen bin.

Ein Abend mit einem guten Freund auf dem Dach meines Hauses mit Blick in die Sterne.

Ein besonders schöner Sommersonnenuntergang.

Ein mit meinem besten Freund verdaddelter Nachmittag im Park.

Vom Bus aus habe ich einen älteren Mann gesehen, der seine Frau im Arm hielt und ihr übers Haar strich – ein Bild der Fürsorglichkeit, das mir guttat.

Ein Freund aus einer Tierschutzgruppe fragte, ob ich spontan Lust hätte, einen Lebenshof vor den Toren Berlins zu besuchen. Der Tag endete damit, dass ich im Heu saß und einem Schwein mit beiden Händen über den Bauch strich, bis es selig grunzend einschlief.

Ein Urlaub in Südengland, bei dem ich eine alte Freundin traf, mit der ich vor zwanzig Jahren dort gearbeitet hatte.

Ein Drehbuchseminar, das ich schon seit langer Zeit besuchen

wollte und bei dem ich Szenen aus Omas Erzählungen auf-
schrieb.

Eine Mail meiner Schwester. Sie schreibt, dass sie meiner kleinen Nichte meine Karte vorgelesen hat und dass diese der Karte
an genau der Stelle ein Küsschen geben wollte, wo mein Name
stand. Es zahlt sich eben aus, wenn ich mehr Zeit mit ihr verbringen kann, für sie genauso wie für mich.

Wie sehr sich Luisa gefreut hat, als ich ihr sagte, dass ich zu
ihrem Geburtstagsbrunch komme – sonst hatte ich immer abgesagt, wegen irgendeines Projekts oder einer wichtigen Konferenz.

Ich bin froh und dankbar für dieses Jahr, das so glücklich und
so voller Leben verlief. Und statt sie wie früher aufzubewahren,
nehme ich die Zettel und werfe sie ins Altpapier. Sie haben ihren
Zweck erfüllt, ich habe alle Erinnerungen noch einmal Revue
passieren lassen und eine zweite Welle der Freude erlebt. Ich
muss nichts festhalten, und das geht ja auch gar nicht. Alles, was
wichtig ist, bleibt auf die eine oder andere Weise bei mir. Ich
weiß, dass es eine Menge Glücksmomente gegeben hat, und das
ist gut.

Das Glas ist nun leer und wartet darauf, im nächsten Jahr neu
befüllt zu werden. In meinem neuen Leben, das mir unfassbar
gut gefällt. Ich muss nicht mal unbedingt verreisen, auch wenn
ich es jederzeit tun kann. Weil ich so gern dort bin, wo ich lebe.

Seit einem halben Jahr wohne ich nun schon in der kleinen
Wohnung im Herzen von Berlin, und mit Inga habe ich ausgemacht, dass ich noch bleibe – bisher ist der Rest der Decke oben
geblieben. Ich habe meine Nachbarn kennengelernt und mit
ihnen den Hof begrünt, damit wir einen Ort haben, an dem wir
uns treffen können. Wir haben sogar ein Fest gefeiert. Das
Schönste war die Organisation, zwischendurch musste ich mich
in den Arm kneifen, weil es mich so an meine Zeit im Studentenwohnheim erinnerte.

Meine freien Tage verbringe ich viel sinnvoller als früher, ich streife nicht durch die Shoppingzentren der Stadt, sondern ich besuche alles, was mich interessiert. Oder ich sitze einfach in meinem Lieblingscafé. Statt wie früher beim Kaffeetrinken nur auf meinen Handybildschirm zu schauen und Mails zu beantworten oder mich in den Weiten der sozialen Medien zu verlieren, schaue ich hinüber auf die andere Straßenseite, die aus traumhaften Gründerzeitfassaden besteht, beobachte die Spatzen beim Staubbad, denke nach über den nächsten Satz, den ich schreiben will, die nächste Buchidee.

Während ich früher gestöhnt habe, wie schnell die Zeit rast, habe ich genau im Kopf, wie ich die einzelnen Monate verbracht habe – und ich bereue nicht einen Moment.

»Und, hast du gute Vorsätze?«, fragt Luisa, nachdem wir ausgiebig Inventur des alten Jahres gemacht haben. Sie hat überlegt, ob sie ein Sabbatical nimmt, weil ihr Job stressig ist und sie zu viel arbeitet.

»Nicht wirklich.« Ich überlege angestrengt.

Dieses Jahr ist da kein Vorsatz, weil ich so zufrieden bin mit dem, wie's läuft. Ich will einfach weiter diesen Weg gehen, noch mehr ausprobieren, wofür ich früher keine Zeit hatte – und ein immer nachhaltigeres Leben führen. Das tut mir so gut, dass ich mir nicht mal vornehmen muss, im neuen Jahr gleich abzunehmen, sobald die Feiertage vorbei sind, weil ich in diesem Jahr mehr Fahrrad gefahren bin als je zuvor, Yoga gemacht und meditiert habe. Ich musste auch nicht so viele Chips und so viel Schokolade in mich hineinfressen, weil ich nie wirklich Frust hatte. Und die vielen Kalorien, die Alkohol hat? Ebenfalls Fehlanzeige – ich trinke kaum noch was. Es gibt nichts, was ich dämpfen will, ich setze mich lieber damit auseinander.

»Und was ist mit einem neuen Freund?«, fragt Luisa. »Kann ich dir wenigstens den wünschen?«

Ich denke nach. Brauche ich eine Beziehung, um glücklich zu sein? Wichtiger sind mir andere Dinge. Mehr Zeit mit der Familie und Freunden. Weniger Stress. Freundliche Begegnungen,

Sport und gesundes Essen, der Genuss kluger Bücher. Weniger online, mehr offline verbrachtes Leben. Der Unterschied zu den Jahren, die zurückliegen: Ich weiß jetzt, wie ich das auch tatsächlich erreiche. Nur wer zufrieden ist, kann auch für andere da sein. Ich will mich vor allem selbst gut fühlen. Ich bin keine große Hilfe und auch nicht besonders angenehm, wenn ich mir selbst kein Leben zugestehe oder genügend Platz einräume. Im Gegenteil, dann werde ich unausstehlich und krank.

Der Mann ist nur die Kirsche auf der Torte, soll Schauspielerin Halle Berry mal gesagt haben, *aber ich bin die Torte und auch ohne Kirsche großartig.*

Ich brauche keinen Mann mehr, um mich vollständig zu fühlen, das hat Jane Fonda gesagt.

Und ich weiß jetzt, was sie meint.

»Nee«, sage ich, »ich brauche keinen Mann.«

Erst kurz vor zwölf denken wir daran, dass drüben die Party auf uns wartet. Rasch ziehen wir uns an und prüfen den Gesamteindruck im Spiegel. Dann schlendern wir durch die überraschend warme Dezembernacht rüber in den Klub, wo die Silvesterparty steigt.

Draußen sind wie an Jahrmarktständen Garderoben aufgebaut, wo wir unsere Jacken lassen können, aber die behalten wir erst mal an, weil wir in den Hof gehen wollen, wo sich alle zu einem kleinen Feuerwerk versammeln.

Luisa hat ein paar Wunderkerzen vom letzten Jahr dabei. »Restbestände aufbrauchen«, sagt sie. »Damit ich ohne Ballast ins neue Jahr gehe.«

Laut dröhnen Giorgio Moroders Beats über den Hof, Donna Summer singt »I feel love«. Ich dränge mich weiter nach vorn, wo drei Feuerräder Funken sprühen, Luisa ist hinter mir.

Mich beschäftigt immer noch das Ende meiner Geschichte.

Was wünsche ich mir fürs neue Jahr?

Klar, ich wünsche mir, dass es ein gutes Buch wird, das ich schreibe, aber es ist an anderen, das zu beurteilen. Ich wünsche mir, dass ich Menschen kennenlerne, mit denen ich mich verstehe. Dass ich ein paar so tolle Konzerte sehe wie letztes Jahr.

Aber eigentlich wünsche ich mir das nicht wirklich, weil ich weiß, dass es sowieso passieren wird. Weil ich offen dafür bin und einen großen Teil davon selbst beeinflussen kann.

Ich bin glücklich, das fühle ich in diesem Moment wie eine Welle in mir hochsteigen. Alles, was kommen mag, ist gut. Ich habe keine Angst mehr. Weder davor, dass ich ein Problem nicht bewältige, noch davor, dass ich etwas Wertvolles verliere. Ich kann nur gewinnen.

Der Countdown zum neuen Jahr erklingt.

Ich drehe mich um, will nach Luisa sehen.

Und blicke ihm direkt in die Augen.

Wow.

Hat jemand den Countdown angehalten?

Ich habe das noch nie erlebt, es ist, als ob gleichzeitig ein ganzer Film abläuft und alles stillsteht. Noch nie hatte ich so das Gefühl von Unausweichlichkeit, das Gefühl, dass das hier ein Anfang ist. Alles in einem Moment, in einem Augenblick.

Durch die Menschenmenge kommt eine Frau zu uns, die ihn am Ärmel zupft und ihn zu sich runterzieht, um ihm etwas zu sagen.

War klar. Ich schüttle kurz den Kopf, dann gehe ich zurück zu Luisa, die genau hinter ihm steht und eine Wunderkerze aus der Verpackung friemelt. Sie drückt mir eine in die Hand, dann ist erst mal Mitternacht, und wir umarmen uns.

»Happy New Year!«, rufe ich über das Gejubel und die in tausend Lichter zerplatzenden Raketen hinweg. Und ich bin sicher, das wird es, einfach weil ich das vergangene so genossen habe. Weil ich gemerkt habe, dass ich zwar nicht auf alles, aber doch auf mehr einen Einfluss habe, als ich dachte. Und weil es sich immer gut anfühlen wird, sein Leben selbst zu gestalten.

»Alles Gute fürs neue Jahr!« Der Mann hat sich zu uns umgedreht, er sieht mir unverwandt in die Augen.

»Hast du Feuer?«

Ich halte die Wunderkerze hoch, Luisa hat vergessen, ein Feuerzeug mitzunehmen. Er organisiert eins von einem Pärchen neben uns, zum Dank reicht ihm Luisa eine Wunderkerze.

»Was ist mit deiner Freundin?«, frage ich. Ich sehe die Frau von eben nicht mehr. »War es ihr zu kalt draußen?«

»Was?« Er dreht sich um, dahin, wo die Frau verschwunden ist. »Ach so, die kannte ich nicht, sie hat mich nur was gefragt.«

Komisch, er hört sich ganz normal an. Kein Freak. Keine Freundin. Irgendwas ist anders als sonst. Und auf einmal weiß ich, was es ist.

Ich.

Ich fühle mich okay. Mit mir, mit meinem Leben. Ich muss keine Lücke mehr füllen. Und das fühlt sich einfach wunderbar an. Aus diesem Abend, aus uns muss nichts werden. Es könnte, und dann wäre es vielleicht sogar richtig schön. Aber ich bin schon in bester Gesellschaft, und ich weiß sehr klar, was mir an meinem Leben gefällt. Und das kann gerne so weitergehen. Egal, ob die Kiste mit dem Mann hier jetzt klappt oder nicht.

Es sieht gut aus.

Maximaler Dank

Das Buch, das einem am nächsten ist, ist immer das schwerste. Dieses war es aus vielerlei Gründen. Mein größter Dank gilt meiner Lektorin Ilka Heinemann. Außerdem Sachbuchverlagsleiterin Margit Ketterle und allen bei Droemer Knaur, insbesondere Sibylle Dietzel für die tolle Satzgestaltung. Und Jan Strümpel, der mir den Endspurt am Buch durch seine klugen Anmerkungen und sein umsichtiges Lektorat so erleichtert hat. Danke!

Meinen liebsten Dank an Jan Wielpütz, an Lisa Bitzer und Hilal Sezgin: für eure vielen guten Ratschläge, für eure Geduld mit mir und für eure Freundschaft. Und natürlich an Ruggero Leò, ohne den auf dieser Welt sowieso keine vernünftige Danksagung auskommt, wenn wir mal ehrlich sind.

Herzlichen Dank an Joachim Jessen von der Agentur Schlück, außerdem an Ulrike Plessow und Annika Dörnte von Buchcontact. Danke an Laura Droße, die bei einem Fotoshooting in meiner Lieblingsstadt das Bild gemacht hat, das der Coverillu zugrunde liegt.

Mein großer Dank gilt auch Oliver Victor, der es mir ermöglicht hat, im Tiny House Probe zu wohnen. Für die besten Gespräche, für Vogelfutter und Lagerfeuer. Lilleby rocks! Danke an Sylvia Dreyer, mit der ich über ihre Langzeiterfahrungen mit dem Tiny-House-Wohnen plaudern durfte. An Nina Lorenzen, die ihr Wissen über faire Mode, Blogger und ökologische Herstellung von Klamotten mit mir geteilt hat. Und an Professor Dr. Mojib Latif.

Besonders dankbar bin ich Petra Nadolny und Thomas Waxweiler: für die Nelke, für eure Freundschaft und Unterstützung in allen Lebenslagen. Meiner Familie und meinen Freunden, für so ziemlich alles. Steffi – wie toll, dass wir uns wiedergefunden haben! Meinem Chor und all den engagierten Menschen, mit denen ich auf Demos und in Aktionsgruppen immer wieder versuchen darf, die Welt ein bisschen zu verbessern. Euer Engagement bereichert mein Leben, ihr macht mir mehr Mut, als ihr vielleicht denkt. Danke an Timo, der es mir ermöglicht hat, Schweine in den Schlaf zu streicheln, an Inga für meine neue Heimat und an Antje für eine schöne Erinnerung.

Ich möchte hier noch mal sagen, welcher Dinge man sich als Allererstes entledigen kann: Nationalismus, Homophobie, Rückwärtsgewandtheit, Engstirnigkeit und Intoleranz, Fremdenhass und Tierquälerei, Massentierhaltung, Vielfliegerei, Schlachthäuser, Giftmülldeponien, miese Produktionsbedingungen in Drittweltländern, Atomwaffen und Bundesjugendspiele gehören auf den Müllhaufen der Geschichte. Wechselt zu einer ethischen Bank, zu einem Ökostromanbieter, wählt keine nationalistischen Scheißparteien, schließt euch den guten Initiativen an. Fahrt mehr Rad, lebt mehr, lacht mehr, liebt mehr. Seid ohne Grund nett zueinander. Verzichtet, so weit es eben geht, auf Tierprodukte und auf Plastik. Und lasst euch von keinem einreden, dass es nicht auf euch ankommt. Ihr seid wichtig!

Wenn ihr mir eure Erfahrungen erzählen möchtet, eine Frage habt oder was loswerden wollt, freue ich mich über Post unter: meinlebenindreikisten@gmx.de.

Weiterführende Literatur und gute Adressen

Blogs und Websites

Nina Lorenzen, die mir geholfen hat, mich im Dschungel der Fair Fashion, Fast Fashion und Fragwürdige Fashion zurechtzufinden, ist Mitgründerin der Fashion Changers – im *Fashion Changers Magazin* gibt es regelmäßig Beiträge rund um Fair Fashion und Nachhaltigkeit: https://fashionchangers.de/ –, außerdem produziert sie nachhaltige Buchtrailer, mehr dazu unter www.bynxm.de/.

Deine eigene CO_2-Bilanz kannst du errechnen, wenn du auf die Seite des Umweltbundesamts gehst: www.uba.co2-rechner.de.

Auf der Seite von Niko Paech findest du vieles über Postwachstumsökonomie: www.postwachstumsoekonomie.de/material/grundzuege.

Mehr über Oliver Victors Freizeitparadies steht auf: www.erlebnisbahn-ratzeburg.de – und der aus meiner Sicht schönste Platz für ein Tiny House ist hier: www.lilleby.de.

Und wenn du wissen willst, was Petra und ich in Indien alles erlebt haben, findest du unseren Blog auf www.shiva-colonia.de.

Movies

Es gibt Filme über Minimalismus. Wichtiger finde ich aber, meine eigene Position zu finden, was die Zustände in der Welt angeht und wie ich damit umgehen will.

Ich empfehle *The true cost: Der Preis der Mode*. Ein Film über

Kleidung, Ausbeutung und Shopoholism. Außerdem Filme, die hinter die Kulissen des Konsums sehen und weit drüber hinaus: *Cowspiracy. We Feed The World. Taste The Waste. Live and Let Live. A Plastic Ocean. Refugee. Chasing Ice. Chasing Coral. Rettet den Kapitalismus!* Und *Docupy. Die grüne Lüge* – und das Buch gleichen Titels von der Journalistin Kathrin Hartmann. Die Dokumentation über Heidemarie Schwermer, die 16 Jahre lang ohne Geld lebte, heißt übrigens *Living without Money.*

Literatur (Auswahl)

Acosta, Alberto/Brand, Ulrich: *Radikale Alternativen: Warum man den Kapitalismus nur mit vereinten Kräften überwinden kann,* München (oekom) 2018.

Adamson, Glenn: *Fewer, Better Things. The Hidden Wisdom of Objects,* New York (Bloomsbury) 2018.

Bonner, Stefan/Weiss, Anne: *Generation Weltuntergang. Warum wir schon mitten im Klimawandel stecken, wie schlimm es wird und was wir jetzt tun müssen,* München (Droemer) 2019.

Brennan, Bridget: *Why She Buys. The new strategy for reaching the world's most powerful consumers*, New York (Crown Business) 2011.

Brennan, Matthew/Archibald, P.: »The economic cost of recorded music: findings, datasets, sources, and method«, University of Glasgow 2019.

d'Eramo, Marco: *Die Welt im Selfie. Eine Besichtigung des touristischen Zeitalters,* Berlin (Suhrkamp) 2018.

de Chalvron, Anne: *Apologie des petites corvées,* Paris (JC Lattès) 2012.

DKFZ: *Alkoholatlas 2017,* www.dkfz.de/de/tabakkontrolle/down load/Publikationen/sonstVeroeffentlichungen/Alkoholatlas-Deutschland-2017_Auf-einen-Blick.pdf.

Duve, Karen: *Anständig essen. Ein Selbstversuch,* Berlin (Galiani) 2010.

Eagleton, Terry: *Der Sinn des Lebens,* Berlin (Ullstein) 2008.

Easterlin, Richard A.: *Does Economic Growth Improve the Human Lot?,* in: Paul A. David & Melvin W. Reder (Hrsg.): *Nations and Households in Economic Growth: Essays in Honor of Moses Abramovitz.* New York (Academic Press) 1974, S. 89–125.

ECC Köln in Zusammenarbeit mit Hermes, SAP und Yapital: »Erfolgsfaktoren im E-Commerce – Deutschlands Top-Online-Shops Vol. 4«.

Frank, Sybille/Gehring, Petra/Griem, Julika/Haus, Michael: *Städte unterscheiden lernen. Zur Analyse interurbaner Kontraste: Birmingham, Dortmund, Frankfurt, Glasgow,* Frankfurt/M. u. a. (Campus) 2014.

Fromm, Erich: *Haben oder Sein – Die seelischen Grundlagen einer neuen Gesellschaft,* München (dtv) 2017.

Geiger, Sonja Maria & Keller, Johannes. *Shopping for clothes and sensitivity for the suffering of others: The role of compassion and values in sustainable fashion consumption. Environment and Behavior.* online publication (Advance) 2017. https://doi.org/10.1177/0013916517732109.

Geiger, Sonja/Böhme, Tina/Fischer, Daniel/Frank, Pascal/Grossman, Paul/Schrader, Ulf/Stanszus, Laura/Sundermann, Anna: *BiNKA – Bildung für nachhaltigen Konsum durch Achtsamkeitstraining. Ergebnisse eines Interventionsprojekts,* Abschlussbroschüre.

Gimpel, Henner/Lanzl, Julia/Manner-Romberg, Tobias/Nüske, Niclas: »Digitaler Stress in Deutschland. Eine Befragung von Erwerbstätigen zu Belastung und Beanspruchung durch Arbeit mit digitalen Technologien«, Hans-Böckler-Stiftung 2018.

Greenpeace/Perschau, Alexandra: »Usage & Attitude ›Selbstreflexion Modekonsum‹ Ergebnisbericht«, 1.3.2017, https://www.

greenpeace.de/sites/www.greenpeace.de/files/publications/
20170309_greenpeace_nuggets_umfrage_selbstreflektion_
mode.pdf.

Greenpeace: Konsumkollaps durch Fast Fashion, www.greenpe-
ace.de/sites/www.greenpeace.de/files/publications/s01951_
greenpeace_report_konsumkollaps_fast_fashion.pdf.

Hamann, Sibylle: *Saubere Dienste. Ein Report,* St. Pölten, Salz-
burg, Wien (Residenz) 2012.

Hartmann, Kathrin: *Die grüne Lüge. Weltrettung als profitables
Geschäftsmodell,* München (Blessing) 2018.

Herbert, Anne: *Random Kindness and Senseless Acts of Beauty,*
New York (New Village Press) 2015.

Johnson, Bea: *Glücklich leben ohne Müll! Reduziere deinen Müll
und vereinfache dein Leben,* Kiel (Ludwig) 2016.

Karafyllis, Nicole C.: *Putzen als Passion. Ein philosophischer Uni-
versalreiniger für klare Verhältnisse,* Berlin (Kulturverlag Kad-
mos) 2013.

Keats, Jonathon: *You belong to the Universe. Buckminster Fuller
and the Future,* New York (Oxford University Press) 2016.

Klein, Naomi: *Die Entscheidung: Kapitalismus vs. Klima,* Frank-
furt/M. (S. Fischer) 2015.

Kondo, Marie: *Magic Cleaning. Wie richtiges Aufräumen Ihr Leben verändert,* Reinbek (Rowohlt) 2013.

Löw, Martina: *Raumsoziologie,* Frankfurt/M. (Suhrkamp) 2000.

Nadolny, Petra: *Alles Neiße, Oder? Meine Geschichten aus dem
Osten,* Köln (Bastei Lübbe) 2011.

Nadolny, Petra: *Heimat to go. Von der Kunst, sich immer zu Hause zu fühlen,* Köln (Bastei Lübbe) 2014.

Paech, Niko: *Befreiung vom Überfluss. Auf dem Weg in die Postwachstumsökonomie,* München (Oekom) 2012.

Pausch, Randy: *Last Lecture – Die Lehren meines Lebens,* München (C. Bertelsmann) 2008.

Piff, Paul K./Stancato, Daniel M./Côté, Stéphane/Mendoza-Den-
ton, Rodolfo/Keltner, Dacher: »Higher social class predicts

increased unethical behavior«, in: *Proceedings of the National Academy of Sciences* 2012, abrufbar unter: www.pnas.org/content/pnas/109/11/4086.full.pdf.

Pilon, Mary: *Obsession, Fury, and the Scandal Behind the World's Favorite Board Game*, New York (Bloomsbury) 2015.

Pixie Technology Inc.: »Lost and Found Survey« (Studie über das, was Amerikaner am meisten benutzen, Seite derzeit nicht erreichbar).

Polanska, Justyna: *Unter deutschen Betten. Eine polnische Putzfrau packt aus*, München (Knaur) 2011.

Rohde, Marek/Koglin, Ilona: *Und jetzt retten wir die Welt: Wie du die Veränderung wirst, die du dir wünschst*, Stuttgart (Kosmos) 2016.

Rubin, Gretchen: *Das Happiness-Projekt. Oder: Wie ich ein Jahr damit verbrachte, mich um meine Freunde zu kümmern, den Kleiderschrank auszumisten, Philosophen zu lesen und ganz allgemein mehr Freude am Leben zu haben*, Frankfurt/M. (Scherz) 2010.

Schreiber, Daniel: *Nüchtern. Über das Trinken und das Glück*, Berlin (Suhrkamp) 2016.

Schwermer, Heidemarie: *Das Sterntalerexperiment: mein Leben ohne Geld*, München (Riemann) 2001.

Sezgin, Hilal: *Artgerecht ist nur die Freiheit: Eine Ethik für Tiere oder warum wir umdenken müssen*, München (C.H. Beck) 2014.

Sezgin, Hilal: *Nichtstun ist keine Lösung: Politische Verantwortung in Zeiten des Umbruchs*, Köln (DuMont) 2017.

Strohmaier, Brenda: *Wie man lernt, Berliner zu sein. Die deutsche Hauptstadt als konjunktiver Erfahrungsraum*, Frankfurt/M. u.a. (Campus) 2014.

Wallace-Wells, David: *Die unbewohnbare Erde. Leben nach der Erderwärmung*, München (Ludwig) 2019.

Zaugg, Katharina: *Wellness beim Putzen. Übungs- und Lesebuch*, Bern (Hep Verlag) 2003.

Zentrum für Europäische Wirtschaftsforschung (ZEW), Peichl, Andreas/Ungerer, Martin/Hufe, Paul/Kyzyma, Iryna: »Wohlstand für alle – Wie inklusiv ist die Soziale Marktwirtschaft?«, Bertelsmann Stiftung 2017, abrufbar unter: www.bertelsmann-stiftung.de/fileadmin/files/BSt/Publikationen/GrauePublikationen/NW_Soziogramm.pdf